AMRA

MARLIES PANTE

ERWACHEN DER STARSEEDS

Lichtbotschaften vom Arcturus

AMRA

Besuchen Sie unseren Shop:
www.AmraVerlag.de

Ihre 80-Minuten-Gratis-CD erwartet Sie.
Unser Geschenk an Sie … einfach anfordern!

Eine Originalausgabe im AMRA Verlag
Hotline: +49 (0) 61 81 – 18 93 92
Kontakt: Info@AmraVerlag.de

Herausgeber & Lektor	Michael Nagula
Einbandgestaltung	Guter Punkt
Layout & Satz	Birgit Letsch
Druck	Tschechien

ISBN Printausgabe 978-3-95447-527-8
ISBN eBook 978-3-95447-528-5

Ebenfalls von Marlies Pante bei uns erhältlich:
Das Große Erwachen. Heilungsbuch der Arcturianer
Reine Liebe erwartet Dich! Botschaften vom Arcturus
No Limits! Mit Übungen. Willkommen in der Schöpferkraft
Creality – Create Reality. Dreh dein Leben, erschaffe Glück
Der Himmel auf Erden. Die Hathoren über die Lage der Welt
Im Feld der Heilung. Aufstiegscodes vom Arcturus (CD & Download)

Inhalt

Wie ich zu den Arcturianern kam 7
Du bist Sternensaat 14
Starseed-Intelligenzen 19
Wir Arcturianer 28
Kommunikation mit Starseed-Intelligenzen 39
Die Ur-Seele 55
Die Freiheit der Seele 65
Das Bewusstsein 71
Erwachen der Starseeds 79
Das Erinnern der Hellsinne 90
Eure Schöpferkraft 112
Reine Liebe 136
Universelle Wahrheit 142
Karma 151
Religionen 155
Dein physischer Körper 161
Abhängigkeiten 169
Technologien 178
Astralwelten 204
Die Zukunft der Erde 235
Epilog mit den Arcturianern 247

Aufruf an die Leser 251
Über das Medium 253

Sag es nicht weiter:
Mein Fall ist hoffnungslos.
Denn ich leide an
chronischer Sehnsucht
nach Dingen,
die es auf Erden
nicht gibt.

~ ··· ~

Mascha Kaléko, Dichterin

Wie ich zu den Arcturianern kam

Eigentlich ist dies die Geschichte, wie die Arcturianer zu mir kamen, sofern man sie überhaupt als getrennt von uns betrachtet. In meinem Buch *Reine Liebe erwartet dich!* beschreibe ich ausführlich, wie ich Kontakt zu ihnen fand und welche Erfahrungen ich mit ihnen und in ihren Heilungskammern machte. Da ich allerdings immer wieder von Lesern *(ich gendere nicht, fühle dich bitte unabhängig von deinem physischen Geschlecht angesprochen)* gefragt werde, wie ich denn nun eigentlich zu den Arcturianern fand, gebe ich hier eine kurze Zusammenfassung.

Ich weiß nicht mehr genau, in welchem Jahr es war, vielleicht 2007 oder 2008, als mir immer wieder, tagsüber und besonders nachts, mehrdimensionale geometrische Formen in leuchtenden Farben erschienen. Sie sahen anders aus als alle Formen, die ich jemals zuvor gesehen hatte. Durch ihre Mehrdimensionalität besaßen sie eine Tiefe, die ich nicht zu beschreiben vermag, die mich jedoch auf eine hypnotische Weise faszinierte und unwiderstehlich anzog. Wenn mir diese Formen erschienen, überkam mich enormer Frieden. Es war dann so, als würde mich eine Sehnsucht, die ich schon immer in mir trug, vollkommen erfüllen. Ich fühlte mich geliebt, geborgen, akzeptiert und hatte kein Empfinden mehr für Raum oder Zeit. Alles war die Essenz reiner Liebe.

Irgendwann berichtete ich einer Freundin von diesen geometrischen Formen. Sie sagte mir, dass sie das sehr an die Arcturianer erinnern würde, über die sie kürzlich etwas gelesen hatte. Auf mein Nachfragen hin erklärte sie, dass dies christliche Außerirdische seien. Ich war zutiefst erschrocken und bekam regelrecht Angst. Mit Aliens wollte ich nichts zu tun haben. Nein, wirklich nicht!

In den folgenden Wochen versuchte ich diese Erscheinungen zu verdrängen. Ich bemühte mich, absichtlich nicht hinzuschauen und sie zu ignorieren. Das gelang mir aber überhaupt nicht. Zum einen ließen sie sich nicht ignorieren, sie waren, unabhängig, ob ich die Augen schloss oder in eine andere Richtung schaute, dennoch da. Zum anderen übten sie eine so enorme Faszination auf mich aus, dass eines Tages Mut und Neugier meine Angst übertrafen und ich ein zaghaftes Gespräch mit den Arcturianern begann.

Es schien, als hätten sie nur auf diesen Moment gewartet, und es entstand ein Dialog, der immer noch anhält und den ich inzwischen schon in mehreren Büchern niedergeschrieben habe, zuletzt in *No Limits! Willkommen in der Schöpferkraft* und in *Das Große Erwachen*. Von der ersten Sekunde an wusste ich, wie ich mich mit ihnen unterhalten konnte. Dies geschah zumeist telepathisch, selten auch in physischer Form. Es gab Zeiten, da waren sie mir vertrauter als reale Menschen. In all diesen Jahren waren sie immer wieder meine Begleiter. Sie waren in meinem physischen Leben und ich war in ihrer feinstofflichen Welt, auf ihren Raumstationen und in ihren Heilungskammern.

Mein Kontakt zu ihnen verläuft in Etappen. Manchmal sind sie über Monate hinweg sehr innig bei mir, und in anderen Lebensphasen – meist, wenn mein irdisches Leben große Veränderungen durchläuft – habe ich das Gefühl, dass ich mich besser nicht an sie wenden sollte und das Leben irgendwie weltlich managen muss.

Ich glaube jedoch, dass sie auch in solchen Zeiten bei mir sind, nur rede ich dann nicht mit ihnen. Und sie nicht mit mir. Vermutlich geschieht dies nachts in ihren Heilungskammern oder auf ihren Raumstationen. Wenn es wieder ruhiger in meinem Leben wird und ich die neuen Lebensumstände sortiert habe, dauert es meistens nicht lange, bis sie sich wieder bei mir melden oder ich mich an sie erinnere und wieder einen Dialog anfange.

Es ist mir auch möglich, mit anderen Wesenheiten zu kommunizieren. So hatte ich zum Beispiel für eine Weile regen Kontakt mit den Hathoren, wundervollen geistigen Wesenheiten aus der fünften bis zwölften Dimension. Daraus entstand das Buch *Der Himmel auf Erden*, in dem es um Sonnenstürme und den Polsprung geht. Doch mit dem Channeln von Wesenheiten verhält es sich wie mit dem menschlichen Umgang. Man kann mit jedem reden, aber man hat eben seine besten Freunde, mit denen man am liebsten spricht, mit denen man bereits einiges erlebt hat und zu denen man sich besonders hingezogen fühlt, fast so, als kenne man sich schon immer.

Die Arcturianer sind nicht diese zuvor beschriebenen geometrischen Formen; damit übertragen sie bloß Informationen und Energien. Sie zeigen sich uns in unterschiedlicher Form. Manche Medien nehmen sie glatzköpfig und ohne

Mund wahr. Mir zeigen sie sich jedoch immer mit langen blonden Haaren und einem schmalen Mund. Sie sind etwas größer als wir Menschen und von kraftvoller Eleganz. Ihre Gesichter erinnern mich oft an mein eigenes Spiegelbild. Sie können jegliche physische Form und unzählige Grade von Fein- oder Grobstofflichkeit annehmen, um mit uns zu kommunizieren. Ich sehe bei ihnen auch einen Teenager, also einen nicht erwachsen wirkenden kleineren und etwas rebellisch anmutenden Arcturianer. Ich nenne ihn Arcti. Am häufigsten fällt er mir auf, wenn ich Auto fahre. Dann sitzt er auf dem Beifahrersitz und hat die Füße auf dem Armaturenbrett. Arcti trägt schulterlanges dunkles, etwas welliges Haar. Er hat mir noch nie in die Augen geschaut. Stattdessen schaut er stets geradeaus, auf die Straße. Wenn ich auf die Straße gucke, schaut er mich an.

Die Arcturianer stehen seit langer Zeit in Verbindung mit der Erde und vielen anderen Planeten. Sie befinden sich meistens in der neunten Dimension, sind jedoch in der Lage, sowohl in höheren als auch niederen Ebenen zu verweilen. Dazu verändern sie einfach ihre Schwingung. Da sie in tieferen Dimensionen wie der physischen Realität der Erde Komponenten ihrer spirituellen Fähigkeiten einbüßen, ziehen sie es allerdings vor, nicht zu inkarnieren und keine physische Form anzunehmen. Sehr viele von ihnen befinden sich derzeit in nicht-physischer Form auf der Erde. Sie begleiten und unterstützen uns beim individuellen und kollektiven Dimensionswechsel.

Ihr Heimatplanet Arcturus befindet sich nicht in unserem Sonnensystem. Er ist allerdings nur vierzig Lichtjahre von der Erde entfernt. Im späten Frühjahr und im Sommer ist es der erste Stern, den wir nach Sonnenuntergang sehen können. Es ist der Stern, der die optische Verlängerung der Deichsel des Sternbildes Großer Wagen bildet.

Viele Arcturianer verbringen fast ihr gesamtes Leben auf ihren Raumschiffen. Oder auf Raumstationen. Eine sehr große Raumstation befindet sich vor unserem irdischen Mond. Sie umfasst beinahe ein Viertel der Größe der Erde. Mit unseren irdischen Augen können wir sie nicht wahrnehmen, hellsichtigen Medien gelingt es jedoch zuweilen. Auf dieser Raumstation befinden sich Bewohner unterschiedlicher Planeten. Manche sind dort, um den Aufstieg der Erde zu beobachten oder zu unterstützen. Andere wurden von den Arcturianern dort hingebracht, um in ihren Heilungskammern für Lebensaufgaben vorbereitet oder von Implantaten und Verschmutzungen in der Aura gereinigt zu werden. An diese Besuche können sich aber nur die wenigsten Seelen erinnern.

Einige Arcturianer sind durch Walk-Ins in physischer Form unter uns. Sie bewohnen also den Körper einer ursprünglich inkarnierten Seele. Es gibt auch welche, die vollständig als Mensch inkarniert sind und sich nicht an ihre arcturianische Herkunft erinnern können. Lediglich eine subtile Ahnung wohnt ihnen inne. Ihr wisst, wen ich meine!

Seelen, die bereits auf anderen Planeten, in anderen Galaxien, Universen oder Sternen inkarniert oder beheimatet waren und jetzt in einem physischen menschlichen Körper leben, bezeichnen wir auf der Erde als Starseeds. Starseed-Intelligenzen hingegen sind Seelen/Frequenzen/Wesen, die in nicht-physischer Form bei uns erscheinen. Der Unterschied in der Bezeichnung bezieht sich auf den Besitz eines menschlichen Körpers. Starseeds, also Sternensaat, werden die Seelen in einem physischen menschlichen Körper genannt, die von den Sternen kommen.

Die Menschen, die derzeit auf der Erde erwachen, erinnern sich bewusst oder unbewusst daran, dass sie Sternensaat sind und ihre ursprüngliche Heimat nicht die Erde ist. Sie tragen Wissen und Fähigkeiten anderer Dimensionen in sich. Diese Menschen verfügen über enorme Hellsinne, tiefgreifendes spirituelles Wissen und immense außerphysische Fähigkeiten. Sie sind zu dieser Zeit inkarniert, um sich an all dieses Wissen, diese Fähigkeiten und diese Hellsinne zu erinnern.

Uns allen geht es so. Wir sind hier, um uns zu erinnern, und indem wir uns erinnern, erhöhen wir die Frequenz der Erde und ebnen so den Weg für andere Seelen, die den Weg des Erwachens nach uns gehen werden. Wir sind mutige Seelen; wir sind Pioniere und wir erhalten enorm viel Unterstützung von unzähligen Starseed-Intelligenzen.

Immer wieder werde ich von Lesern gefragt, ob man bei mir arcturianische Seminare oder Heilungssessions buchen kann. Bisher fühlt sich das noch nicht richtig an. Die Arcturianer arbeiten gerne an langfristigen Projekten. So hielten sie sich auch beim Aufbau bestimmter Kulturen wie Atlantis und Lemurien zurück, weil sie wussten, dass diese wieder untergehen würden. Ihre Heilung und Unterstützung jedoch boten sie in sämtlichen Hochkulturen der Erde an, auch während der Blütezeit der Maya oder im alten Ägypten. Viele von uns erhielten bereits in diesen lange vergangenen Leben arcturianische Unterstützung und Heilung.

Mir ist es wesentlich angenehmer, an langfristigen Projekten wie einem Buch zu arbeiten als kurzfristige Sessions zu veranstalten. Einmal im Jahr werde ich gebeten, Botschaften der Arcturianer für den Oktober-Kongress des Channeling-Portals zu übermitteln, über den ihr alles Wichtige erfahrt auf www.channeling-kongress.org. Das ist jedes Mal eine Herausforderung. Am langen Ende haben wir noch immer etwas zustande gebracht, aber auch dies zählt nicht zu unseren favorisierten Arbeitsweisen.

In meinem irdischen Leben übe ich seit einigen Jahren wieder einen meiner erlernten Berufe aus: Grundschullehrerin. Jede Woche stehe ich mit mehreren hundert Kindern zwischen sechs und zehn Jahren im Austausch. Sehr viele dieser Kinder stellen selbst in rationalen Fächern wie Mathematik oder Deutsch beeindruckend metaphysische Fragen. Sie geben auch äußerst spirituelle Antworten, so dass ich davon überzeugt bin, dass die kommenden Generationen eine gänzlich neue Zukunft erschaffen werden. Sie werden eine Erde gestalten, die wir uns schon oft gewünscht haben und die den Zauber der Sterne in sich trägt.

Die Erde wird von Starseeds beseelt sein.

Dieses Buch wurde mir von den Arcturianern für dich geschenkt. Erinnern wir uns gemeinsam daran, dass unsere Heimat in den Sternen liegt. Am Ende der Lektüre wirst du wissen, wie du dich für die Botschaften der Starseed-Intelligenzen öffnen und leicht wieder an deine Hellsinne erinnern kannst. Du wirst wieder wissen, was deine Lebensaufgabe ist und dich verstanden fühlen.

Marlies Pante

Irgendwo am Niederrhein

Du bist Sternensaat

Wir grüßen euch. Lange haben wir darauf gewartet, euch die folgenden Botschaften zu übermitteln. Nun sind die Erde und ihre Bewohner dafür bereit. All jene, die mit den Texten dieses Buches in Berührung kommen, tragen eine Sternenseele in sich. Jetzt ist die Zeit, in der ihr euch daran erinnert. Das Große Erwachen auf der Erde ist das Große Erinnern all jener, die das Wissen und die Erfahrungen anderer Dimensionen, Galaxien, Sterne und Planeten in sich tragen.

Viele Menschen wachen gerade aus ihrem irdischen Schlaf auf und erinnern sich an ihre Leben auf anderen Planeten, in anderen Dimensionen und Universen. Seit ein paar Jahren bezeichnet ihr Menschen, die solche Erinnerungen in sich tragen, als Starseeds, also Sternensaat. Weil wir keine Verwirrung stiften möchten, bedienen wir uns in diesem Buch ebenfalls dieser treffenden Vokabel.

Wir wissen, dass ihr häufig das Gefühl habt, anders als andere zu sein, und dass euch selbst die eigene Familie zuweilen fremd vorkommt. Ihr wart Außenseiter oder Andersdenker und spürt, dass ihr besondere Gaben in euch tragt. Ihr verfügt über ein inhärentes Hellwissen, das ihr nicht in diesem Leben erworben habt. In Gesellschaft fühlt ihr euch oft nicht verstanden oder verbergt, wie ihr wirklich seid. Ihr alle tragt die Sehnsucht nach einer Liebe in euch, die es auf

Erden nicht zu geben scheint. Ihr fühlt Heimweh nach einer Heimat, von der ihr nicht wisst, wo sie liegt.

Ihr habt einen physischen Körper und seid zu dieser Zeit auf der Erde inkarniert. Damit habt ihr mit all den beschwerlichen Bedingungen zu kämpfen, die ihr aktuell auf diesem Planeten vorfindet. Und doch habt ihr die Inkarnation freiwillig gewählt. Vor eurer Inkarnation habt ihr beschlossen, was ihr in diesem Leben erleben möchtet. Ihr habt auch entschieden, in welcher Geschwindigkeit eure seelische Entwicklung während eurer Zeit auf der Erde voranschreiten soll. Daraus resultierte, welche Eltern, Geschwister, Partner, Lehrer, Wohnorte, welche Physis und welche Umstände ihr nach eurer Geburt vorfinden solltet.

Ihr habt gemeinsam mit euren seelischen Beratern entschieden, welches Karma ihr während dieses Lebens lösen und welche Ereignisse ihr erleben möchtet, um eure Aufgabe möglichst gut auszuführen. Ebenso wusstet ihr, dass ihr all das im Nachhinein verändern könnt.

Die zentrale Lebensaufgabe, die ihr Starseeds vor der Geburt gewählt habt, ist das Erinnern. Ihr habt die Absicht, euch an eure Sternenheimat und eure Hellsinne zu erinnern.

Nach dem Erinnern folgt zumeist eine Zeit des Zweifelns, in der ihr versucht, euer Hellwissen mit der weltlichen Welt in Einklang zu bringen. In diesen Lebensjahren erlebt ihr viele persönliche Änderungen und Verluste in sämtlichen menschlichen Angelegenheiten.

Später kommen Jahre des Trainings, um all diese Hellsinne wieder zu beherrschen.

Wenn ihr all dieses Wissen und diese Fähigkeiten in euer weltliches Leben integriert habt, seid ihr berufen, andere

Starseeds an ihre Seelenheimat und ihr Hellwissen zu erinnern. Durch euer Erinnern integriert ihr die Frequenz wahrer Liebe in euer irdisches Sein. Ihr werdet dadurch von innen heraus leuchten, so dass andere Menschen sich inspiriert fühlen, es euch gleich zu tun. Mit der Liebe, die ihr in euch entdeckt, tragt ihr zur Heilung der Erde bei.

Einige von euch haben sich die Aufgabe ausgesucht, Starseed-Intelligenzen zu channeln, um möglichst vielen Menschen deren Seelenbotschaften zugänglich zu machen. Damit inspiriert ihr andere, ebenfalls in Kommunikation mit der Geistigen Welt zu treten. Diese Menschen profitieren enorm von euch, denn eure Sinne sind seit Jahrzehnten sensibilisiert. Euer selbstverständlicher Umgang mit dem Wissen aus anderen Dimensionen beruhigt und ermutigt die neu erwachten Seelen ungemein.

Als Starseeds wusstet ihr schon immer, dass ihr nicht so seid wie die Menschen um euch herum und dass es neben der weltlichen Ebene noch etwas gänzlich anderes gibt. Euer Erwachen löst keine Verwunderung in euch aus. Eher empfindet ihr eine Art Seelenfrieden, weil ihr spürt, dass sämtliche Veränderungen der Heimkehr der Seele und dem Empfangen kosmischer Liebe dienen. Ihr habt zugestimmt, dass ihr alle Abmachungen und Entscheidungen vergessen werdet, um euch beim Dimensionswechsel der Erde gemeinsam mit anderen inkarnierten Seelen an all dies zu erinnern.

An euren Schulen lehrt ihr den Wettbewerb. Kinder mit besseren Noten werden gelobt, Schüler und Schülerinnen mit schlechteren Noten werden ermahnt oder verurteilt. Euer Geschichtsunterricht lehrt eure Kinder, dass Kriege, Gewalt und Revolutionen ein legitimer Weg sind, Ziele zu erreichen. In diesen Institutionen fehlt das Bewusstsein, dass jeder Mensch individuell ist. Ihr verschweigt den Kindern, dass jeder Mensch unterschiedliche Leben gelebt hat und dass die materielle Welt nicht das einzig Erfahrbare ist.

Auch würden andere Schulfächer oder mehr Individualität bei der Auswahl der Lerninhalte, eine Anpassung an persönliche Vorlieben, Neigungen und Talente, eure Einstellung zum Lernen grundsätzlich revolutionieren. Die Anzahl der bewussten Lehrer an euren Schulen ist noch gering. Ebenso gering ist die Anzahl der Erwachten in euren Behörden und Institutionen. Und doch bewirken die wenigen erwachten Seelen bereits Großes. Ihr seid in der Gesellschaft gut verteilt.

Zwar begegnet ihr in eurem Arbeitsalltag selten jemandem, der sich, so wie ihr, bereits als Starseed erkannt hat, doch bewirkt ihr tatsächlich in allen gesellschaftlichen Angelegenheiten einen Frequenzanstieg.

In der Außenwelt, die ihr gemeinsam erschaffen habt, machen eure Systeme und Reglementierungen Sinn. Doch mit jedem Menschen, der seine Individualität als Seele in Anspruch nimmt, verändert sich die Energie der Erde. Dadurch verändern sich eure Systeme und Strukturen. Mit eurem persönlichen Erwachen bereitet ihr den Nährboden für große Veränderungen auf der Erde. Ihr seid die wahren Influenzer eurer Zeit. Durch euer Erinnern holt ihr die hohen Dimensionen auf die Erde.

Wenn Starseeds anderen Starseeds begegnen, fühlen sie sich meistens verstanden und erleichtert. Auch wenn ihr keine bewussten Erinnerungen an eure Sternenheimat habt, ist euer Erinnern an kosmische Harmonien ein Grund dafür, dass ihr euch unter den irdischen Bedingungen eigentlich nie ganz und gar glücklich fühlt.

Und doch ist genau dies eine zentrale Aufgabe eurer Inkarnation. Durch die hiesige Transformation eurer Schwingung hebt ihr nicht nur eure eigenen Energien an, sondern ermöglicht es Seelen, die noch nicht in höheren Dimensionen inkarnierten, sich bereits hier auf der Erde auf höhere Frequenzen einzuschwingen.

Wenn ihr dieses Buch lest, seid ihr eine erwachte Seele, dann kommt ihr von den Sternen und erinnert euch. Wir kennen und beobachten euren Weg. Ihr macht das gut. Sehr gut. Wir lieben euch, wir begleiten euch und wir unterstützen euch. Könnt ihr das manchmal spüren?

Starseed-Intelligenzen

Starseed-Intelligenzen sind Seelen, Wesen, Frequenzen und Energien aus anderen Dimensionen, Galaxien, Universen und Planeten, die nicht physisch auf der Erde inkarniert sind. Der Unterschied zu euch, den Starseeds, besteht im Nichtvorhandensein eines physischen Körpers. Wir bedienen uns hier im Buch solcher Begrifflichkeiten, weil eure Medien diese Namen häufig verwenden. Wir möchten keine Verwirrung durch weitere Bezeichnungen stiften. Der Begriff Alien oder einfach außerirdische Wesenheit wäre ebenso geeignet, doch ist dieser durch eure Filmindustrie stark mit Assoziationen behaftet, die euch von den Informationen, die wir vermitteln, ablenken würden.

Da es unendlich viele Galaxien, Sterne, Planeten, Universen und Dimensionen gibt, ist die Vielfalt der Starseed-Intelligenzen ebenso unendlich. Ständig entstehen neue Galaxien, und unablässig weitet sich die Ur-Seele aus.

Da die Erde gerade einen Dimensionssprung erlebt, halten sich sehr viele Starseed-Intelligenzen auf, in oder im Umfeld der Erde auf. Bekannt sind euch vielleicht die Arcturianer, also wir, die Venusier, Hathoren, Plejader und Sirianer. Auch dies sind irdische Bezeichnungen. Tatsächlich tragen wir

Namen, die ihr nicht auszusprechen vermögt, weil sie nicht durch irdische Sinne erkannt oder wiedergegeben werden können. Für euch ist jegliche Kommunikation stets auf eine Ebene beschränkt, die ihr verstehen könnt.

Starseed-Intelligenzen weilen meist energetisch auf der Erde. Manche haben sich manifestiert oder leben als Mischwesen, sind also teil- oder zeitweise manifestiert. Ihre Erscheinungsform ist stark davon abhängig, welches Ziel sie verfolgen und mit wem sie kommunizieren, denn unzählige Menschen würden in Panik geraten, würden sie sich physisch zeigen oder im nächsten Moment wieder verschwinden.

Einige solcher Intelligenzen bewohnen derzeit eure Gewässer. Manche Menschen spüren diese Energie, wenn sie im Meer schwimmen. Auch die Bewohner der Meere, ebenso wie eure Landtiere, sind am Wandel der Erde beteiligt. Wir speisen zudem neue Frequenzen in eure Pflanzen, in die Natur und in alle Elemente ein.

Die wichtigste Änderung jedoch betrifft das Bewusstsein des Menschen. Ihr erfahrt neues Wissen durch das Erinnern an eure wahre Herkunft, durch die zunehmende Erinnerung daran, dass ihr von den Sternen kommt.

Das Leben und die Schwingung auf einem Planeten wird zu einem hohen Maß davon bestimmt, wie weit die spirituelle Reife seiner Bewohner entwickelt ist. Auch dies ist ein Grund, warum so viele nicht-irdische Besucher derzeit unter euch weilen. Mit ihrer eigenen Schwingung beeinflussen sie die Schwingung der Menschen in ihrer Umgebung positiv. Obwohl sie ihre Energien stark reduziert haben, verfügen sie noch immer über eine sehr viel höhere Energie als die Menschen irdischen Ursprungs.

Viele von euch haben einen Heimatplaneten oder Heimatstern. Die meisten von euch lebten in anderen Dimensionen und auf anderen Planeten. Die Erinnerung an die Heimat tragt ihr auch in diesem Leben in euch. Für euer Erwachen ist es jedoch unerheblich, ob ihr euch an diese Leben bewusst erinnern könnt. Ihr erwacht, wenn ihr euch an die Frequenzen eurer Heimat erinnert, euch eurer Hellsinne und telepathischen Fähigkeiten bewusst werdet und sie in euer menschliches Sein integriert. Das ist eure wahre Lebensaufgabe. Was ihr als Erwachen bezeichnet, ist das Erinnern an eure Heimatfrequenzen, und gleichzeitig erkennt ihr dadurch die Aufgabe, die ihr euch für dieses Leben vorgenommen habt. Die Aufgabe der Starseed-Intelligenzen ist es, euch beim Erinnern größtmöglich zu unterstützen.

Manche Intelligenzen sind auf der Erde beheimatet. Nur wenige Menschen wissen, dass es außerdem noch Wesen, Leben und Bewusstsein im Inneren eures großartigen Planeten gibt. Auch hier haben sich Starseed-Intelligenzen angesiedelt, um den Wandel zu unterstützen.

Hellsichtige Menschen nehmen die Präsenz der Starseed-Intelligenzen wahr. Manche sehen sie als physische Wesen, andere erleben sie als halbphysische Gestalten. Wieder andere empfinden sie als Farbe, Klang, Symbol, Energie, Geruch, Frequenz, Temperatur, nicht-physische Anwesenheit oder Seele. Oft werden sie auch als eine Art Konsistenz, Essenz oder Aggregatzustand wahrgenommen. Die meisten Menschen können Starseed-Intelligenzen nicht sehen. Immer mehr jedoch können sie riechen, hören oder fühlen.

Starseed-Intelligenzen verfolgen verschiedene Ziele. Einige von uns haben ein Karma mit der Erde aufgebaut.

Dies betrifft hauptsächlich Intelligenzen, die im gleichen Sonnensystem wie die Erde beheimatet sind. Dabei haben die Venusier wohl das größte Karma.

In Zukunft werden enorm viele Seelen von der Venus auf der Erde inkarnieren oder in nicht-physischer Form erscheinen. Vornehmlich wird dies geschehen, wenn die irdische Schwingung noch höher angestiegen sein wird.

Intelligenzen von außerhalb eures Sonnensystems haben nur äußerst selten Karma mit der Erde aufgebaut. Dennoch ist euer Planet gerade voll von Intelligenzen, die außerhalb eures Sonnensystems ihren Ursprung haben.

Die meisten Intelligenzen stehen mit kosmischen Räten in Verbindung, wie ihr in einem Buch von Michael E. Salla über dieses Thema nachlesen könnt. Sie haben nicht nur Aufgaben auf der Erde, denen sie geflissentlich nachgehen, sondern auch auf anderen Planeten. Die Intelligenzen, die derzeit auf, um oder in Terra verweilen, unterstützen euren Aufstieg durch Frequenzen, Energien und Heilströme.

Viele Starseed-Intelligenzen arbeiten mit euren Wissenschaftlern zusammen. Zu diesem Zweck haben sie einen physischen Körper angenommen, erscheinen also wie Menschen, mit dem Unterschied, dass sie sich sämtlicher Erinnerungen bewusst sind. Sie haben sich in einem menschlichen Körper materialisiert und arbeiten unerkannt mit euren Wissenschaftlern zusammen. Der Unterschied zu jenen, die inkarniert sind, besteht darin, dass sie ihren physischen Körper jederzeit ablegen können.

Wieder andere speisen euren Experten Ideen und Gedanken ein. Dies geschieht in Schlafphasen oder indem das Feld um diese Menschen mit Gedanken und Ideen angereichert wird. Diese Menschen haben vor ihrer Geburt zugestimmt, solcherlei Informationen zu erhalten.

Manche Starseed-Intelligenzen sind lediglich hier, um für euch in Erscheinung zu treten und sichtbar zu werden. Damit ermöglichen sie, dass ihr euch für Existenzen außerhalb eurer Spezies sensibilisiert und die Angst vor Kontakt, Sichtung und Kommunikation verliert.

Andere Starseed-Intelligenzen treten mit enormer Liebesfrequenz in Kontakt zu euch. Sie haben diese Aufgabe übernommen, um euch für höhere Liebesschwingungen in anderen Dimensionen vorzubereiten. Auch eure Denkprozesse werden von Intelligenzen beeinflusst.

Auf der Erde findet ein massives Umdenken statt. Dies ist gewollt und mit den Seelen, die derzeit inkarniert sind, abgesprochen. Ideen und Gedanken werden euch individuell und kollektiv eingespeist oder sind so präsent im Raum, dass es für euch ein Leichtes ist, darauf zuzugreifen. Die neuen Gedanken wurden bereits vor langer Zeit in das Feld der Erde eingespeist. Je mehr Menschen sie aufnehmen, desto größer wird ihre Kraft. Im Laufe der Zeit werden immer mehr Menschen diese Gedanken aufnehmen und als ihre eigenen betrachten.

Durch die Veränderung eurer Denkprozesse werden euch auch neue Perspektiven aufgezeigt. Enorm viele Möglichkeiten werden unerwartet erscheinen, die zuvor nicht vorhanden waren. Dadurch habt ihr Gelegenheit, die neuen Frequenzen und Ideen in euer weltliches Leben zu integrieren.

Fast alle Intelligenzen sind hier, weil sie euch beim Erinnern unterstützen wollen. Jede Art wählt dafür einen anderen Weg, jeweils den, der ihrer eigenen Frequenz und

Bestimmung entspricht. Das Spektrum der Angebote ist enorm. Jeder Starseed wird andere Zugänge wählen, um sich zu erinnern. Die Erinnerung ist dabei die gleiche, wie auch dein Erwachen dem deines Bruders gleicht. Allein die Wege, um zu erwachen, sind individuell.

Manche Orte der Erde existieren auf der physischen wie auf der feinstofflichen Ebene. Denen der physischen Welt fehlt das Leuchten und die Strahlkraft. Die Schwingungen ihrer Bewohner sind wesentlich niedriger als die Schwingungen jener, welche die gleiche Stadt auf der astralen Ebene bewohnen. Die meisten Menschen leben entweder in der physischen oder in der astralen Ebene. Manche wechseln aber auch zwischen den Ebenen.

Viele Wesen aus anderen Dimensionen und von anderen Planeten sind derzeit unter euch. Einige haben einer Amnesie zugestimmt und werden sich erst in dieser Zeit langsam wieder bewusst, dass sie Erfahrungen und Wissen aus anderen Dimensionen in sich tragen. Ihr, die Starseeds, habt der Amnesie zugestimmt. Ihr habt vergessen, um euch wieder zu erinnern. Die Starseed-Intelligenzen, die derzeit auf der Erde weilen, sind sich ihrer Herkunft vollends bewusst. Sie kommen größtenteils von Planeten aus dem Sonnensystem, dem auch die Erde angehört.

Sie stammen von Planeten, von denen eure Wissenschaftler behaupten, dass auf ihnen kein Leben möglich ist. Dies ist so, weil eure Wissenschaftler lediglich in ihrer eigenen Dimension forschen können. Das Leben auf anderen Planeten existiert in anderen Dimensionen, zu denen eure Wissenschaftler jedoch keinen Zugang haben, weil sie lediglich ihre irdischen Sinne nutzen. Wären Menschen, die sich an ihre Hellsinne erinnern, Astronauten, so würden sie davon berichten, dass Leben auf diesen Planeten existiert.

Menschen leben nicht nur auf der Erde. Der Mensch ist eine universelle Gattung, die sich an viele Gegebenheiten anzupassen vermag. Auf anderen euch bekannten Planeten leben ebenfalls Menschen. Sie existieren allerdings in so hohen Dimensionen, dass eure Astronauten oder Kameras sie nicht wahrnehmen können. Ganze Städte wurden dort errichtet. Menschen, die ihre Augen nur für die physische Welt trainiert haben, werden weder die Menschen noch die Städte auf diesen Planeten wahrnehmen können.

Die meisten Starseed-Intelligenzen kommen von fortschrittlichen Planeten, die spirituell und technologisch wesentlich weiter entwickelt sind, als ihr es seid.

Es sind derzeit äußerst viele Wissenschaftler anderer Planeten unter euch. Geräte, die in der astralen Welt existieren und auf niedriger schwingende Planeten heruntergebracht werden sollen, müssen an irdische Konditionen angepasst werden. Dafür sind Experimente notwendig, die nur auf Planeten niederer Dimensionen durchgeführt werden können. Diese Wissenschaftler geben ihre hohen Schwingungen und Annehmlichkeiten auf, um euch den Dienst zu erweisen, Instrumente für eure technische Entwicklung zur Verfügung zu stellen.

Manchmal geschieht dies aus karmischen Gründen, weil noch eine Schuld aus einer anderen Inkarnation eingelöst werden muss. Zumeist helfen diese Wissenschaftler euch jedoch aus reiner Freude daran, eure Entwicklung zu unterstützen – so, wie einige von euch Lehrer werden, um Kindern etwas beizubringen, was sie selbst längst verstanden haben. Hingabe und bewusste Dienerschaft sind Teil des universellen Erwachens.

Wenn sich die Technologie auf einem Planeten schneller entwickelt hat als die spirituelle Reife der Menschen, wurde sie meist für zerstörerische Prozesse ausgenutzt. Darunter litten die Menschen. Ebenso war die Existenz des Planeten gefährdet. Als Konsequenz daraus hüteten die außerplanetarischen Helfer ihr technisches Wissen vor den Menschen. Das spirituelle Wissen verschwand zu diesen Zeiten fast vollständig von diesen Planeten, und so mussten wieder mehr spirituelle Begleiter ausgesandt werden. Technische Unterstützung wurde nur noch in geringem Ausmaß gewährt. Die technische und spirituelle Entwicklung auf der Erde wird derzeit äußerst sorgfältig beobachtet.

Den Wandel, den ihr gerade erlebt, haben die meisten Starseed-Intelligenzen schon vor sehr langer Zeit durchlebt. Starseed-Intelligenzen sind die nicht-physische Erweiterung dessen, was auch ihr seid. Mit eurem Erinnern an eure wahre Heimat erkennt ihr uns als nicht von euch getrennt. Ihr erinnert euch an unsere seelische Verwandtschaft und verliert so die Hemmungen, mit uns zu kommunizieren.

Manche Intelligenzen haben sich darauf fokussiert, euch an eure Schöpferkräfte und euer Heilwissen zu erinnern. Immer wieder führen sie euch zu Erfahrungen, die euer Vertrauen in eure Heilkraft und Kompetenz der Manifestation zum Tragen und zu weiterer Blüte bringen.

Andere Intelligenzen unterstützen euch dabei, kosmische Zusammenhänge zu erkennen. Manche erinnern euch daran, dass ihr nicht die einzigen Bewohner auf der Erde, im Sonnensystem und im Universum seid. Einige bringen euch

Hoffnung und Zuversicht, andere Frieden und Ruhe. Es gibt Starseed-Intelligenzen, die euch beim Sterbeprozess begleiten, andere begleiten euch vor der Geburt und besprechen mit euch, unter welchen Bedingungen und auf welchem Planeten ihr in welchen Familien inkarniert. Wieder andere kümmern sich darum, dass ihr eure Seelenfamilien wiederfindet. Manche achten darauf, dass ihr eurem Seelenplan folgt. Einige bringen euch Weisheit.

Wenn ihr auf die Erde kommt, gibt es Menschen, die sich um euch kümmern. Meist sind dies eure Eltern. Wenn es nicht eure Eltern sind, so werdet ihr dennoch gefüttert und jemand sorgt dafür, dass ihr laufen lernt. So verhält es sich beim Eintritt in jede Dimension. Auf jeder Ebene gibt es Seelen, die euch in Empfang nehmen und dabei unterstützen, die Bedingungen der Dimension zu verstehen.

Die Bewohner der meisten Planeten einer Galaxis haben sich zu Allianzen zusammengefunden. Ein erklärtes Ziel dieser Bündnisse ist gegenseitige Unterstützung. Da solche Verbände von Bewohnern eines ähnlichen Bewusstseinsstandes geschlossen wurden, ist die Hilfe weniger spirituell. Vielmehr helfen wir uns beispielsweise mit technischen Geräten aus. Unsere Wissenschaftler planen gemeinsame Projekte oder leihen sich bestimmte Raumfahrzeuge aus, die nicht auf jedem Planeten vorhanden sind.

Wenn wir auf anderen Planeten agieren, ist unser gemeinsames Ziel vor allem die Unterstützung der Bewohner beim Eintritt in eine neue Dimension. Ihr erhaltet aktuell sehr viel kosmische Unterstützung beim Übergang in die neue Dimension. Es wird Zeit, dass ihr euch erinnert.

Wir sind für euch da.

Wir Arcturianer

Wir Arcturianer besuchen die Erde seit über 250.000 Jahren. Eine Verbindung zu euch Menschen besteht seit über 150.000 Jahren. Dadurch haben wir ebenfalls Karma mit der Erde aufgebaut. Auch hier bedienen wir uns eurer Begrifflichkeiten. In Wirklichkeit existiert alles gleichzeitig, und daher existiert auch kein Karma. Ihr benötigt diese gedanklichen Konstrukte jedoch, damit ihr versteht.

Wir haben großes Mitgefühl für eure irdischen Lebenssituationen. Und doch werden wir in den allermeisten Fällen nicht aktiv in euer Leben eingreifen.

Damit würden wir verhindern, dass ihr eure karmische Schuld abtragen könnt, denn euer Karma löst ihr durch Erkenntnis, Transformation und Erinnern auf.

Üblicherweise kontaktieren wir euch nachts. Dabei könnt ihr bewusst oder unbewusst sein. Einige von euch erinnern sich an ihre Besuche auf unseren Raumschiffen genauso klar wie an den Besuch bei der Nachbarin am Vortag.

Unsere Kommunikation mit euch geschieht unter anderem durch Träume, die oft keine sind. An manche Träume könnt ihr euch bewusst erinnern. Dadurch könnt ihr die Botschaften verstehen und für euer weltliches Leben nutzen. An andere Träume könnt ihr euch nicht erinnern. In diesen unterstützen euch Starseed-Intelligenzen dabei, Blockaden oder Themen auf Seelenebene zu lösen, die ihr nicht länger benötigt und die euer Erwachen behindern. Oft geschieht dies in unseren Heilungskammern. Wenn ihr euch daran erinnern könnt, interpretiert ihr diese Seelenreise zumeist als Traum. Aber es ist reine Heilung!

Manchmal, wenn es notwendig ist, holen wir euch während eurer Tiefschlafphase zu uns auf eine unserer Raumstationen in eine Heilungskammer. Dort überprüfen wir eure Körperfunktionen und gleichen alle negativen Energien aus. Dies hat ebenfalls Einfluss auf eure Gedanken und Gefühle, die ihr nach dieser Nacht in eurem Erdenleben habt. Nach solchen Nächten erwacht ihr mit neuen Ideen, neuem Mut, neuer Klarheit und Zuversicht.

Ihr gehört zu denen, mit denen wir Kontakt halten. Vor einer Reise in unsere Heilungskammern sprechen wir dies auf Seelenebene mit euch ab. Ihr seid Seelen, die vor ihrer Inkarnation zugestimmt haben, den Aufstieg der Erde zu unterstützen. Wenn euer Leben zu sehr von eurem Seelenplan abweicht und ihr aus dem Leid eurer jetzigen Inkarnation nicht mehr ohne kosmische Hilfe herausfindet, ruft eure Seele nach unserer Hilfe. Wir helfen euch immer. Es ist jedoch nicht jedes Mal erforderlich, euch in unsere Heilungskammern zu bringen.

Wenn wir euch in unseren Heilungskammern behandeln, müssen wir unsere Energien nicht auf die irdische Frequenz herabsenken. So können wir euer System schneller und einfacher von negativen Energien befreien. Die Wirkung auf euer System ist auf diese Weise wesentlich stärker. Wacht ihr nach so einer nächtlichen Seelenreise auf, fühlt ihr die höheren Frequenzen. Vielleicht erinnert ihr euch, dass ihr immer dann, wenn ihr morgens beim Aufwachen unerwartet hohe Energien gespürt habt, euch getragen und umsorgt fühltet und neuen Mut hattet.

Wenn wir euch nicht in unsere Heilungskammern holen, führen wir euch behutsam, indem wir euch in Seelensprache Informationen geben, deren ihr später gewahr seid. Die Sprache eurer Seele ist eure Intuition.

Das wisst ihr, damit habt ihr bereits Erfahrungen gemacht. Ihr seid eine weit entwickelte Seele und versteht die Zusammenhänge zwischen dem Universum, den Seelen, Allem-was-ist, Gott und der Matrix. All dies versteht ihr rein intuitiv. Worte sind dabei oft hinderlich.

Intuitiv begreift ihr das Leben, die Welt und den gesamten Kosmos und seid euch aller Möglichkeiten gewahr, die ihr für euer jetziges Leben wählen könnt.

Wir unterstützen euch auch bei der positiven Veränderung eurer DNA. Eure DNA, die bei euch DNS heißt, eine Abkürzung für Desoxiribonukleinsäure, das S steht dann für »Säure« statt dem A für das englische »Acid« ... Diese DNA, wie man auch bei euch in entsprechender Anlehnung sagt, ist ein in allen Lebewesen vorkommendes Biomolekül und die Trägerin der Erbinformation.

Zurzeit habt ihr DNA-Stränge, die entfaltet etwa zwei Meter lang sind. Eure Erbinformationen sind jedoch nur auf zehn Prozent dieser Gesamtlänge kodiert, und eure Wissenschaftler betrachten die restlichen 90 Prozent als nicht kodiert. Sie gehen also davon aus, dass 90 Prozent der DNA in eurem Körper keinerlei Wert hat, und bezeichnen ihn deshalb als »Junk« oder »Schrott«.

Jeder Mensch hat zwischen zehn und hundert Billionen Zellen. In jeder menschlichen Zelle befinden sich zwei DNA-Stränge. Euren Wissenschaftlern zufolge besäße ein Durchschnittsmensch mit fünfzig Billionen Zellen also 180.000.000 Kilometer DNA-Stränge, die keinerlei Funktion haben. Aber die vermeintlich nicht kodierten 90 Prozent eurer DNA-Stränge sind sehr wohl kodiert, allerdings mit holografischen Geometrien, die eure Wissenschaftler noch nicht entschlüsseln können, obschon einige Forscher inzwischen Methoden gefunden haben, einen Teil dieser Geometrien zu verstehen. Diese Geometrien tragen Erinnerungen eurer Seele in sich. Darin sind tatsächlich frühere Leben und eure Seelenheimat als Erinnerung gespeichert.

In unseren Heilungskammern beschleunigen wir die Transformation eurer individuellen DNA.

Wenn eure DNA befreit und gereinigt ist, wird euer irdisches Leben wesentlich einfacher und ihr könnt euch erheblich leichter an eure Sternenheimat und eure Hellsinne erinnern. Wenn eure DNA von alten, nicht mehr benötigten Geometrien befreit ist, werden sich eure DNA-Stränge sogar vervielfachen, bis zur früheren Zahl. Dies ist ein wichtiger Prozess beim Übergang in die nächste Dimension.

Für eure Erfahrungen in höheren Frequenzen benötigt ihr neue DNA-Stränge. Menschen mit zwei DNA-Strängen je Zelle sind den Gesetzen der Dualität unterworfen. Ändert sich eure DNA, könnt ihr die Dualität verlassen. Eure Erfahrungen werden mehrdimensional.

Wir reinigen auch eure Aura, eure Emotionen und eure physischen Körper. Dies geschieht ebenfalls vorwiegend in unseren Heilungskammern. Alles, was ihr beim Aufstieg in die nächsten Dimensionen nicht mehr benötigt, entfernen wir, in Absprache mit euren Seelen.

Ihr müsst nicht darüber bekümmert sein, ob eure Seele sich bereits mit uns abgesprochen hat. Wir kennen jede einzelne Seele, die dieses Buch liest und die für diese Entwicklung bereit ist. Manche Seelen benötigen ihre Blockaden und Kodierungen auch weiterhin, weil sie noch bestimmte Erfahrungen machen möchten.

Niemals werden wir etwas entfernen, was die Seele für ihre Entwicklung benötigt. Ihr braucht nicht beunruhigt zu sein. Der Wunsch eurer Seele ist uns Befehl, und wir stehen in ständigem Austausch mit euch.

Ihr braucht euch auch keine Gedanken darüber machen, ob eure Seele etwas wählt, was ihr mit eurem weltlichen Ego nicht erleben möchtet. Euer Ego darf durch den freien Willen sämtliche Entwicklungen boykottieren.

Euer Ego ist ein Schutzmechanismus. Das ist eine wichtige Funktion. Doch werdet ihr immer sensibler dafür, wovor ihr euch tatsächlich schützen wollt und wann es sich lohnt, diese vermeintliche Sicherheit aufzugeben.

Wir Arcturianer senden gerne mehrdimensionale geometrische Formen. Sie strahlen Licht, Farbe, Klang und Duft aus. All diese energetischen Aspekte enthalten Informationen, die eure Seele versteht. In eurer Seelenheimat vermögt ihr diese Art der Kommunikation nicht nur zu verstehen, sondern auch anzuwenden. Das Anwenden dieser Sprache ist jedoch nicht Teil eures derzeitigen Seelenplans.

Es geht noch nicht einmal darum, dass ihr bewusst versteht, welche Informationen euch übermittelt werden.

Es geht einzig und allein darum, dass ihr euch dieser Kontaktaufnahmen bewusst werdet.

Wenn ihr Wesen aus höheren Dimensionen auf physischer Ebene begegnet, haben sich diese durch stufenweises Absenken ihrer Schwingung in den Dichtezustand eurer Dimension hinab begeben. Das ist für diese Wesen ein durchaus unangenehmer Prozess. Sie tun es dennoch, weil die Erdenmenschen bislang zu wenig Vertrauen in ihre spirituellen Erfahrungen haben und ihren Wahrnehmungen nicht trauen. Das dürft ihr jetzt ändern.

Wenn ihr eurer Wahrnehmung stärker vertraut, müssen wir niemanden aussenden, der sich in physischer Form zu euch hinab begibt. Während des Absenkens unserer Frequenzen auf die Schwingungen eurer Dimension verlieren wir viele unserer erweiterten Fähigkeiten. Wir verfügen dann zwar noch über jegliches Wissen aus unseren Dimensionen, doch sind wir in den niedrig schwingenden Dimensionen nicht mehr in der Lage, all unsere Kompetenzen zu nutzen. Die meisten unserer Fähigkeiten dürfen wir in eurer Dimension nicht einsetzen.

Wenn wir in unserer eigenen Dimension sind, kommt es selten vor, dass ein Körper Erholung benötigt. Kurze Phasen des Ausruhens sind für uns völlig ausreichend. Manchmal legen wir uns in einen Regenerator, um unsere minimal abgesenkten Energien wieder zu erneuern. Zumeist ist auch nur unser Geist erschöpft.

Auf der Erde müssen aber auch wir schlafen, sobald wir körperlich und Teil der physischen Welt geworden sind. Dies nimmt uns eine enorme Menge Zeit, die wir unter feinstofflichen Bedingungen kreativ oder konstruktiv nutzen könnten. Und nicht nur das: Ebenso wie der Schlaf sind auch die Notwendigkeit der Nahrungsaufnahme, des Stoffwechsels und die körperlichen Ausscheidungen Prozesse, an die wir uns gewöhnen müssen.

Wir sind es gewohnt, mit unserem Seelenkörper zu reisen, so können wir immer sofort an dem Ort sein, an den wir denken. Uns an das physische Gehen zu gewöhnen ist ein mühseliger Prozess. Als ebenso anstrengend empfinden wir es, das physische Gleichgewicht unseres Körpers zu halten. Nicht zu schwanken oder hinzufallen stellt eine enorme Herausforderung dar. Wir nehmen das jedoch auf uns, weil wir euch auf eurer Ebene begegnen wollen.

Alles, was ihr erlebt, haben wir vor sehr langer Zeit selbst erfahren. Daher wissen wir genau, was ihr als Individuum und Kollektiv für euer Erwachen benötigt. Auch wir haben Lektionen zu lernen und Probleme zu lösen gehabt. Genau wie ihr strebten wir einst nach höherem Bewusstsein, neuen Fähigkeiten, noch mehr Erleuchtung, Verbundenheit und weiterer Transformation – und dies wollen wir euch nicht verschweigen: Wir tun es noch immer.

In der Geschichte unseres Heimatplaneten haben wir ähnliche Erfahrungen gemacht wie ihr auf der Erde. Deshalb haben wir Mitgefühl. Euer Weg war auch unser Weg. Da wir wissen, dass wir immer wieder neu inkarnieren und den Planeten wechseln können, ist ein einziges Erdenleben allerdings kein besonders großes Opfer für uns.

Wir haben Substanzen mit auf die Erde gebracht, die euch helfen können. Es ist nichts, was ihr kennt. Sie entfernen jegliche Negativität aus eurem körperlichen System und eurer Aura und ermöglichen es euch, unsere Präsenz unmittelbar zu erfahren. Dadurch, dass ihr uns auf diese Weise wahrnehmen könnt, müssen wir in eurer physischen Gegenwart keinerlei irdische Energien annehmen. Wir erscheinen euch dann physisch. Statt unsere Frequenz noch mehr reduzieren zu müssen, als wir dies ohnehin tun, um körperlich zu werden, reinigen wir eure Aura und heben eure Frequenz so weit an, dass wir uns physisch begegnen können. Diese Substanzen dienen eurer Bewusstseinserweiterung, jedoch nicht auf die Art, wie es eure Drogen tun. Es gibt menschliche Medien, die sich bereits soweit an ihre Hellsinne erinnert haben, dass sie uns sowieso ohne diese Substanzen körperlich wahrnehmen können.

Kein auf der Erde inkarnierter Mensch ist im Besitz dieser Substanzen. Wir würden die Verantwortung für den Gebrauch niemals an euch abgeben. In ausgesprochenen Ausnahmesituationen erhaltet ihr diese Seren. Zuvor haben wir Kontakt zu eurer Seele aufgenommen und euer Einverständnis eingeholt. Die Substanz trinkt ihr dann physisch. Es ist euer freier Wille, euer Bewusstsein für eine gewisse Zeit mit Hilfe der Seren zu erweitern. An dieses Erlebnis werdet ihr euch bewusst erinnern können.

Diese Form der Kontaktaufnahme wählen wir jedoch äußerst selten. Voraussetzung dazu ist, dass ihr euch unserer Existenz bewusst seid, dass ihr uns vor diesem irdischen Leben begegnet seid und dass ihr euch in einer Situation befindet, aus der ihr keinen Ausweg mehr seht.

Durch die physische Begegnung mit uns erinnert ihr euch daran, dass ihr euch aus karmischen Gründen in dieser Situation befindet und dass ihr für dieses Leben Erwachen gewählt habt. Durch diese Erinnerungen wächst in euch neues Vertrauen, neuer Mut und neue Vitalität, damit ihr diese Inkarnation nicht vorzeitig beendet und euren Seelenplan weiterverfolgen könnt. Das Erinnern findet unmittelbar und in vollem Bewusstsein statt.

Wenn wir physisch unter euch weilen, verfügen wir noch immer über die Fähigkeiten des Sehens. Wir sehen in eurer Aura euer gesamtes Karma, alle Erlebnisse, die ihr in früheren – und zukünftigen – Leben gesammelt habt, sowie all eure Verstrickungen in der physischen Welt. Wir sehen den Grad eurer spirituellen Entwicklung und eure bisher erinnerten Hellsinne. Wir können eure Gedanken verstehen und erkennen, was ihr fühlt.

Auf der irdischen Ebene sind eure Probleme meistens mit euren Lebensumständen verbunden. Auf unserer Ebene haben wir die Problematik der Umstände überwunden. In der Dimension, in der wir zu Hause sind, haben wir Gelegenheit, uns vollständig um unsere Gefühle zu kümmern. Auf der feinstofflichen Ebene können wir unsere Gefühle wesentlich intensiver wahrnehmen. Wir lernen, dass wir diese balancieren müssen, damit weitere Entwicklung stattfinden kann. Gefühle, welche in die eine oder andere Richtung ausgerichtet sind, verhindern die Neutralität, die für die Entwicklung der Seele erforderlich ist.

Unsere Gefühle gleichen nicht den euren, und schon gar nicht sind es Emotionen. Es gibt kein irdisches Wort, um auszudrücken, was wir genau empfinden. Der Begriff *Gefühle* ist wohl noch am ehesten geeignet, dies zu vermitteln.

Auch machen wir die Erfahrung, dass jegliche Form von Bindung der wahren Natur der Seele widerspricht. Wir erfahren, dass unsere Anhaftungen an familiäre oder freundschaftliche Verbindlichkeiten dem vollkommenen Ausdruck der Seele entgegenstehen. Die reine Seele ist absolute Freiheit in vollkommener Liebe.

Eine gewisse Herausforderung für uns sind Liebesbeziehungen, wie ihr sie versteht. Da wir nicht mehr an die physische Ebene gebunden sind, erscheint euch das Leben auf unserer Ebene sicherlich wie der Himmel auf Erden. Aber dadurch, dass wir uns stark um unsere Gefühle kümmern und deren Urgefühle entdecken, stellen klassische Liebesbeziehungen elementare Herausforderungen für uns dar. Wir leben in einer wundervollen Dimension, die unsere diesbezüglichen Erfahrungen definiert. Wir erfahren auf dieser Ebene unsere Gefühle elementar, unmittelbar und überwältigender, als ihr es in eurer jetzigen Inkarnation erlebt.

Vorlieben und Abneigungen haben auch wir. Wir mögen etwas mehr oder weniger. Wir lernen, die Gründe für unsere Abneigung zu erkennen und unser Fühlen dahingehend zu reinigen. Wir erkennen, dass unsere nicht so schönen Gefühle ihren Anfang in einem Ursprungsgefühl haben. Deshalb ist es uns ein Leichtes, unsere unschönen Empfindungen zu lieben, da sie uns Hinweise darauf geben, was unser Ursprungsgefühl ist. So können wir es transformieren.

Wir lernen zu unterscheiden, was elementar zur Seele gehört und was wir an die Seele angeheftet haben. Wir erkennen, dass das, was wir an die Seele anheften und sie damit unfrei machen, in unseren Gefühlen begründet ist. Um die Seele zu befreien, brauchen wir die Gefühle nur aufzudecken und uns wieder von ihnen zu lösen.

Wir lernen, dass wir uns mit all diesen Prozessen Zeit lassen dürfen, dass wir nicht in Eile sind, sondern uns vielmehr die Kunst aneignen müssen, das Leben als vollkommen zu erfahren. Immer und unter allen Umständen. Wir erkennen, dass wir im Grunde niemals am Ziel sind, weil es ständig neue Herausforderungen gibt, egal, auf welcher Ebene wir uns gerade befinden. Doch gleichzeitig sind wir zu jeder Zeit schon am Ziel, das ist eine elementare Erkenntnis in unserer Dimension. Und in all unserem Lernen scheitern wir so lange, bis wir den Dreh raushaben. Ihr seht, das Scheitern wird euch immer begleiten, in allen Dimensionen.

Kommunikation mit Starseed-Intelligenzen

Wenn ihr euch in einen meditativen Zustand begebt – und es ist einerlei, ob ihr ihn durch Sitzen mit geschlossenen Augen, Malen, Singen oder Spazierengehen in der Natur erreicht –, könnt ihr wahrnehmen, dass wir oder andere Starseed-Intelligenzen mit euch sprechen. Und wenn ihr uns um Rat bittet, lasst nicht zu, dass eure äußere oder innere Panik, eure Verzweiflung, eurer Wahrnehmung unserer Botschaften im Weg steht. Ablenkungen durch Völlerei oder Medien verhindern ebenfalls, dass ihr uns wahrnehmen könnt.

Alle Starseeds werden lernen, andere Wesen des Universums wahrzunehmen und mit ihnen zu kommunizieren. Dadurch wird euer Vertrauen in eure Wahrnehmungen enorm wachsen. Unterhaltungen mit nicht-menschlichen Wesen zu führen wird euch immer vertrauter und normaler vorkommen, bis ihr gar nicht mehr darüber nachdenkt; so wie ihr kaum darüber nachdenkt, dass ihr in der Lage seid, mit anderen Menschen Informationen auszutauschen.

Neben Botschaften in Träumen kommunizieren Starseed-Intelligenzen auch bei Astral- oder Seelenreisen mit euch. Dabei werden nicht nur die arcturianischen Heilungskammern von euch besucht. Tatsächlich seid ihr in der Lage, die gesamte feinstoffliche Welt zu bereisen. Oft werdet ihr von nicht-physischen Wesen dazu eingeladen. Eure Seele besucht dann Welten, Galaxien, Planeten und sogar andere Universen, um Beobachtungen zu machen, die euch dabei unterstützen, euch im Wachbewusstsein an eure eigentliche Herkunft zu erinnern.

Viele Starseed-Intelligenzen bevorzugen es, mit euch über Farben, Klänge, Energien, Frequenzen, Licht und Formen zu kommunizieren. Dies ist die Sprache der Seele. Die menschliche Sprache benötigt ihr nur in eurer irdischen Dimension. Auf anderen Ebenen ist die Ausdrucksform unmittelbarer als eure auf Begriffen beruhende Sprache. Einige Starseeds haben den Kontakt über diese Kanäle bereits wiederentdeckt.

In höheren Dimensionen sind nicht manifestierte Gedanken und Gefühle als Farbformen wahrnehmbar. Sie flimmern im Raum. Wenn ihr euch in höhere Dimensionen begebt, könnt ihr diese Farbformen wahrnehmen und sie als Navigation für euer Leben nutzen.

Sie sind feiner und anregender als die euch bekannten Farben. Sie transportieren stärkere Gefühle, als eure irdischen Farben dies vermögen. Je höher die Ebene der Farben, desto höhere Frequenzen werden übertragen. Sie spenden euch Ruhe, Heiterkeit, Freude und Schönheit. Je farbenprächtiger und strahlender diese Gedanken- und Gefühlsformen sind, desto höheren Ebenen entsprechen sie.

Die Farben des Universums sind kaum mit denen auf der Erde vergleichbar. Sie sind von einer Tiefe und Mehrdimensionalität, die ihr von euren weltlichen Farben nicht kennt. Auch gibt es kosmische Farben, die weit über das euch bekannte Farbspektrum hinausgehen. All diese Farben sind lebendig, ihnen wohnt Seele inne, sie sind Seele. Jede Farbe ist eine Wesenheit für sich. Sie sind ihr und ihr seid Farbe. Erinnert ihr euch?

Solange ihr bemüht seid, Klänge, Formen oder Farberscheinungen zu deuten, hindert euch der Verstand daran, deren Botschaft zu verstehen. Das Verstehen geschieht stets durch die Seele. Es bedarf keiner weiteren Interpretation. Das Beobachten dieser Phänomene genügt. Eure Seele versteht diese Zeichen. Wichtig ist lediglich, dass ihr euch bewusst werdet, dass überall um euch herum diese Töne, Farben, Energien und Frequenzen existieren.

Auch die Klänge der Galaxien sind euch auf der Erde unbekannt. Manche eurer Musiker versuchen, Seelenmusik zu erschaffen, einige behaupten sogar, dass sie arcturianische Musik machen. Der Nutzen, den diese irdischen Klänge haben, besteht darin, dass sie euch aus den weltlichen Gedanken herausholen können. Eine Darstellung kosmischer Klänge ist dies jedoch nicht.

Die Töne des Universums tragen Informationen. Sie transportieren die Frequenzen eurer jeweiligen Seelenheimat. Diese Klänge vermögen es, Heilung zu bringen und den Hörer in Liebe einzuhüllen. Ihr könnt solche Klänge wahrnehmen, wenn ihr euch in Stille begebt; ihr könnt sie jedoch nicht mit euren Instrumenten wiedergeben.

Euer Faible für Klänge und wohlklingende Musik verdankt sich eurer unbewussten Sehnsucht nach Seelenklängen. In Stille könnt ihr solche Klänge vernehmen. Viele Menschen haben sie bereits gehört, doch nur wenige haben ihre wahre Herkunft erkannt.

Musik und Klänge haben einen Einfluss auf eure Gefühle. Viele Instrumente, deren Töne ihr als inspirierend empfindet, wurden auf der Astralebene erschaffen und durch Menschen, die Zugang zu diesen Ebenen haben, auf die Erde geholt. Manche von ihnen betraten die Astralwelt in ihren Träumen und konnten sich anschließend an die Traum-Instrumente erinnern. Während solcher Träume erhielten sie Bau-Anleitungen und waren sodann in der Lage, diese Musikinstrumente in der physischen Welt nachzubauen.

Auch auf der physischen Ebene habt ihr Instrumente erschaffen. Mit ihren irdischen Klängen repräsentieren sie die dichte Schwingung der Erde. Je grobstofflicher Klänge, Materie oder Nahrung ist, desto weiter ist sie von der Intelligenz höherer Dimensionen entfernt.

Hört oder fühlt ihr Klänge von Instrumenten, die ihr aus der astralen Welt in die irdische Erfahrung geholt habt, fühlt ihr euch emporgehoben und getragen. Das ist deshalb so, weil ihr dadurch tatsächlich eine Verbindung in eine feinstofflichere Welt herstellt.

Auf der irdischen Ebene erschaffene Instrumente und Klänge erfüllen ebenso diesen Zweck. Wollt ihr jedoch tiefgehende Momente der Verbundenheit mit Allem-was-ist erleben, wird Musik von Instrumenten aus der feinstofflichen Ebene euch dabei mehr unterstützen.

Um diese Klänge wahrzunehmen, ist es nicht unbedingt nötig, dass alles um euch herum still ist. So wie ihr euch darin üben könnt, die Stille hinter den Geräuschen zu hören, seid ihr ebenfalls in der Lage, Seelenklänge inmitten einer lauten Umgebung wahrzunehmen. Wir empfehlen euch jedoch, immer wieder alle äußeren Geräuschquellen auszuschalten und euch auf die Stille einzustimmen. Wir wissen, dass es um euch herum niemals gänzlich still ist. Eure Welt macht Geräusche. Die meisten davon sind unharmonisch.

Wenn ihr die Klänge von Wesen einer anderen Dimension vernehmt, werdet ihr eingehüllt in Harmonien. Ihr werdet diese Töne nicht nur als Hörerlebnis, sondern auf multidimensionale Weise vernehmen. Versucht aber nicht allzu verbissen, diese Klänge hören zu wollen. Irgendwann werden sie für euch hörbar sein, und ihr werdet keinen Zweifel an ihrem Ursprung haben. Auch müsst ihr sie nicht deuten. Mit dem Vernehmen dieser Töne habt ihr eure Aufgabe erfüllt. Dies ist eine sehr angenehme Form der kosmischen Unterstützung für beide Seiten.

Euer Hang zu Filmen verkörpert gleichermaßen eure Sehnsucht nach Wahrheiten, an die ihr euch traumhaft erinnern könnt, als auch an das Eintauchen in andere Sphären oder Parallelwelten. Vieles von dem, was ihr in Filmen für Fantasy oder Science-fiction haltet, hat seinen Ursprung in der Geistigen Welt. Eure Science-fiction-Filme sind von den Fähigkeiten und Möglichkeiten, die euch auf astraler Ebene zur Verfügung stehen, mehr als nur inspiriert.

Eure Autoren und Filmemacher sind nicht immer irdischer Herkunft. Manche von ihnen ziehen ihre Ideen eher bewusst als unbewusst aus dem Feld, das um sie herum bereitet wurde. Starseed-Intelligenzen haben ein Interesse daran, dass ihr immer mehr von dem für möglich haltet, was euer Verstand zunächst ablehnen würde.

Außerdem seid ihr umgeben von Informationen, die ihr visuell wahrnehmen könnt. Deshalb raten wir euch, immer mal wieder alle Monitore auszuschalten, in die Natur zu gehen und eure Augen zu schließen. Visionen werden sich eurem inneren Auge präsentieren. Tagsüber und in euren Träumen. Durch uns übermitteln sich euch so auch Symbole und Formen. In all diesen Bildern sind Informationen kodiert, die eure Seele versteht.

Licht wird ebenfalls häufig für die Kommunikation mit Starseeds verwendet. Es ist nicht das Licht, das ihr von der Sonne, dem Mond oder euren elektrischen Quellen kennt. Seelenlicht ist heller als alles, was ihr euch vorstellen könnt, und doch blendet es nicht. Manche von euch können sich an Nahtoderfahrungen oder Astralreisen erinnern, in denen sie Kontakt zu dieser Lichtquelle hatten.

Dieses Licht ist, genauso wie die Töne, lebendig. Es überträgt Informationen, die ihr als Seele versteht.

Eure Vorliebe für Raum- und Körperdüfte repräsentiert ebenfalls eure Sehnsucht nach Kontakten mit Seelen, die euch bedingungslos lieben und unterstützen. Wenn Wesen, die in eurer Dimension durch Geruch erscheinen, anwesend sind, werdet ihr ihre Präsenz durch euer Hellriechen wahrnehmen. Tatsächlich erlebt ihr dies bereits. Die wenigsten von euch kommen jedoch auf den Gedanken, dass diese Düfte von Seelenpräsenzen ausgesendet werden. Vielleicht werdet ihr nun ein wenig aufmerksamer für Düfte, die nur dem Anschein nach keinen Ursprung haben.

Wir sagen nicht, dass ihr eure Räume nicht beduften oder beschallen sollt. Wir weisen euch aber darauf hin, dass es noch mehr Gerüche und Töne gibt, die ihr wahrzunehmen in der Lage seid. Es ist hilfreich, wenn ihr die äußeren Quellen der irdischen Welt immer mal wieder abstellt. Auf diese Weise bleibt ihr aufmerksamer für kosmische Düfte.

Und was die Seelensprache angeht, die jeder von euch beherrscht, könnt ihr sie nicht so leicht übersetzen, wie ihr ein gesprochenes Wort in eine andere Sprache übersetzt. Die Seelensprache ist intuitiv und individuell, und sie existiert in mehreren Dimensionen gleichzeitig.

Selbstverständlich könnt ihr in eurer Sprache mit Starseed-Intelligenzen kommunizieren. Die Antworten werden euch dabei zumeist telepathisch übermittelt. In seltenen Fällen werdet ihr auch weltliche Stimmen vernehmen. Da es jedoch nicht darum geht, dass Starseed-Intelligenzen eure begriffliche Sprache anwenden – wenngleich sie das können –, sondern es vielmehr darum geht, dass ihr lernt, telepathisch zu kommunizieren, werden die Antworten auf telepathische Weise übermittelt. Ihr könnt euch darin üben, solche Antworten zu empfangen. Fangt einfach an, irgendetwas zu fragen. Es sind immer hilfreiche Intelligenzen anwesend, die euch gerne antworten.

Da alle Starseeds die Fähigkeit der Telepathie bereits in anderen Dimensionen erlernt haben, könnt ihr euch auch gegenseitig Informationen senden. Spielt ein wenig damit herum, probiert es aus, habt Freude daran.

Viele von euch fragen, wie sie Kontakt mit Starseed-Intelligenzen oder ihren Geistführern, mit Engeln oder anderen kosmischen Wesen aufnehmen können. Die Wahrheit ist, dass dieser Kontakt bereits besteht. Er hat nie nicht bestanden. Die Kommunikation verläuft jedoch zumeist einseitig. Euch werden permanent Formen, Farben, Töne, Laute, Klänge, Frequenzen und Energien angeboten. Einige von euch werden sogar – beispielsweise an den Haaren – berührt oder können andere physische oder halbphysische Wesen sehen.

Ihr müsst keinen Kontakt mehr herstellen, weil ihr den schon habt. Vielmehr ist es jetzt an euch, eure Wahrnehmung zu schulen. Dies geschieht zunächst dadurch, dass ihr die weltlichen Klänge, Töne, Lichter und Energien ausschaltet. Ihr könnt es inmitten der Natur tun. Das ist der wahre Grund, warum viele von euch so gerne in der Natur sind. Hier hat eure Seele Gelegenheit, Informationen ihrer Heimat wesentlich deutlicher wahrzunehmen.

Ihr müsst euch dazu nicht ständig unter freiem Himmel aufhalten oder einen Wald aufsuchen, doch hilft es, eure Bildschirme und Lichter immer mal wieder auszuschalten. Ihr könnt jegliche Beschallung abstellen und die Augen schließen. Ihr könnt auch in die Wolken schauen oder euch in einen dunklen Raum setzen.

Das ist nichts, was ihr akribisch praktizieren oder woraus ihr eine neue Verhaltensreligion machen solltet. Fangt damit an, kleine Gewohnheiten zu ändern. Ihr könntet ab und an ohne Musik, Autoradio oder Hörbuch zur Arbeit fahren. Ab einer bestimmten Tageszeit könntet ihr alle Bildschirme ausmachen. Ihr könntet ab und zu eine Dämmerstunde halten, in der ihr nur dasitzt und zur Ruhe kommt.

Bitte versucht nicht, ganz doll unbedingt Lichter oder Klänge vernehmen zu wollen. Haltet es aber für möglich, dass euch Klänge, Bilder oder Lichter erscheinen oder ertönen. Vielleicht seid ihr etwas aufmerksamer für eure Träume und erinnert euch wieder an das nächtlich Erlebte.

Selbst, wenn all dies nicht geschieht, seid euch gewiss: Ihr gehört zu den Seelen, die nun erwachen. Wir stehen in ständiger Kommunikation mit eurer Seele, und so wurdet ihr auch zu unseren Botschaften geführt.

Seid versichert, dass dies seinen Sinn hat und ihr gerade eure Lebensaufgabe erfüllt.

Oft sagt ihr, dass ihr eine Idee, eine Eingebung hattet. In Wahrheit wart ihr in diesen Augenblicken mit dem geistigen Feld verbunden. Wie wundervoll euer Leben verlaufen könnte, würdet ihr euch häufiger für die Mitteilungen, die die Geistige Welt euch permanent sendet, öffnen. Ihr würdet abheben vor Lebensfreude.

Auch müsstet ihr nicht länger über Entscheidungen grübeln. Eure seelischen Guides geben euch beständig Hinweise. Das wisst ihr auch. Habt ihr nicht manchmal das Gefühl, dass ihr Zeichen erhaltet, diesen dann aber nicht traut, weil es ja keine Beweise dafür gibt?

Bei Entscheidungen kann euch als Orientierung dienen, dass immer das, was näher an der Ewigkeit ist, die bessere Wahl ist. Geht es um eine Lichtquelle, und ihr könnt zwischen einer Lampe und dem Sonnenlicht wählen, entscheidet euch für die Sonne. Sie verbindet euch mehr mit der Ewigkeit, weil sie schon viel länger existiert. Und doch ist auch sie nur ein kleiner Repräsentant des ewigen Lichts.

Trefft ihr eine Wahl zwischen einem Karamellbonbon und einer Frucht, so seid ihr bei der Frucht näher an der Ewigkeit. Habt ihr die Wahl zwischen einer Motorradfahrt oder einem Spaziergang, so wählt die Bewegungsform, die euch seit unzähligen Leben zur Verfügung steht. Das bedeutet nicht, dass ihr eure künstlichen Transportmittel nicht nutzen sollt. Es ist nur so: *Wenn ihr keine Entscheidung zu treffen vermögt, sei euch dies eine Orientierung.*

Vielleicht ist es euch eine Hilfe, wenn ihr beim Schauen nichts fokussiert, wenn ihr beim Hören nicht über die

Geräusche nachdenkt, Gerüche nicht bezeichnet und Formen und Symbole nicht deutet. Möglicherweise gelingt es euch irgendwann ganz und gar, das Analytische aus euren Sinneseindrücken herauszuhalten.

Und selbst wenn ihr all diese Töne, Klänge und Bilder nicht wahrnehmt, seid euch gewiss, dass sie da sind. Wenn wir euch bewusst nicht erreichen, erreichen wir euch unbewusst. Beides ist gleichermaßen gut.

Ihr werdet derzeit mit so vielen Informationen aus eurer Seelenheimat überschwemmt, dass es schon einer immensen Anstrengung bedarf, diese zu ignorieren. Diese Informationen sind zwar grundsätzlich für alle Menschen erfahrbar; gedacht sind sie derzeit jedoch für Starseeds, die Seelen, die ihre Heimat in den Sternen haben und die sich nun, inkarniert auf der Erde, daran erinnern.

Aus diesem Grund raten wir euch, niemanden von euren Wahrheiten zu überzeugen. Viele Menschen werden erst zu einem späteren Zeitpunkt erwachen, und es ist in Ordnung, wenn sie euch für einen Spinner halten. Öffnet euch für die neuen Frequenzen, schwingt euch darauf ein, und ihr werdet immer mehr Menschen treffen, die sich ebenso öffnen und mit euch gemeinsam erwachen.

In einer höheren Dimension, wenn ihr eure körperliche dreidimensionale Hülle verlassen und euch als Seele auf all diese Kommunikationsweisen vollständig eingelassen habt, werdet ihr feststellen, dass Sehen und Hören nicht voneinander getrennt sind. Hier seid ihr fähig, Schönheit in all ihren Facetten zu hören. Ebenso könnt ihr Klänge sehen. Eure Sinne sind nicht länger voneinander getrennt. Auch benötigt ihr keine Sinnesorgane mehr. Als die volle Präsenz im Augenblick erfahrt ihr Alles-was-ist auf eine unmittelbare, allumfassende Weise, wie es euch mit den menschlichen Sinnen nicht möglich ist.

Jede Farbe hat einen eigenen Klang. Auch gibt es in diesen Ebenen einzig harmonische Klänge. Die Farben könnt ihr nicht nur mit euren Augen, sondern mit eurem gesamten System wahrnehmen. Sie haben eine ganz besondere Energie, die sich auf ihre Umgebung und die Seelen, die dort verweilen, überträgt.

Den Raum und die Zeit, die euch als menschliche Wesen vertraut sind, könnt ihr mit euren irdischen Sinnen erfassen. Wenn ihr den Raum und die Zeit im Moment des reinen Bewusstseins verlasst, ist eure Wahrnehmung nicht länger an eure körperlichen Sinne gebunden. Eure Wahrnehmung geschieht aus dem reinen Gewahrsein heraus, und euer Bewusstsein ist so weit ausgedehnt, dass ihr damit die Komplexität des gesamten Universums in einer einzigen Sekunde erfassen und lückenlos verstehen könnt.

In diesen Dimensionen wird es euch bisweilen so vorkommen, als vernähmt ihr die wundervollsten Klänge und doch seid ihr umgeben von reinster Stille. Melodien ohne Geräusch umschmeicheln eure Seele. Ihr werdet sie erkennen als die reine Musik eurer Seele.

Auf jede Frage, die in euch heranreift und die sich formt, erhaltet ihr unmittelbare Antworten, noch bevor ihr sie stellt. Die Antworten erscheinen in Licht, Liebe, Duft, Klang und Farbe. Ihr versteht ohne Verstand und ohne Worte. Die Antworten durchdringen euch, sind mit euch und Allem-was-ist verbunden und so vollumfänglich, dass ihr mit einer einzigen Antwort Alles-was-ist, Alles-was-war und Alles-was-je-sein-wird in allen Dimensionen, durch alle Gezeiten, ganz selbstverständlich versteht.

Einsichten stellen sich unmittelbar ein. Antworten und Wissen werden sofort verstanden und sind ohne jegliche Anstrengung zu allen Zeiten existent.

In diesen Dimensionen existieren genau genommen keine Fragen. Vielmehr gibt es komplexe Zusammenhänge, in denen Fragen und Antworten vollständig miteinander verbunden sind. Es gibt dort zwischen ihnen keine Trennung. Fragen existieren nicht, weil alle Antworten unmittelbar erfahrbar sind. In dieser Komplexität erfahrt ihr, dass auch keine einzige Frage im Universum existiert, auf die ein *Ja* oder ein *Nein* die Antwort sein könnte. Die Wirklichkeit hinter der Dualität ist immer multidimensional.

Wenn ihr eintaucht in die höheren Dimensionen, werdet ihr euch eines Wissens gewahr, in dem es keine offenen Fragen mehr gibt. Ihr verfügt dann über ein umfängliches Wissen über die Natur, das Universum, die Seele, das Bewusstsein, über alles, was je existierte, existiert und je existieren wird. Dieses Wissen übersteigt euer Auffassungsvermögen auf begrifflicher Ebene. Dadurch seid ihr in der Lage, alles, was im Universum als Wissen gespeichert ist, im direkten Zugang und vollständig zu erfahren.

Das Denken in höheren Dimensionen ist nicht länger linear. Es gleicht einem Denken hinter dem Denken, das nicht von linearen Schlussfolgerungen abhängig ist. Es ist ein Denken, das sich unmittelbar auf verschiedenen Ebenen vernetzt und in unmittelbarer Verbindung stattfindet.

In menschlichen Inkarnationen auf niedrigen Ebenen verfügt ihr jedoch lediglich über eine Ahnung all dieses Wissens. Ein unmittelbarer Zugang ist euch nur in bestimmten Seinszuständen und Momenten möglich. Seid ihr wieder in eurem physischen Körper mit eurem begrenzten Gehirn, seid ihr stark eingeschränkt. All das Wissen, auf das ihr in höheren Dimensionen unmittelbaren Zugang habt, versteht ihr auf dieser Ebene nicht mehr.

Kehrst du zurück in dein irdisches Bewusstsein, bist du limitiert; all dieses Wissen existiert einzig als Bruchteil einer erinnerten Ahnung. Und doch ist dieses Wissen immerdar. Du kannst deine Verbundenheit mit diesen Erfahrungen und Kenntnissen in jedem Moment spüren. Doch benötigst du in deiner irdischen Umgebung Jahre, um auch nur Bruchteile dessen zu verstehen, was du in den jenseitigen Dimensionen mühelos verstehen konntest.

Wenn du zurückkehrst in deinen irdischen Körper, verlierst du all deine Erkenntnisse, derer du dir im reinen Bewusstsein gewahr wurdest. Vielleicht wirst du dich noch an einige Erfahrungen aus anderen Dimensionen erinnern, doch würdest du mit deinem irdischen Gehirn Jahrzehnte benötigen, um auch nur einen einzigen Aspekt davon umfassend verstehen zu können.

Sobald du mit deinem Bewusstsein wieder in deine irdische Inkarnation zurückkehrst, durchläufst du den Schleier des Vergessens. Zurück bleibt deine Erinnerung an ein vollumfängliches Verstehen, nicht jedoch das Verstehen an sich.

Auf allen Sternen, Planeten, in allen Universen und Galaxien gibt es Portale, die es ermöglichen, unmittelbar in andere Dimensionen und Welten einzutreten. Auf, in und um Terra entstehen solche Portale in wachsender Zahl. Starseed-Intelligenzen haben diese Portale geöffnet, damit immer mehr Intelligenzen auf die Erde gelangen können. Das ist die Grundlage dafür, dass sie mit euch, den Starseeds, der Sternensaat, in Kontakt treten können.

Diese Portale können auch in die andere Richtung genutzt werden. Auch euch ist es möglich, durch ein Portal in eine andere Dimension zu gelangen. Ihr tut es vornehmlich, um euch von irdischen Gedanken und Konditionen zu lösen, um neue Inspiration zu erfahren.

In anderen Dimensionen werden eure irdischen Anhaftungen so sehr eliminiert oder gereinigt, dass ihr diese Reisen als enorm angenehm empfindet. Meistens verweilt ihr so lange, wie dies für die Seele erforderlich oder gewünscht ist. Oft wollt ihr diese Dimensionen gar nicht mehr verlassen. Eure Seelenführer schicken euch jedoch zurück. Nur selten darf eine Seele in diesen Welten bleiben, bevor sie nicht ihren irdischen Körper durch Tod abgestreift hat.

Der Weg zurück geschieht wieder durch die Portale. Ihr kommt zurück mit neuen Ideen, Erkenntnissen, neuem Mut und neuer Klarheit. Diese Reisen können wie ein einziger Augenblick erlebt werden. Manchmal habt ihr das Gefühl, eine Sekunde nicht aufmerksam gewesen zu sein, oder ihr glaubt, dass ihr einen Geistesblitz hattet. Tatsächlich war aber eure Seele auf einer langen Reise in eine Zeit, die überhaupt keine ist.

Auf der Erde gibt es spirituell hoch schwingende Orte in unbekannten einsamen Gegenden. Diese werden meist von Raumfahrern anderer Planeten besucht, die eine Weile auf der Erde bleiben werden. Die Schwingung dieser Orte ist für die Besucher aus dem All sehr niedrig. Verglichen mit anderen Orten auf der Erde herrscht dort allerdings eine enorm hohe Schwingung. Die Besucher auf dem Planeten Erde verweilen an solchen Orten, um sich an die niedrige Schwingung dieser Dimension zu gewöhnen.

Es gibt allerdings auch einfachere Wege, in andere Dimensionen zu gelangen, als bestimmte weit entlegene Orte aufzusuchen. Indem ihr euch mit der Quelle verbindet, euch auf die kosmischen Symbole, Klänge oder Farben einstimmt, träumt oder Seelenreisen unternehmt, begeht ihr solche Wege, indem ihr Portale erschafft. Von jedem Ort der Erde aus könnt ihr in alle Dimensionen reisen. Alle anderen Portale sind genau auf diese Weise entstanden.

Wir wissen, dass ihr euch manchmal hilflos und verlassen fühlt. Dennoch waren und sind wir ständig bei euch. Es ist nicht immer leicht, mit euch Kontakt aufzunehmen. Da ihr euer Leben als Mensch auf der Erde begonnen habt, können wir euch physisch nur in Menschengestalt erscheinen. Würden wir Körper anderer Dimensionen oder Planeten annehmen, um euch zu begegnen, würde es euch zu sehr erschrecken. Uns bleibt der Kontakt während eurer Träume. Selten werdet ihr euch an den Kontakt mit uns erinnern können. Seid versichert, wir sind bei euch. Wir wissen über das Bescheid, was euch beschäftigt und was ihr erlebt; auch wenn ihr uns weder hören, sehen noch spüren könnt. Ihr braucht nicht nach uns zu suchen. Wir treten in euer Leben, wenn es erforderlich ist. In den meisten Begegnungen werdet ihr uns allerdings nicht erkennen.

Es gab Zivilisationen und Zeiten auf der Erde, in denen Besucher anderer Planeten willkommen waren und nicht unerkannt bleiben mussten. Je negativer und zerstörerischer eine Epoche oder Zivilisation ist, desto vorsichtiger gehen außerirdische Helfer mit Informationen über ihre Herkunft um. Und doch begleiten euch Starseed-Intelligenzen schon seit Hunderttausenden von Jahren.

Überreste der ägyptischen Hochkultur zeugen nach wie vor von diesem Einfluss. Zu Zeiten von Atlantis und Lemurien waren ihre spirituellen und technologischen Fortschritte sehr geschätzt. Friedliche Gebiete entstanden auf der Erde. Einige sind euch noch heute kollektiv in Erinnerung. Aztekische, lemurische und atlantische Kolonien wurden von Menschen anderer Planeten und von der weißen Schwestern- und Bruderschaft auf der Erde errichtet. Immer dann, wenn diese Siedlungen zu sehr erblühten, wurden sie gewaltsam durch die Machthaber der Erde zerstört.

Einige von euch sind fähig, uns und andere Zeit- und Raumreisende, die keinen irdischen Körper angenommen haben, wahrzunehmen. Meist jedoch wird bei diesen Erfahrungen davon gesprochen, dass Geister oder Verstorbene in eure Wahrnehmung eingetreten sind.

Die Ur-Seele

Deine Seele ist ein Teil des gesamten Bewusstseins, ein Teil dessen, was ihr Gott nennt. Die Seele entspringt den hohen Schwingungen jenseits von Zeit und Raum. Auch die Materie in eurer physischen Welt entspricht der universellen Energie, doch wurde sie in ihrer Schwingung reduziert, damit es Materie werden konnte. Eure physische Welt ist das Materiellste und Dichteste im gesamten Universum. Je näher ihr der Quelle des Bewusstseins kommt, desto leichter und feinstofflicher werden die Energien.

Die Absicht jeder individuellen Seele ist es, ihre Erfahrungen in den untersten Ebenen zu beginnen, um in immer höher schwingende Welten aufzusteigen und sich dadurch immer stärker ihrer selbst bewusst zu werden. Die individuelle Seele macht – obwohl sie Teil der Ur-Seele ist – individuelle Erfahrungen und bleibt in all ihren Inkarnationen ein seelisches Individuum.

Die höchste Ebene im Universum ist die Heimat der Seele, der alle Seelen angehören. Sie ist so rein, leicht und frei von Materie, dass sie einer Leere entspricht. Sie steht in keinerlei Beziehung zu etwas. Es ist die Frequenz, die ihr Gott nennt. Diese Leere hat keine Eigenschaften oder Vorlieben. Sie existiert, ohne dass jemand sie beschreiben oder charakterisieren könnte. Dennoch kann sie erfahren werden.

Wenn ihr euch verbindet mit dem Nichts, der Leere, der Stille verbindet ihr euch mit dieser göttlichen Quelle. Dann seid ihr eins mit dem Ursprung allen Seins. Dann existiert weder Materie noch Raum oder Zeit.

Dies ist der Urquell aller Welten. Auch eure physische Welt entstammt dieser Ebene. Die universelle Energie ist in jeder Ebene so weit heruntertransformiert, dass sie den Sinnesorganen der dort lebenden Seelen entspricht.

Damit die Leere, die Seele, der Ursprung, Gott, sich erfahren konnte, entstanden die Welten der Materie und Form. Sie sind die negative Entsprechung der positiven Urkraft, obschon diese Dualität im reinen Sein nicht existiert. In den unteren Welten existieren positive und negative Kräfte. Daraus entstanden Welten der Polarität.

In dieser Polarität kann die Seele sich ihrer selbst bewusst werden und erwachen. Die Seele lernt sich und ihr wahres Sein in den niederen Ebenen kennen. Ohne diese tieferen Welten hatte die Gottheit keine Möglichkeit, sich selbst zu erfahren und sich ihrer Existenz gewahr zu werden. Auf diesen physischen Ebenen macht die Seele all die nötigen Erfahrungen, um sich selbst zu erkennen.

Um Erfahrungen in dichteren Ebenen zu machen, benötigt die Seele einen Körper, der aus den Materialien dieser Ebenen besteht. Euer Körper besteht aus Materie, weil ihr in einer materiellen Welt lebt. Eure Seele will auf dieser Ebene genau dies erfahren: Energien, Gesetze und Polaritäten auf niederen physischen Niveaus.

Durch euer Über- und Unterbewusstsein seid ihr mit Elementen des kosmischen Bewusstseins verbunden. Auf diese Weise habt ihr Zugang zur Quelle, und auf diese Weise hält auch die Ur-Seele den Kontakt zu euch. Eure Intuition ist ein Element der Kommunikation zwischen der Ur-Seele und eurer individuellen Seele.

Ihr erfahrt euch in der materiellen Welt und werdet euch durch eure Verbindung mit der Quelle eurer wahren Natur und Herkunft bewusst. Ebenso erfährt die Ur-Seele sich durch euch und eure Erfahrungen in der polaren physischen Welt. Dadurch helft ihr der Quelle, sich zu erfahren.

Alle Seelen sind Teil der Ur-Seele.

In eurer Verbundenheit mit der Ur-Seele hegt ihr automatisch Wertschätzung für Dinge und Menschen. Jedem Ding, jedem Gegenstand, jeder Pflanze, jedem Tier wohnt Bewusstsein inne. Jede Kreatur ist Teil der Ur-Seele. Eure bewusste Verbundenheit mit der Ur-Seele erfahrt ihr, wenn euer analytischer Verstand ausgeschaltet ist. Nun seid ihr euch der allgegenwärtigen Seele bewusst und erkennt, dass nichts existiert, was die Seele nicht ist.

Wenn ihr euren Kanal für Güte, Achtung, Respekt und Wertschätzung öffnet und anderen Menschen in dieser Schwingung begegnet, kann der andere seine eigenen Werte erkennen und leben. Wenn ihr anderen mit Respekt begegnet und erkennt, dass auch sie Teil der gleichen Ur-Seele sind, transformiert ihr euer Leid.

Jedes Mal, wenn jemand erkennt, dass auch ihr Teil der Ur-Seele seid, gibt er euch Gelegenheit, euch an euer eigenes Licht zu erinnern. Und jedes Mal, wenn ihr den Teil der Ur-Seele in einem anderen erkennt, gebt ihr ihm Gelegenheit, sich an sein eigenes Licht zu erinnern.

Indem ihr den Teil der Ur-Seele in einem anderen erkennt, tragt ihr zur Transformation des gesamten Planeten bei. Das

Erkennen des Lichts im Anderen ist ein Akt der Selbstliebe. Wenn ihr das Seelenlicht in einem anderen seht, erkennt ihr euer eigenes Licht. Es gibt nur ein Licht. Es ist überall. Doch es kann durch Illusionen verdeckt sein.

Wenn niemand das Licht in euch zu erkennen vermag, wird euch das Erkennen des Lichts in einem anderen heilen. Das Licht, das ihr in eurem Bruder erkennt, ist euer eigenes. Würdet ihr in jedem Menschen und in jeder Kreatur das Licht erkennen und eure Aufmerksamkeit darauf richten, so würdet ihr all den Schmerz und das Leid in euer aller Herzen augenblicklich heilen.

Wenn ihr die Würde in einem anderen Menschen erkennt, bedeutet das nicht, dass ihr seine irdische Unvollkommenheit nicht wahrnehmt. Ihr seht all seine Unzulänglichkeiten. Und doch erkennt ihr die Vollkommenheit seiner Seele. Durch diese Sichtweise erkennt ihr auch eure eigene Vollkommenheit.

Seid ihr euch eurer eigenen Vollkommenheit voll und ganz bewusst, werdet ihr nie wieder an euch, euren Gedanken, Gefühlen und Handlungen zweifeln können. Ihr wisst, dass alles, was ihr je gedacht, getan und gefühlt hat, innerhalb eurer Vollkommenheit geschah.

Wenn ihr dies erkennt, verschwinden all eure Sorgen, Ängste und Nöte. Der Schlüssel dazu ist das Anerkennen der Wahrhaftigkeit aller Kreatur: Die Vollkommenheit in dem Bettler vor dem Supermarkt, das Licht in dem Betrüger, der euer Geld nimmt, das Wahrhaftige in dem Partner, der euch verlässt.

Ebenso wie sie seid auch ihr vollkommen. Vollkommen und doch eingebunden in einen Prozess irdischer Unvollkommenheit. Euer Erkennen des Lichts in anderen und somit auch in euch führt euch zu wahrer Liebe.

Würdet ihr euch an die absolut bedingungslose Seelenliebe, aus der ihr kommt und zu der ihr zurückkehren werdet, erinnern, würdet ihr euch nicht mehr in Streit, Groll, Wut, Hass und Neid verstricken. Ihr könntet in jedem Wesen Vollkommenheit erkennen.

Sogar in euch selbst würdet ihr das Göttliche wahrnehmen. Ihr wäret nicht länger fähig, an euch oder irgendeinem anderen Menschen zu zweifeln. Ihr verstündet, dass alles, wirklich alles, was geschieht, einem höheren Plan folgt und dass jede inkarnierte Seele einzig und allein hier ist, um sich in der Dualität zu erfahren.

Ihr wäret voll überfließender Liebe zu anderen Wesen und zu euch selbst. Ihr würdet den Mörder so sehr lieben wie die Nonne und den Fremden wie euer Kind. Nichts würdet ihr tun wollen, um einem anderen zu gefallen, und nichts würdet ihr tun wollen, um irgendetwas zu demonstrieren. Ihr wäret klar im Erkennen eurer Neigungen, Fähigkeiten und Talente und würdet jedem neuen Tag in Freude, Dankbarkeit und Liebe begegnen.

All dies ist die Zukunft – und die Vergangenheit – der Starseeds. Ihr habt Sehnsucht danach, weil ihr diese Seinszustände bereits aus eurer Seelenheimat kennt.

Wenn ihr bemerkt, dass eine andere Kreatur leidet und Schmerz empfindet, seid ihr fähig, diesen Schmerz zu fühlen. Eure Fähigkeit des Mitfühlens ist euch angeboren. Dies ist möglich, weil ihr alle miteinander verbunden seid. Schmerz ist ein Teil eurer eigenen Erfahrung, und so seid ihr in der Lage, Schmerz auch im anderen zu erkennen.

Ihr seid nicht nur mit anderen Menschen, sondern mit dem gesamten Planeten verbunden. Wenn ihr still werdet und eure Verbundenheit mit der Ur-Seele spürt, könnt ihr ebenso den Schmerz des gesamten Planeten fühlen.

So, wie euch gewahr wird, dass die enorme Kraft der Erde größer ist als ihr Schmerz, so wisst ihr auch, dass die Kraft in euch stärker ist als euer Leid.

Euch ist eine Naturgewalt inne, die niemals besiegt werden kann. Auf körperlicher Ebene könnt ihr den Kampf gegen ein Leid verlieren. Doch eure Seele wird immer bestehen. Die Kraft eurer Seele ist unmittelbar und immerdar, weil sie ein Teil der Ur-Seele ist.

Jeder Mensch, der euch begegnet, trägt einen gewissen Schmerz in sich. Manchmal könnt ihr dieses Leid leicht erkennen, und ein anderes Mal bleibt sein Schmerz für euch verborgen. Sein Schmerz rührt entweder aus diesem oder aus vergangenen Leben, so dass er sich selbst manchmal nicht darüber bewusst ist, woher dieses Leid kommt. Es ist ein Schmerz, den die Seele noch nicht vergessen und verarbeitet hat. Mit diesem Schmerz ist er inkarniert und hat sich in Situationen und Umstände begeben, die ihn an diesen alten Schmerz erinnern. Durch eure Anbindung an die Ur-Seele seid ihr in der Lage, das Leid eines anderen zu erkennen. Der andere ist Teil von euch, und ihr seid Teil von ihm. Trennung existiert lediglich in der physischen Welt, die nur eine Illusion ist. Die Illusion der Trennung verursacht stets Depression und Leid.

In der irdischen Inkarnation erfahrt ihr auch Leid, das ihr euch selbst zufügt. Ihr könnt dieses Leid durch Gedanken, Gefühle oder unbewusste Gewohnheiten erschaffen. Ihr seid in der Lage, euch selbst zu kritisieren und zu verurteilen. Ihr könnt euch für euch selbst schämen und als nicht gut genug beurteilen. Ihr könnt gegen euch selbst kämpfen und euch so enormen Schmerz zufügen.

All dies sind Elemente eures Egos. Euer Ego beurteilt und teilt ein in Gut und Schlecht. Es entscheidet darüber, was ihr tun müsst, um euch wertvoll zu fühlen. Euer Ego glaubt, dass es nur überleben kann, wenn ihr bestimmten Anforderungen entsprecht. Doch weil ihr diesen Anforderungen meist nicht vollkommen entsprecht, mahnt es euch zur Veränderung. Seine Motivation ist, euch zu optimieren, damit ihr besser werdet. Das Ego will überleben und vertraut auf nichts anderes als auf sich selbst.

Die Ratschläge eures Egos sind kaum die Inspirationen, die wir für eure Seele ins Feld speisen. Euer Ego führt einen energischen Kampf. Wenn ihr den Anweisungen eures Egos folgt, wird euer Weg kämpferisch und anstrengend sein.

Handelt ihr aus dem Ego heraus, so sagt ihr, dass die eine Seite einer Sache schlechter als die andere ist. Dunkel ist besser als hell, viel ist besser als wenig, hoch ist besser als tief, männlich ist besser als weiblich, produktiv sein ist besser als träumen, satt ist besser als hungrig, groß ist besser als klein, neu und jung ist besser als alt.

Das Ego will das vermeintlich Schlechte zugunsten des Besseren auflösen. Das bringt euer Leben so lange aus dem Gleichgewicht, bis eure Kräfte verbraucht sind und ihr nicht länger gewillt seid, dem Ego zu gehorchen.

Viele von euch fühlen sich manchmal aus Gruppen oder Gesellschaften ausgegrenzt. Wenn ihr dies häufig genug erlebt habt, fangt ihr an, euch selbst auszuschließen und euch einzureden, dass ihr gut allein zurecht kommt. Wir wissen, dass ihr euch vor anderen verschließt, weil ihr in den Begegnungen mit anderen Schmerz und Leid erfahren habt. Und doch waren all diese Verletzungen notwendig, um euch euren Schmerz in Erinnerung zu rufen, damit die Seele sich gänzlich heilen kann.

Immer wieder werdet ihr schmerzvolle Erfahrungen machen, und immer mehr werdet ihr dadurch heilen können, bis ihr an einem Tag in diesem oder einem anderen Leben gänzlich frei von Schmerz sein werdet. Wenn jegliches Leid von euch abgefallen sein wird, wird eure Seele tanzen. Ihr werdet ein Glück empfinden, das ihr nie zuvor für möglich gehalten hättet, ein Glück, das gänzlich unabhängig von allen äußeren Umständen ist. In manchen Momenten erlebt ihr dieses Glück bereits. Sie sind eine Erinnerung an eure Zukunft.

Um die Erde zu einem besseren Ort zu machen, wie ihr es gerne formuliert, benötigt ihr Mut. Mut, um euer Herz zu öffnen, egal, wie viel Leid ihr dadurch vielleicht schon erfahren habt. Stellt euch eine Welt vor, in der jeder Mensch mutig genug ist, um Mitgefühl zu zeigen, den Panzer, den er um sein Herz gelegt hat, entfernen kann, und den Mut aufbringt, sich aufs Neue verletzlich zu zeigen.

Eine Welt, in der jeder seine Verwundbarkeit anerkennt, Verzweiflung und Bitterkeit überwindet, auf andere Menschen zugeht und sein Herz wieder öffnet.

Die wahrhaft schöne Welt, von der ihr alle träumt, ist nicht abhängig von den Entscheidungen eurer Politiker. Sie ist durch euch, durch jeden Einzelnen von euch, durch *dich* – erschaffbar. Setze Grenzen, wenn jemand deine Würde nicht achten kann, aber verschenke dich auch. Hingabe an die Liebe, an die Freude und das Licht werden deine Erde, deine Welt, in einen Ort verwandeln, der schöner sein wird, als du es dir je vorzustellen gewagt hast.

Du wirst immer wieder versucht sein, in Verbitterung zu geraten. Du kannst enttäuscht, traurig und wütend sein. All dies sind Prozesse, um mit deinem Leid umzugehen und es zu verarbeiten. Doch wenn du dich für Verbitterung entscheidest, gibst du dem Licht keine Chance. Dann manifestierst du einen Teil der Welt, den du eigentlich ändern wolltest. Gib dir und der Welt Chancen.

Du bist ein Wesen des Lichts. Du hast es nur vergessen. Erinnere dich daran und fange an zu leuchten.

Dein Mitgefühl für andere bedeutet nicht, dass du deine Besitztümer aufgeben und verschenken sollst. Du musst auch keine Armen bei dir übernachten lassen oder ihnen die Füße waschen. Ebenso wenig musst du dir das Leid all deiner redseligen Nachbarn und Kollegen anhören. Du musst weder Erwartungen erfüllen noch deine Selbstachtung aufgeben. Es ist nicht erforderlich, dich für jemanden aufzuopfern oder die Wünsche anderer zu erfüllen. Es genügt, wenn du das Leid siehst und akzeptierst.

Wenn du dir deines Anteils an der Ur-Seele bewusst bist, wird jeder, der dir begegnet, dies spüren.

Es berührt, heilt und inspiriert ihn.

Mitgefühl darfst du in erster Linie dir selbst entgegenbringen. Höre genau hin, was deine Seele gerade möchte. Kannst du ihr etwas davon erfüllen? Vermagst du dich selbst zu trösten? Kannst du dir versprechen, dass du alles daran setzt, deine Wunden zu heilen? Niemand außer dir wird dich je erretten können. Dein Erinnern daran, dass du Teil der Ur-Seele bist, gibt dir die Gewissheit, dass du nicht errettet werden musst. Weil du bereits errettet bist.

In deiner Verbundenheit mit der Ur-Seele wird dir gewahr, dass du die Welt nicht wahrnehmen kannst ohne die Erkenntnis, dass du ein Teil davon bist. Du erfährst deine Verbundenheit direkt mit Allem-was-ist. Nichts, was du wahrnimmst, ist auf irgendeine Weise von dir getrennt. Du, und auch *wir*, sind Teil des Göttlichen.

Ohne dich wäre die Schöpfung nicht vollständig, wäre Gott nicht vollkommen. Du *bist* göttlich.

Du bist ein Teil Gottes. Du bist Gott und Gott ist ein Teil von dir. Nichts kann dir jemals diese Verbundenheit mit Gott nehmen. Dein Einssein mit Gott, mit Allem-was-ist, existiert über alle Gezeiten in allen Dimensionen und auf allen Ebenen unmittelbar.

Du kannst Gott auch als Seele, Universum, Liebe oder wie auch immer bezeichnen. Wir wählen hier die Worte Gott und Ur-Seele, weil du so verstehst, von welcher Energie wir reden.

Jede Form von Angst, die im Universum existiert, gründet im Nichtgewahrsein der Verbundenheit mit der Ur-Seele. Die Erinnerung an diese Verbundenheit führt zur Heilung jeglicher Angst. Deine Seele ist derjenige Teil Gottes, der dir stets innewohnt. Sie weiß, dass du eines Tages vollständig zum ungeteilten Sein zurückkehren wirst.

Die Freiheit der Seele

Sprechen wir weiter von dir. Einher mit deiner Verbundenheit mit der Ur-Seele geht auch die Freiheit deiner Seele. Deine Seele ist nicht gebunden an Handlungen, Gedanken und Emotionen aus anderen Zeiten oder Inkarnationen. Sie ist vollkommen frei von deiner Identität und all deinen irdischen Errungenschaften oder Verlusten. Deine Seele weiß, dass du weder das Streben nach Zielen des Egos oder Vergebung durch einen anderen benötigst, noch dass du eine Rolle spielen musst. Sie weiß, dass sie zu jeder Zeit an jedem Ort auf allen Ebenen frei ist. Selbst zum Tode verurteilt als Massenmörder in einer Gefängniszelle ist deine Seele frei.

In der physischen Welt bedeutet Freiheit nicht, alle Grenzen zu durchbrechen, weder Pläne zu machen noch Ziele zu haben. Irdische Freiheit bedeutet, aus mehreren Möglichkeiten auswählen zu können. Freiheit meint, dass du auswählst, welche Entscheidungen du triffst, für welche Meinung du stehst und welchen Willen du hegst.

Ein freier Mensch ist nicht abhängig, weder von Sklaverei noch von Substanzen. Freiheit kann ebenso bedeuten, seine Zeit und Energie für etwas aufzuwenden, was als wichtig oder lustvoll empfunden wird.

Wenn du den Zustand erreichst, dass du dich inmitten der Außenwelt glücklich fühlen kannst, beginnt deine wahre

Freiheit. Diese Freiheit ist unabhängig von allem Außen. Du kannst sie zu jeder Zeit an jedem beliebigen Ort erzeugen. Du kannst sie ebenso in der Hektik der Arbeitswelt, in einem Gefängnis, am Grab eines geliebten Menschen, in tiefster Trauer oder im Zuge einer Krankheit erfahren.

Dennoch ermutigen wir dich, auch in der physischen Welt für deine Freiheit einzustehen. Lass niemanden deine Grenzen überschreiten. Zeige klare Signale und ziehe deutliche Linien. Nur so kann der andere verstehen.

Vielleicht begegnest du jemandem, der versucht, deine Grenzen zu überschreiten. Das gibt dir die Möglichkeit, deine Position zu unterstreichen.

Und für diesen Menschen ist dein Einstehen für deine Freiheit eine Gelegenheit, zu erwachen.

Wenn du dir deiner inhärenten Freiheit vollkommen bewusst bist, wirst du nie wieder erleben müssen, dass jemand sie dir zu nehmen versucht. Deine Klarheit schallt ins gesamte Universum. Deine Klarheit ist Heilung für dich und für alle anderen Seelen, die eben diese Grenzen noch nicht deutlich setzen können. Mit deiner klaren Position verstärkst du die Energie der Klarheit und Abgrenzung. So fällt es anderen Menschen leichter, an diese Energie anzudocken und den Weg zu gehen, den du bereits gegangen bist. Auch wird das ganze irdische Feld von Grenzüberschreitungen kleiner. Dein Nein nährt das gesamte Feld menschlicher Erfahrungen. Dein Mut, Grenzen zu setzen, ist Freiheit.

Wenn du einem anderen klare Grenzen setzt, so hilfst du ihm, zu erkennen, was er tut. Durch deine Grenzen kann er sein Verhalten bemerken, reflektieren und ändern. Deine Grenzen sind Teil seiner Heilung, selbst wenn er dich dafür zunächst mit Abneigung bestraft. Vielleicht benötigt er auch noch dreißig ähnliche Grenzerfahrungen oder Leben, ehe er erwacht. Sei dir jedoch bewusst, dass deine Grenzen für jeden von euch Heilung sind. Wenn du deine Opferrollen ablegst, die du so lange gespielt hast, werden die Täter ihre Rollen ebenfalls ablegen.

Auch Menschen, denen es schwerfällt, Grenzen zu setzen, profitieren von der Energie, die du aufbaust, *wenn* du endlich Grenzen setzt. Es wird dir immer leichter fallen. Und dann ist dieser Weg auch für andere leichter zu gehen. Deine Grenzen sind Heilung für den gesamten Planeten.

Mag sein, dass du den einen oder anderen Menschen verlierst, wenn du dich klar positionierst und dir nicht mehr alles gefallen lässt. Aber du profitierst dabei auch von der Klarheit, die mutige Seelen bereits vor dir erlangten. Diese Energie existierte lange, bevor du gewagt hast, deine Klarheit in Aktion zu bringen. Schon immer.

Auf diese Weise heilt ihr euch selbst, andere Menschen und den Planeten. Deine Klarheit ist wichtig für den ganzen Planeten, ja für das gesamte Universum.

Du bist hier, um genau das zu erleben: Das bewusste Erinnern und Erschaffen des Zustandes, den du aus den Zeiten zwischen deinen Inkarnationen kennst, die Freiheit der Seele. Diese Freiheit erfährst du im Jetzt, und durch deine Klarheit holst du sie in deine Lebensumstände.

Jeder Mensch, der dir in Unfrieden begegnet, lebt sein persönliches Leid. In der Illusion seiner menschlichen Psyche erzählt er seine Geschichte, empfindet Leid, Trauer, Hass oder Wut und entwickelt daraus destruktive Verhaltensweisen. Er ist gefangen in den Geschichten, die er sich über sich selbst erzählt. Wenn dir dieser Mensch begegnet, gehst du mit seinem Leid und seiner Geschichte in Resonanz, verteidigst dein eigenes Leid und deine eigene Geschichte.

Das ist die Aufgabe des Ego.

Doch wenn du erkennst, dass dieser Mensch, genau wie du, auf Seelenebene vollkommen unschuldig ist, weil Schuld auf dieser Ebene nicht existiert, verstehst du, dass er sich lediglich *noch nicht erinnert.*

Dieser Mensch ist verletzbar, auch, wenn du dies nicht zu sehen vermagst. Genau wie du trägt dieser Mensch einen Kampf mit sich aus. Er fühlt sich von Glück und Würde getrennt. All sein Verhalten sind verzweifelte Versuche, ein bisschen Glück und Liebe für sich in Anspruch zu nehmen. All seine Ängste und Entbehrungen lassen ihn leiden. Sein Schmerz ist so groß, weil er sich noch nicht an seine wahre Heimat und die Freiheit seiner Seele erinnert. Wenn du dies erkennst, erfüllen dich Güte und Mitgefühl.

Dennoch bist du aufgefordert, deine Grenzen zu setzen, wenn dies erforderlich ist. Er braucht *deine* Klarheit, um *seine* finden zu können. Ohne Klarheit kann er sich nicht an die Freiheit der Seele erinnern.

Erinnere du dich daran, dass auch dieser Mensch als ein leuchtendes Wesen zur Welt kam, bis ihn die Aufgaben, die er sich für dieses Leben vorgenommen hat, einholten und er in Schmerz und Verbitterung ging.

Noch ist er in einem Nebel gefangen, der sein Bewusstsein trübt und ihm die Freiheit der Seele vorenthält. Das kannst du ändern. Du kannst ihm vorleben, wie du bist. Mit all deinen Irrungen und Wirrungen, jedoch stets dabei, bewusster und klarer zu werden.

Es gibt so viele Menschen, die euch Starseeds beobachten. Ihr seid Sternensaat. Viele werden euch nacheifern, oft aber erst in einer späteren Inkarnation. Häufig werdet ihr auch von irdischen Familienmitgliedern beobachtet. Sie beobachten euer gesamtes Leben und entscheiden sich nicht selten nach ihrem Ableben, diesen Weg ebenfalls zu gehen. Sie haben auf Seelenebene erkannt, dass euer Weg zum Erwachen führt.

Erwachen ist das Ziel einer jeden Seele.

In eurem irdischen Leben erfuhrt ihr durch diese Familienmitglieder häufig Unverständnis, Abwertung, Gewalt, Missachtung und Liebesentzug. Sie prüften unbewusst, ob ihr stabil bleibt, ob sich euer Weg wirklich lohnt und ob eure Wahrheit unerschütterlich ist. In einem anderen Leben beobachtet ihr Familienmitglieder von euch, die sich bereits erinnert haben.

Dein Erinnern hat Auswirkungen auf andere. Jede erwachte Seele vermag zehntausende andere Seelen mit in die Freiheit zu nehmen. Wenn du voll in deiner Klarheit angekommen bist, wird kein Wesen gegen deine Klarheit handeln können. Streit, Ärger und Grenzüberschreitungen gibt es nur so lange, wie sie noch in deinem System sind. Bist du jedoch voll in deiner bewussten Klarheit angekommen, wirst du andere mit nach oben ziehen, da niemand in Gegenwart deiner Klarheit etwas tun kann, was nicht mehr in deinem Feld existiert. Durch deine Klarheit sind andere gezwungen, in deiner Gegenwart ebenfalls ein höheres, reineres Handeln zu zeigen. Durch dieses höhere Handeln erhebt sich auch ihre Seele, die dadurch unwillkürlich einen Bewusstseinssprung erlebt, der eine Initialzündung für ihr eigenes Erinnern sein kann.

Alle Menschen, schon bevor sie sich ihrer bewusst werden, sind in ihrer Essenz reine Seelen.

Übe dich darin, das Göttliche, Reine, Wahrhaftige in ihnen zu sehen. Es existiert kein Mensch, der nicht dieses Göttliche in sich trägt. Bei vielen ist der Funke vergraben und vergessen. Dies geschah aus Angst oder Karma und entspricht dem jeweiligen Lebensplan.

Wenn es dir dennoch gelingt, diesen Funken in einem Menschen zu sehen, so hilfst du ihm, sich selbst wieder an den Funken zu erinnern. Verstehe ihn, bleib jedoch klar in dem, was du tolerierst. Lebe deine Klarheit, damit Klarheit sich verbreitet. Dies kann auch Trennung von einem oder mehreren Menschen bedeuten. Und doch hilfst du damit dir und anderen, die diese Klarheit noch nicht erworben haben. Deine Klarheit ist die Basis deiner Freiheit im Außen. Deine Verbundenheit mit der Quelle im Hier und Jetzt ist die Basis deiner Freiheit im Innen.

Das Bewusstsein

Vieles von dem, was ihr erlebt, ist so unmittelbar, dass ihr es nicht mit euren Worten auszudrücken vermögt. Ihr versucht, manches zu erklären, zu umschreiben oder in bildliche Vergleiche zu setzen. Und doch gibt es etwas, was ihr nur erfahren und nicht erklären könnt. Ihr könnt das Bewusstsein wahrnehmen, ihr erkennt seine Mystik, sein Ausmaß, seine Transzendenz und doch wisst ihr, dass hier etwas Größeres als euer Gehirn oder euer Körper präsent ist.

Genau genommen existiert das Bewusstsein einzig in der Präsenz, im unmittelbaren Wahrnehmen des Jetzt. Auch in Erfahrungen wie Hellsehen, Nahtod oder Dimensionswechseln seid ihr euch eures Bewusstseins gewahr.

Ihr seid euch dessen auf eine Weise gewahr, die vom Verstand losgelöst ist. Ihr bemerkt nicht nur, dass ihr ein Bewusstsein habt, ihr *seid* Bewusstsein.

Euer individuelles Bewusstsein existiert außerhalb von Dualität und Zeit. Es ist unvergänglich und wird nach dem Ende all eurer Inkarnationen mit der reinen Essenz des Bewusstseins verschmelzen. Um dies zu verstehen, benötigt ihr euer Verständnis von Zeit.

In Wahrheit geschieht dies jedoch außerhalb der Zeit. Das Bewusstsein ist weder einem Alterungsprozess unterworfen, noch wird es sich jemals auflösen.

Seelen können sich nur durch Dunkelheit, durch das, was sie nicht sind, erkennen und erfahren. Bewusstsein benötigt die Erkenntnis, was es nicht ist.

Ohne Erkenntnis ist das Bewusstsein ein Zustand, der sich seiner selbst nicht gewahr ist.

Ihr seid so sehr auf eure Emotionen und Gedanken fokussiert, dass ihr euch nur in seltenen Momenten eures Bewusstseins gewahr seid. Und doch ist dies Alles-was-ist. Im reinen Bewusstsein existieren weder Befindlichkeiten noch etwas anderes als Sein.

Zuweilen bemerkt ihr, dass euch ein Bewusstsein innewohnt. Ihr zweifelt nicht an, dass es einfach immer da ist. Das ist der Grund, warum ihr euch meist um euren Körper und die äußeren Umstände kümmert. Ihr kümmert euch primär um das Vergängliche. Genau deshalb erscheint euch das Leben bisweilen mühselig und freudlos.

Dein Bewusstsein wohnt zwar deinem Körper inne, doch hast du dieses Bewusstsein nicht, weil du einen Körper hast. Vielmehr ist dein Bewusstsein für eine begrenzte Zeit in deinen Körper eingezogen. In Zeiten des Schlafs oder nach deinem körperlichen Tod wird dein Bewusstsein den Körper wieder verlassen und auf einer anderen Ebene weiterexistieren. Dein Bewusstsein ist nicht auf deinen Körper begrenzt.

Vielleicht kannst du dich an Momente erinnern, in denen du sehr präsent warst und die du intensiv unmittelbar erfahren hast. Dies können freudige Erlebnisse oder angstvolle Situationen gewesen sein. Solche Erlebnisse helfen dir, dich zu erinnern, wie unmittelbar das Bewusstsein ist.

Wenn du mit dem allumfassenden Bewusstsein verbunden bist, bist du mit der Ewigkeit verbunden.

Du bist dann Teil der Wahrhaftigkeit und der wahren Essenz des Seins. An diesem Ort kannst du erkennen, dass all deine Lebensbedingungen vorübergehend sind.

Sie sind vergängliche Illusionen.

Vom Zustand reiner Energie in der Seelenwelt hast du dich in immer materiellere Welten entwickelt, um von dort zurück zur Quelle zu gelangen, worauf du erneut den Weg in materielle Dimensionen antrittst. Zyklisch lebst du Episoden der Liebe und Furcht, von Bewusstsein und seiner Abwesenheit, von Erleuchtung und Verdunkelung, von negativen und positiven Kräften.

In Zeiten, in denen du nach Erleuchtung, Seelenfrieden und der eigenen Schöpferkraft strebst, befindest du dich wieder auf dem Weg zur Quelle. Deine folgenden Lebensjahre und Inkarnationen werden auf immer höher schwingenden Ebenen stattfinden. Die tiefsten Punkte deines aktuellen Zyklus hast du bereits hinter dir gelassen. Negative Erfahrungen machst du zum Bewusstwerden, nicht mehr, um über Inkarnationen darin zu verharren.

Wenn du dich dem Bewusstsein des Augenblicks voll und ganz hingibst, ist dies das Ende von Angst und Furcht. Jedes Mal, wenn du gänzlich frei von Ängsten bist, erschaffst du für dich und alle Kreaturen die Abwesenheit von Angst. Im reinen Bewusstsein existiert keinerlei Angst.

Je weiter sich dein Bewusstsein ausweitet, desto mehr wird du dir gewahr, dass du nicht nur dort existierst, wo dein Körper ist, sondern auch dort, wo dein Körper nicht ist. Auch dort, wo dein Gegenüber ist, sogar in deinen Feinden, bist du als Gewahrsein existent. Von dieser Ebene des Bewusstseins aus machst du die Erfahrung, dass du nicht nur das Opfer, sondern gleichzeitig der Täter bist. Du bist alles. Im ewigen Bewusstsein existiert keine Trennung.

Du erkennst, dass Gruppierungen wie Religion, Nationalität, Gesellschaft oder Herkunft abstrakte Trennungen sind, die im reinen Bewusstsein *nicht* existieren.

Je häufiger du dich dem reinen Gewahrsein hingibst, desto länger wirst du darin verweilen können. Solche Momente müssen nicht unbedingt durch Mediation oder besondere Aufmerksamkeit herbeigeführt werden. Manchmal wirst du dir in ganz normalen Alltagsmomenten der Unendlichkeit des Seins gewahr. Vielleicht beobachtest du, wie die Blätter vom Wind bewegt werden, hörst die Frösche quaken oder siehst eine alte Frau in der Straßenbahn lächeln. Erkennst du, dass du dir in diesem Augenblick selbst zulächelst?

Wenn du dann mit deinem Bewusstsein in die gegenwärtige Situation zurückkehrst, bist du freier, glücklicher und geheilter. Nun vermagst du mit neuer Energie auf die Umstände deines Lebens zu schauen und sie zu transformieren.

Wenn du Übung darin hast, dich dem Moment der Stille hinzugeben, wird dir dies auch zunehmend in für dich schwierigen Situationen gelingen. So wirst du von der Situation unberührt bleiben. Du beobachtest lediglich und bist wie die Mitte eines Sturmes, vollkommen in Ruhe. Inmitten des Geschehens bist du reines Bewusstsein.

In der Mitte des Sturms in Ruhe zu verweilen bedeutet nicht, dass du nichts mehr tun sollst. Tue, was der gegenwärtige Moment von dir verlangt, und bleibe in Frieden verbunden mit der Quelle. Mehr ist nicht zu tun.

Wir wissen, dass du dich oft fragst, ob dein Leben jemals besser wird, und dass du dich manchmal traurig, irritiert, einsam und verlassen fühlst. Bisweilen erscheint dir alles sinnlos, und es ist dir egal, ob du lebst oder stirbst. Und doch wisse: Niemals bist du ohne göttliche Anbindung, zu keiner Zeit. Selbst während du schläfst, bist du umgeben von dich liebenden Wesen, die über deinen Lebens- und Seelenplan wachen.

Das Glück im Außen, schönere Lebensumstände, wirst du manifestieren, wenn du das Außen losgelassen und dich im Inneren mit deiner vollen Aufmerksamkeit auf den jeweiligen Moment eingelassen hast.

Wenn du mit deiner Aufmerksamkeit nach innen gehst, deine Gedanken und Gefühle mehr und mehr beobachtest, stellst du womöglich fest, dass du gar nicht so positiv oder optimistisch bist, wie du immer geglaubt hast.

Möglicherweise bemerkst du auch, dass du gar nicht so negativ eingestellt bist, wie du gedacht hast. Du wirst eine Innenwelt entdecken, die dir aufzeigt, wie du wirklich bist, was du tatsächlich denkst und fühlst. Mit deiner Aufmerksamkeit wirst du entdecken, was wirklich in dir los ist.

Dies ist der Beginn deiner Transformation. Es kann ein gewaltiger Wendepunkt in deinem Leben sein.

Am Anfang hast du deinen Fokus vielleicht noch auf die Inhalte deines Denkens gerichtet. Je häufiger du nach innen schaust, desto mehr wird sich dein Fokus jedoch auf die Qualität deiner Gedanken ausrichten.

Du wirst Stimmungen wahrnehmen. Vielleicht wirst du sie benennen können, wie beispielsweise Freude oder Angst. Vielleicht spürst du auch einfach nur die Essenz deiner Stimmungen und bist dir ihrer Qualität gewahr.

Mit mehr Übung wirst du auch mehr Zusammenhänge erkennen. Womöglich erkennst du, dass deine Ängste zu

Zuständen wie Sucht oder Neid werden, oder dir wird bewusst, dass deine Freude zu Mitgefühl und Großzügigkeit führt. Deine jeweiligen Seinszustände stehen nicht mehr losgelöst voneinander. Du spürst all ihre Zusammenhänge. Dies führt zu einer enorm großen Klarheit. Bewusstsein ohne Klarheit ist nicht möglich.

Deine Klarheit lässt dich immer mehr das Leben führen, das deine Seele jubelnd begrüßt. Du wirst immer unabhängiger von äußeren Umständen und erschaffst intuitiv dein Leben in Glück und Seelenfrieden.

Je mehr du dich deiner Präsenz im Augenblick hingibst, desto klarer wirst du. Deine Klarheit verhilft dir, all deine Verstrickungen in Beziehungen und zu Energien wie Geld, Gesundheit und Liebe zu entwirren. Wie ein Knäuel voller Knoten, das sich entwirrt und zu einem einzigen Faden ohne Anfang und Ende wird, werden sich all deine Angelegenheiten in vollkommener Klarheit auflösen.

So wie du Niederschlag nicht nur als Niederschlag wahrnimmst, sondern unterscheidest zwischen Schauer, Schnee, Nieselregen, Graupel und Hagel, und so wie du Wind unterscheidest zwischen Böe, Sturm und Brise, so wirst du auch nicht länger nur bemerken, dass du gute oder schlechte Gedanken und Gefühle hast und dir machst.

Du wirst dir all ihrer Nuancen bewusst und vermagst sie zu benennen, erkennen und transformieren.

Du wirst anfangen, mit deinen Empfindungen zu spielen. Es wird dir leicht gelingen, einen emotionalen Sturm in ein angenehmes Gefühl zu verwandeln, du wirst fähig sein, dauerhaft angenehme Empfindungen zu erschaffen oder eine starke Emotion bewusst hervorzubringen.

In der Mitte deines Bewusstseins weißt du, dass all diese Stimmungen weder gut noch schlecht sind. Du weißt, dass sie zu deinem irdischen Leben gehören, du akzeptierst sie, spielst damit und wirst so allmählich zum Meister deiner Empfindungen und Bewertungen.

In dieser Klarheit verstärkst du dein Vertrauen in dich selbst. Es wird so stark wie ein tief verwurzelter Baum, der gegen jeden Sturm erhaben ist. Vielleicht magst du im Wind ein paar Blätter verlieren oder es mag mal ein Ast abbrechen, doch wirst du so tief verwurzelt sein, dass du all deine Sicherheit aus dir selbst zu beziehen vermagst.

Gleichzeitig bist du der Grashalm, der so weich und biegsam ist, dass ihm kein Sturm etwas anhaben kann. Stille ist eine Möglichkeit, dein Bewusstsein zu erweitern.

Wenn du gelernt hast, dich mit allen Wesen der Schöpfung verbunden zu fühlen, gehe noch einen Schritt weiter. Fühle deine Verbundenheit mit allen Pflanzen, mit dem Wind, mit den Wolken, ja sogar mit allen Gegenständen, den Planeten, den Sternen, Galaxien und dem Universum. Ihr seid aus derselben Substanz gemacht. Körperlich seid ihr geschaffen aus Materialien, die es auf eurem Planeten gibt. Deine Seele aber kommt von den Sternen.

In allen Geschöpfen wohnt ein Teil der Gesamtseele, auch in dem, was du selbst kraft deiner Gedanken in die Materie gebracht hast. In jedem Gerät, in jedem Gegenstand wohnt Bewusstsein. Seele ist auch in dem, was ihr als Nichts bezeichnet. Das Bewusstsein ist im leeren Raum. Zwischen dir und deinem Freund ist Bewusstsein.

Tatsächlich gibt es keinem Ort im Universum, der nicht von Bewusstsein durchdrungen ist.

Wenn du erkennst, dass das Bewusstsein überall ist, fühlst du deine Verbundenheit mit Allem-was-ist.

Und in dem Moment verstehst du, warum du verbunden bist mit deiner Vergangenheit, deiner Zukunft und mit allen möglichen Varianten deines Lebens. Du befindest dich inmitten aller Möglichkeiten, die existieren, aller Möglichkeiten, die existiert haben und noch existieren werden.

Du kannst in diesem Moment sowohl deine Vergangenheit sowie deine Zukunft verändern.

Alles ist Bewusstsein.

Du kannst dich auf jede Möglichkeit einstimmen und so den Verlauf deines Lebens dramatisch verändern.

Erwachen der Starseeds

Durch leidvolle Erlebnisse in deiner physischen Vergangenheit hast du deinen edlen Kern in Demut und Erkenntnis befreit. Dadurch hast du dein Erwachen vorbereitet.

Auf dem Weg des Erwachens bist du nicht allein. Dein Erinnern wird von vielen liebevollen Wesen aus höheren Dimensionen beobachtet und unterstützt. Zu keinem Zeitpunkt warst du je mit dieser Aufgabe allein.

Möglicherweise fühlst du dich manchmal einsam oder es gelingt dir nicht, tiefe Bindungen zu Menschen aufzubauen oder zu halten. Das geschieht, wenn sich deine Seele immer mehr mit den höheren Dimensionen verbindet. Du spürst, dass außerhalb dieses Lebens noch eine gänzlich andere Ebene von Liebe und Verbundenheit existiert.

Und doch wirst du in jene andere Ebene erst vollständig eintauchen, wenn du deine irdischen Aufgaben gelöst hast, wenn es dir gelungen ist, das Licht und die Liebe des Universums in dein irdisches Leben zu integrieren.

Deine Aufgabe ist es, dich für die Seelenliebe und das Licht zu öffnen und sie in dein irdisches Leben zu holen. Dies geschieht durch dein Erinnern an dein kosmisches Wissen. Dein Erinnern *ist* dein Erwachen.

In allen Universen ist Liebe die Basisenergie. Zwar gibt es in jedem Universum auch so etwas wie das Böse, aber stets nur in geringen Anteilen. Auf der Erde ist das Böse in einem größeren Ausmaß vertreten. Ihr benötigt es, um euren freien Willen zu formen. Ihr habt stets die Wahl, euch für die Liebe oder für das Böse zu entscheiden.

Dein Ursprung ist die reine Liebe, doch kannst du dich nur selten daran erinnern. Du hast die kosmische Liebe vergessen. Durch die Gesellschaft hast du gelernt, dass es Liebe im Tausch für Leistung oder bestimmtes Verhalten gibt. Du musstest für Liebe etwas tun, und so hast du nicht erfahren, dass du bedingungslos geliebt wirst.

Aber deine Eltern haben keine Fehler gemacht. Auch sie haben diese Liebe von anderen Menschen nicht erfahren. Du hast dir genau diese Eltern ausgesucht, um die Aufgaben deines Lebensplans bestmöglich meistern zu können. Die Liebe unter den Menschen kann niemals so rein und klar sein wie die Liebe, die du als geistiges Wesen erfahren und die du beim Eintritt in dieses Leben vergessen hast.

Deine Seele ist tief mit der Liebe Gottes verbunden. Alle Freude, die du empfindest, entstammt dieser Liebe. Sie ist die stärkste Kraft im gesamten Kosmos.

Im Universum existieren Kräfte und Energien, die sich von der Liebe getrennt haben. Ihr bezeichnet diese Kräfte als böse. Dennoch ist es wahr, dass die Liebe die stärkste Kraft ist. Das Universum wurde in einem Akt der Liebe erschaffen und weitet sich in Liebe immer mehr aus.

Liebe vermag sämtliche von ihr vermeintlich getrennte Energien aufzulösen, und doch tut sie es nicht. Alle Kräfte existieren, damit Seelen erkennen, welcher Kraft sie tatsächlich angehören. Jede Kraft, und sei sie noch so unangenehm für inkarnierte Wesen, existiert so lange weiter, wie sie für die Entwicklung des Bewusstseins der Seelen benötigt wird. Jede Seele darf jegliche existierenden Kräfte nutzen, um sich als Opfer oder Täter zu erfahren und so der reinen Liebe gewahr zu werden. Das geht Jahrtausende so. Seelen benötigen tausende von Inkarnationen.

Aber je höher das Bewusstsein der auf der Erde inkarnierten Seelen wird, desto geringer wird der Anteil des Bösen. Denn erwachte Seelen entscheiden sich immer für die Liebe und nicht mehr für das Böse.

Und doch müsst ihr in all euren Inkarnationen in der physischen Welt auch das Böse kennenlernen und ausüben. Wie könntet ihr eine freie Wahl treffen, ohne sowohl die Liebe als auch das Böse kennengelernt zu haben? Ihr wart in all euren Leben sowohl Täter als auch Opfer. Wenn ihr euch endgültig für die Liebe entscheidet, habt ihr all dies erlebt. Ihr wart Mörder, Vergewaltiger, Totschläger, Diebe und Lügner. Ihr wurdet ermordet, missbraucht, geschlagen, angelogen, betrogen und verachtet.

Zwar könnt ihr euch meistens nur an eine oder wenige Leben erinnern und meint, dass ihr die Guten oder die Bösen und die anderen die Bösen oder die Guten waren, doch habt ihr lediglich vergessen, dass ihr *alles* wart. Ihr wart gleichermaßen die Heiligen und die Sündigen, die Hohen und die Tiefen, die Reichen und die Armen, die Kreativen und die Desinteressierten, die Schlauen und die Dummen.

Manchmal ist es notwendig, das Böse noch zu leben, auch wenn du bereits einen hohen Bewusstseinsstand erreicht hast. Manchmal gehst du ganz bewusst den Weg des Bösen, um ihn in reinem Bewusstsein zu erleben. Du benötigst auch diese Erfahrung. In eurer Gesellschaft leben Kriminelle, die diese Rolle in vollem Bewusstsein ausüben.

Auf einer höheren Ebene gibt es nicht das Gute oder das Böse. Alles ist Eins, es gehört zusammen. Dennoch gibt es das Licht, die Liebe und die Abwesenheit von Licht und Liebe. Das Böse ist nur die Abwesenheit von Licht und Liebe.

Euer freier Wille ist der Antrieb eurer Entwicklung. Ohne euren freien Willen kann es keine Entwicklung geben. Es spielt keine Rolle, wie lange ihr euch mit den Erfahrungen im Bösen aufhaltet, und es ist unerheblich, welche Entscheidungen ihr in euren Inkarnationen trefft. Am Ende – das kein Ende ist – wird immer die Liebe über das Böse triumphieren.

Die Erde ist ein Ort, an dem das Böse Einfluss nehmen darf. Euer freier Wille entscheidet darüber, in welchem Ausmaß ihr das Böse benötigt, um zu erwachen.

Ihr könnt im Bösen und im Guten Erfahrungen machen und habt freien Willen darüber, wie sehr und wie lange ihr Täter oder Opfer sein wollt. *In höheren Dimensionen ist dieses Ausmaß an Bösem nicht mehr möglich.*

Ihr kennt Meditationen und Seinszustände, die euch eine gewisse Vorstellung vom All-Eins-Sein vermitteln. Immer häufiger seid ihr willens und in der Lage, einen solchen Seinszustand bewusst herbeizuführen, und ebenso oft erlebt ihr derartige Bewusstseinsmomente, ohne sie absichtlich herbeigeführt zu haben.

Dies geschieht nicht dadurch, dass ihr eine bestimmte Anzahl an Erdenjahren absitzt und dann automatisch aufsteigt. Mit eurem freien Willen könnt ihr bewusst Verbundenheit mit der allumfassenden Liebe schaffen. Es wird euch gelingen, das Licht auf die Erde zu holen und euch in höheren Dimensionen aufzuhalten.

Zunächst wird es euch schwerfallen, statt mit dem Handy auf Social-Media-Seiten zu scrollen oder fernzusehen, die Stille auszuhalten. Und doch ist dies genau das, was zu tun ist. Es ist genau das, was ihr benötigt, um euch mit höheren Dimensionen zu verbinden.

Anfangs werdet ihr dies als mühselig empfinden. Doch wenn ihr diese Verhaltensweisen zu Gewohnheiten werden lasst, werdet ihr euch darauf freuen, nach einem hektischen Arbeitstag wieder Stille und Verbundenheit erfahren zu dürfen. Ihr werdet mehr Glück empfinden.

Deine Seele verlässt dich nicht, wenn du mit deiner Aufmerksamkeit im Außen bleibst. Sie verlässt dich auch nicht, wenn du dich ablenkst. Nachts, wenn du im Tiefschlaf bist, verarbeitet sie deine neuen Erfahrungen. Starseed-Intelligenzen gleichen deinen Seelen- und Lebensplan mit den Ereignissen des vergangenen Tages ab, prüfen, was du benötigst, um das zu erleben, was du dir vor deiner Geburt vorgenommen hast, und reinigen deine Aura, so dass du morgens beim Erwachen wieder eine neue Richtung, neue Energie und Führung erfahren darfst.

Deine Mitmenschen haben ebenso wie du ihr Päckchen zu tragen. Ihr alle habt Entbehrungen, Ängste und Schmerz erlebt. Und doch wünscht sich jeder glücklich zu sein. Verurteile keinen anderen noch dich selbst für dein Leid. Es war dein treuer Begleiter auf dem Weg zum Erwachen.

Wenn du dich mit Scham, Depression, Hass und Angst auseinandersetzt, verlierst du nicht die göttliche Gnade. Vielmehr wirst du zum Beobachter deiner Persönlichkeit. Sobald du zum Beobachter wirst, befindest du dich auf einer Ebene, von der aus du dein Leid verlassen kannst. Transformation geschieht durch Bewusstsein.

Als Kind wohnte das Licht der Welt in dir. Und nun, nach all dem Leid und den Lektionen, bist du auf dem Weg zurück zu diesem Licht. So wie ein Kind nur die volle Präsenz im Augenblick benötigt, um vor Glück zu strahlen, brauchst auch du nur deine volle Präsenz im Augenblick, um dich vollständig glücklich zu fühlen. Aus diesem Zustand heraus vermagst du alles zu erschaffen. Verliere dich im Augenblick und kreiere damit alle göttlichen Segnungen.

Manchen Starseeds gelingt es bei bestimmten Tätigkeiten, Vergangenheit und Zukunft zu verlassen und gänzlich ins Hier und Jetzt einzutauchen. Einige erleben dies, während sie Extremsportarten ausüben, im Garten arbeiten oder kreativ tätig sind. In deiner irdischen Inkarnation lebst du in Trennung durch die Dualität. Im vollständigen Gewahrsein weißt du, dass Trennung eine irdische Illusion ist. *Nichts kann jemals auf irgendeine Weise voneinander getrennt sein.* Weder können Menschen, Gegenstände, Orte, Zeiten, Ereignisse noch sonst irgendetwas voneinander getrennt sein. Alles ist im reinen Bewusstsein verbunden und unmittelbar erfahrbar.

Dein Leben mag dir im Vergleich zum Leben anderer oder in Anbetracht der Größe des Universums vielleicht unbedeutend vorkommen. Und doch ist eben dieses Leben das Wichtigste, was deine Seele erfahren kann.

Deine Seele ist eingeladen, aus genau den Umständen, die dein äußeres Leben gerade für dich bereithält, zu erwachen. Deine Aufgabe ist es, dich im Hier und Jetzt zu erinnern.

Euer Erinnern ist euer Erwachen.

Du wirst dich an all deine Hellsinne erinnern, sie wiederentdecken und nutzen. Auch wirst du wieder wissen, dass du hellsichtig, hellhörig, hellfühlig und hellwissend bist. All dein Sternenwissen wird wieder in dir aufsteigen. Magie, Telekinese, Telepathie und Teleportation werden dir wieder vertraut sein. Alles kommt zurück.

Du wirst spüren, wenn ein anderer Mensch dir Gedanken oder Gefühle sendet. Ebenso wirst du sehen, dass Verstorbene nur ihre Physis verlassen haben und ihr noch immer miteinander Kontakt haben könnt.

Du wirst vieles nicht erst lernen müssen, sondern brauchst dich lediglich an dein inhärentes Wissen zu erinnern. Vielleicht benötigst du ein wenig Übung, um all deine Kompetenzen wieder nutzen zu können.

Das Erinnern eurer Hellsinne wird euch so viel Freude bereiten wie euren Kindern, wenn sie sich daran erfreuen, etwas Neues zu lernen. So wie Kinder nicht aufgeben, wenn sie laufen lernen und es ihnen vorherbestimmt ist, diese Fähigkeit zu erwerben – wir sprechen hier nicht von seltenen Ausnahmen –, ist auch dein Erinnern der Hellsinne vorherbestimmt. Du kannst dich nicht *nicht* erinnern. Du kannst jedoch durch deinen freien Willen Pausen, Widerstand oder Ignoranz leben. Auch das ist in Ordnung. Am Ende – und es gibt kein Ende – wird sich jede einzelne Seele erinnert haben.

Wir geben euch keinen Weg vor, wie ihr eure Hellsinne am besten aktiviert. Am einfachsten erinnert ihr euch dieser Fähigkeiten, wenn ihr in die Stille geht und euch von der äußeren Welt zurückzieht. Es ist ebenfalls möglich, Seminare zu besuchen oder Arbeitsbücher zu verwenden wie *Das Große Erwachen*. Eure physische Welt ist voll von solchen

Angeboten. Ihr könnt auch einfach anfangen und mit euren Wahrnehmungen experimentieren. Ihr besitzt all diese Fähigkeiten; ihr habt sie lediglich vergessen.

Wir ermutigen euch ausdrücklich, mit diesem alten Wissen zu experimentieren und zu üben. Manche von euch werden mit Tieren sprechen, die Botschaften der Engel verstehen, enorme Heilströme durch sich fließen lassen oder Nachrichten eurer nicht inkarnierten Begleiter in Träumen, Trance oder Seelenreisen empfangen.

Wenn du Gelegenheit hast, versuche, deine Alltagstätigkeiten zu verlangsamen. Nimm bewusst wahr, was du in jedem einzelnen Moment siehst, riechst, hörst, schmeckst, fühlst und denkst. Zu Beginn wird dir das wie eine einzige Empfindung vorkommen. Nach und nach wirst du diese eine Empfindung als viele tausend einzelne Sinneseindrücke wahrnehmen. So gelangst du zu Klarheit und aktivierst deine Hellsinne. Anfänglich wird dir der Prozess müßig vorkommen. In dir werden Gedanken entstehen, dieses Experiment stoppen oder unterbrechen zu wollen.

Ihr habt vielerlei Möglichkeiten, Zugang zu eurem Wissen zu finden. Eure Welt ist voll von diesbezüglichen Angeboten. Probiert aus, entscheidet, welche Wege euch dienlich sind, fühlt, welche Fähigkeiten sich für euch leicht erinnern lassen, und habt Freude am Ausprobieren. Der Weg der Freude führt euch zurück zu den Fähigkeiten, die bereits in euch sind.

Bewegt Gegenstände mit Gedankenkraft, seht die Vergangenheit eurer Mitmenschen, verbindet euch telepathisch mit anderen, vernehmt Klänge, Farben, Formen oder Symbole und übt euch in Magie. Wir laden euch ein, die Magie eurer Sternenheimat auf die Erde zu holen.

Eure Sinne werden mit zunehmendem Erwachen immer sensibler, und eure Hellsinne entwickeln sich gleichermaßen. Genau genommen entdeckt ihr die Fähigkeiten wieder, die ihr durch Nichtnutzung vergessen hattet.

Ihr werdet lernen, sämtliche Verletzungen eures physischen Körpers und eurer Seele selbst zu heilen. Dies liegt schon jetzt in eurer Macht, und einige Starseeds nutzen diese Fähigkeiten bereits in einem sehr hohen Maße.

Eure Körper wären in der Lage, um ein Vielfaches länger zu leben, als ihr es derzeit für möglich haltet. Ihr könntet Levitation, Hellsehen, Gedankenlesen, Telekinese, Telepathie und ähnliche Fähigkeiten beherrschen; ihr seid mit allem ausgestattet, was ihr dazu benötigt. Schult euer Bewusstsein, trainiert diese Kompetenzen und vertraut darauf, dass ihr es könnt. *Ihr, die ihr dieses Buch lest, gehört zu jenen, die ihre Hellsinne erinnern und schließlich nutzen werden.*

Ihr seid mit Fähigkeiten wie Telepathie und Gedankenlesen ausgestattet. Doch weil die wenigsten von euch diese Talente nutzen, haltet ihr sie für besondere Begabungen. Tatsächlich sind es Grundfähigkeiten, die ihr größtenteils ignoriert. Es ist, als ob ihr in Rollstühlen sitzt und diejenigen bewundert, die das Gehen erlernt haben.

Euer Erdensein ist von dem Glauben geprägt, dass euer Innenleben ein Resultat der äußeren Umstände ist und dass diese die Grenzen eurer Möglichkeiten darstellen. Ihr habt so viele Begrenzungen erschaffen, die ihr als gegeben erachtet. Aber es gibt Menschen, die über diese Grenzen hinaus forschen und Ergebnisse vorweisen. So habt ihr Nikola Tesla, der neue Energiequellen fand, oder Albert Einstein, der erkannte, dass Raum und Zeit relativ sind.

Diese Genies haben die Grenzen, die ihr mit eurem Verstand festgelegt habt, überschritten und sind zu einem Wissen gelangt, das jeder Seele inhärent ist.

Euer Erwachen ist bewusstes Erinnern.

Alles, was ihr in diesem Buch lest, entspricht dem euch innewohnenden Wissen. Könntet ihr euch an alle Leben auf astralen Ebenen erinnern, würdet ihr euer diesseitiges Leben sehr unerträglich finden. Die Erinnerung würde auch euren Bewusstseinsprozess stören. Vergessen ist ein Segen. Sukzessives Erinnern eurer Hellsinne ist ebenfalls ein Segen.

Das Bewegen von Gegenständen, Telepathie, Levitation, Teleportation und andere solcher Fähigkeiten könnt ihr auf physischer Ebene erlernen, doch erfordert es hier viel Kraftaufwand und Selbstbeherrschung. Eure Meister und spirituellen Führer haben wiederentdeckt, wie sie Kraft, Energie und Klarheit direkt aus der Quelle beziehen können. Wer diese Fähigkeit meisterhaft einzusetzen vermag, vermag auch sein Leben inmitten jedweder Umstände zu meistern.

Eure mächtigste Fähigkeit ist die Schöpferkraft. Zuerst existieren eure Gedanken und Ideen durch eure Vorstellungskraft, bis sie vor euren Augen Realität werden.

Ihr seid kreative Schöpfer der Wirklichkeit.

Wir begrüßen euer Erinnern an die Schöpferkraft. Wenn ihr eure geistigen Kräfte dafür nutzt, die Energie der Erde anzuheben, werdet ihr Umstände erschaffen, die es auch anderen Menschen erleichtern, sich zu transformieren.

Dies ist eure Aufgabe als Kollektiv.

Durch Telepathie, Hellsehen, Träume und Intuition könnt ihr die Informationen der Quelle wahrnehmen. Über diese Kanäle seid ihr auch mit eurer Schöpferkraft verbunden.

Durch gezieltes Einsetzen eurer hellsinnlichen Fähigkeiten könnt ihr Ideen und Gedanken zu Materie werden lassen. Ihr könnt die Umstände eures physischen Lebens bewusst beeinflussen. Ihr könnt es, wann immer ihr wollt!

Ihr erhaltet in diesen Zeiten immer mehr geistige Führung. Viele von uns leben unerkannt unter euch. Die geistige Hilfe, die euch in diesen Zeiten zuteil wird, ist größer als alle Hilfen, die die Erde jemals erfahren hat.

Unser Interesse, euch zu unterstützen, gründet zum einen darauf, dass wir mitfühlende Wesen sind und es uns zur Aufgabe gemacht haben, andere Völker der Menschheitsfamilie in ihrer Entwicklung zu unterstützen.

Ein anderer Grund ist der, dass ihr mit eurer atomaren Macht nicht nur eine Bedrohung für euch selbst, sondern auch für andere Planeten geworden seid.

Da die vorherrschende Kraft auf der Erde negativ ist, ist es leicht, all diese Fähigkeiten für Machtprozesse zu missbrauchen. Euch fehlt derzeit nicht nur das kollektive Bewusstsein für eure Fähigkeiten; ihr seid als Gesamtgesellschaft noch nicht reif genug, verantwortungsbewusst mit diesen Kompetenzen umzugehen. Verantwortungsloses Nutzen der Hellsinne erzeugt negatives Karma, das dann in anderen Inkarnationen aufgelöst werden muss.

Die Verbindung mit Gott ist ein zutiefst hellsinnlicher Vorgang. In höheren Ebenen könnt ihr auf eine Weise kommunizieren, die weit umfassender und noch klarer als Telepathie ist. Euer Hellsehen ist dort so klar, dass ihr meint, Gegenstände in der physischen Welt deutlich vor euch zu sehen, und euer Hellfühlen ist so eindeutig wie euer irdisches Empfinden von Wärme und Kälte.

Das Erinnern der Hellsinne

In unserer Geschichte, eurer Historie, haben wir Substanzen auf die Erde gebracht, die eure Entspannung fördern, negative Energien aus eurem körperlichen System und eurer Aura entfernen und es euch ermöglichen, unsere Präsenz unmittelbar zu erfahren. Durch diese Substanzen könnt ihr uns wahrnehmen, ohne dass wir uns auf eure irdischen Energien einlassen müssen. Wir erscheinen euch dann auf physischer Ebene. Statt unsere Frequenz stark abzusenken, um physisch zu werden, reinigen wir eure Aura und erhöhen eure Frequenz, so dass wir einander physisch begegnen können. Die Rede ist von Substanzen, die euer Bewusstsein erweitern, wenn auch nicht auf die gleiche Weise wie Drogen. Allerdings gibt es menschliche Medien, die ihre Hellsinne so stark aktiviert haben, dass sie uns auch ohne diese Substanzen physisch wahrnehmen können.

Zu den Hellsinnen, die wir euch hier nahebringen möchten, gehören das Hellfühlen, das Hellsehen, das Hellhören und das Hellwissen. Das Hellfühlen hat seine körperliche Entsprechung in allen haptischen und organischen Empfindungen. Hellfühlen ist die Kompetenz, das, was andere Menschen fühlen, selbst zu empfinden. Dies bezieht sich auf emotionale sowie auf körperliche Empfindungen und ist nicht an Raum oder Zeit gebunden. Hellfühlige Menschen sind in der Lage, auch Empfindungen, die bereits vergangen sind oder noch eintreten, zu spüren. Es können sowohl Empfindungen von Menschen wie von Tieren, Pflanzen und sogar von vermeintlich toter Materie nachempfunden werden. Der Schmerz, den ein Baum beim Absägen seiner Äste empfindet, die Verletzung der Euter beim Melken der Kühe, all dies kann von hellfühligen Menschen wahrgenommen werden.

Liebe Seelen, das Hellfühlen ist eine wundervolle Gabe, die tief in jedem von euch verwurzelt ist. Es ist die Fähigkeit, die Emotionen und Energien anderer Menschen und Wesen zu erfassen und zu verstehen, ohne dass Worte oder Handlungen notwendig sind.

Wenn ihr eure Fähigkeit zum Hellfühlen entwickelt, werdet ihr beginnen, die feinstofflichen Schwingungen und Empfindungen um euch herum wahrzunehmen.

Ihr werdet in der Lage sein, die emotionalen Zustände anderer zu erkennen und zu verstehen, auch wenn sie diese selbst vielleicht gar nicht ausdrücken können.

Das Hellfühlen erfordert Sensibilität und Mitgefühl, das Vermögen, sich in die Gefühle anderer einzufühlen und sie zu verstehen, ohne dass Worte notwendig sind. Mit Übung und Achtsamkeit werdet ihr beginnen, die feinen Energien um euch herum zu spüren und zu verstehen, und eure empathischen Fähigkeiten werden sich vertiefen.

Seid euch bewusst, dass das Hellfühlen eine große Verantwortung ist, die mit Einfühlungsvermögen und Respekt ausgeübt werden sollte. Nutzt eure Gabe, um anderen zu helfen, um Trost und Unterstützung zu spenden und um die liebevolle Präsenz des Universums zu teilen. Seid achtsam und einfühlsam in eurem Fühlen, denn die Emotionen, die ihr wahrnehmt, sind von großer Bedeutung.

Öffnet eure Herzen und euren Geist für die feinen Energien und Emotionen um euch herum und erlaubt euch, die Gefühle anderer zu erfassen und zu verstehen. Ihr seid Kanäle für die höheren Kräfte des Universums, und eure Gabe des Hellfühlen wird dazu beitragen, das Licht und die Liebe in die Welt zu tragen. Seid dankbar für diese Gabe und nutzt sie, um die Welt mit eurem Mitgefühl und eurer liebevollen Präsenz zu bereichern.

Die irdische Entsprechung des Hellsehens ist das Sehen mit den Augen. Hellsehen bedeutet die Fähigkeit, über das Wahrnehmen mit den Augen hinaus bildhafter Erscheinungen gewahr zu werden. Dazu gehört ebenso das optische Erkennen von Wesen aus anderen Dimensionen wie das Sehen von Engeln, Elementarwesen, Verstorbenen oder uns Arcturianern. Viele Hellsichtige können oft auch die Energien von Menschen und Gegenständen visuell wahrnehmen.

Liebe Seelen, das Hellsehen ist eine Gabe, die tief in jedem von euch verankert ist. Es ist die Fähigkeit, die Schleier der Illusion zu durchdringen und die Wahrheit jenseits der physischen Realität zu erkennen.

Wenn ihr eure Fähigkeit zum Hellsehen entwickelt, öffnet ihr euch für die feinen Energien und Schwingungen, die um euch herum wirken. Ihr werdet in der Lage sein, die verborgenen Wahrheiten zu erkennen und die tiefen Bedürfnisse und Sehnsüchte anderer Menschen zu verstehen.

Hellsehen erfordert Geduld und Übung, aber wenn ihr euch darauf einlasst, werdet ihr feststellen, dass ihr Zugang zu einer unendlichen Quelle von Weisheit und Einsicht habt. Ihr werdet in der Lage sein, die Vergangenheit, die Gegenwart und die Zukunft zu sehen und die verborgenen Möglichkeiten und Potenziale in jedem Moment zu erkennen.

Denkt daran, dass Hellsehen eine Verantwortung ist, die mit großer Achtsamkeit und Mitgefühl ausgeübt werden sollte. Nutzt eure Gabe, um anderen zu helfen und die Welt um euch herum zu erhellen. Seid euch bewusst, dass Hellsehen nicht dazu dient, Macht über andere zu erlangen, sondern um Liebe und Heilung zu verbreiten.

Öffnet eure Herzen und euren Geist für die feinen Schwingungen der Welt und erlaubt euch, die verborgenen Wahrheiten zu erkennen. Vergesst nie: Ihr seid Kanäle für die höheren Kräfte des Universums, und eure Gabe des Hellsehens wird dazu beitragen, das Licht und die Liebe in die Welt zu bringen. Seid dankbar für diese wundervolle Gabe und nutzt sie mit Demut und Respekt.

Die dreidimensionale Entsprechung des Hellhörens ist das Hören mit den Ohren. Hellhören ist das Wahrnehmen von Tönen, Geräuschen und Stimmen, die andere Menschen nicht hören können. Viele gechannelte Texte entstehen so. Durch Hellhören ist es möglich, mit Geistwesen oder Verstorbenen in Austausch zu treten und Informationen zu erhalten, die ohne diese Fähigkeit nicht zugänglich wären.

Manche Menschen können auch die Gedanken anderer Menschen hören. Gedanken sind nicht immer identisch mit dem, was gesagt wird. Hellhörige Menschen verfügen über die Kompetenz, Gedankenenergien akustisch wahrzunehmen. Dies ist auf höheren Ebenen nicht weiter verwunderlich. Viele Eindrücke sind dort unterschiedlich erfahrbar. So können

Melodien auch farblich erfahrbar sein, Farben können als Geschmack wahrgenommen werden oder Gedanken als geometrische Formen erscheinen.

Liebe Seelen, das Hellhören ist eine weitere wunderbare Gabe, die tief in jedem von euch verwurzelt ist. Es ist die Fähigkeit, die feinen Schwingungen und Botschaften der Geistigen Welt zu empfangen und zu verstehen.

Wenn ihr eure Fähigkeit zum Hellhören entwickelt, öffnet ihr euch für die subtilen Klänge und Töne, die jenseits der physischen Realität existieren.

Ihr werdet in der Lage sein, die Stimmen der geistigen Führer, Engel und spirituellen Wesenheiten zu vernehmen und ihre liebevollen Botschaften zu empfangen.

Hellhören erfordert Geduld, Hingabe und eine tiefe Verbindung mit eurem inneren Selbst.

Es ist die Kunst, die Stille zu umarmen und den leisen Stimmen des Universums zu lauschen. Mit Übung und Achtsamkeit werdet ihr beginnen, die subtilen Botschaften zu verstehen und eurem höheren Selbst zu vertrauen.

Seid euch bewusst, dass Hellhören eine große Verantwortung ist, die mit Demut und Respekt ausgeübt werden sollte. Nutzt eure Gabe, um anderen zu helfen, um Trost zu spenden und um die Weisheit der Geistigen Welt zu teilen. Seid achtsam und mitfühlend in eurem Zuhören, denn die Botschaften, die ihr empfangt, sind von großer Bedeutung.

Öffnet eure Herzen und euren Geist für die zauberhaften Klänge der Geistigen Welt und erlaubt euch, die liebevollen Botschaften zu empfangen.

Ihr seid Kanäle für die höheren Kräfte des Universums, und eure Gabe des Hellhörens wird dazu beitragen, das Licht und die Liebe in die Welt zu tragen. Seid dankbar für diese wundervolle Gabe und nutzt sie, um die Welt durch euer Verständnis und eure Weisheit zu bereichern.

Hellwissen entspricht der Gehirnleistung auf körperlicher Ebene. Menschen mit dieser Fähigkeit sind in der Lage, Ereignisse außerhalb von Raum und Zeit wahrzunehmen. Es kann geschehen, dass jemand an einem Gebäude vorbei geht und intuitiv weiß, was sich dort abgespielt hat. Dies kann sehr konkret sein; manchmal werden aber auch einfach die Energien von Ereignissen wahrgenommen. In verlassenen Krankenhäusern oder Psychiatrien nehmen sehr viele Menschen Energien von Ereignissen wahr, weil sie sich dort über lange Zeit hinweg vielfach ereignet haben.

Auch ist es möglich, dass ihr Ereignisse wahrnehmt, die erst noch geschehen werden. Bevor etwas dreidimensional erfahrbar wird, wird dieses Geschehen energetisch vorbereitet. Solche Energien können von hellwissenden Menschen wahrgenommen und gedeutet werden.

Sie spüren die Energien der kommenden Ereignisse, bevor sie sich zugetragen haben, und können ebenso die Energien vergangener Geschehen erspüren.

Alle Hellsinne sind feinstofflicher, abstrakter und mehrdimensionaler als ihre irdischen Entsprechungen. Mit euren Hellsinnen vermögt ihr in andere Dimensionen und Frequenzen vorzudringen; mit ihnen könnt ihr Botschaften und Wahrheiten aufnehmen, zu denen ihr auf der materiellen Ebene aufgrund der stofflichen Begrenzungen keinen Zugang habt.

Liebe Seelen, Hellwissen ist eine kostbare Gabe, die tief in jedem von euch verankert ist. Es handelt sich um die Fähigkeit, Wissen und Einsichten auf eine intuitive und unmittelbare Weise zu empfangen, ohne dass es einer logischen Erklärung bedarf.

Wenn ihr eure Fähigkeit zum Hellwissen entwickelt, werdet ihr euch immer stärker mit eurem inneren Wissen und der Weisheit des Universums verbinden. Ihr werdet in der Lage sein, Antworten auf Fragen zu erhalten, ohne dass ihr die genaue Quelle dieses Wissens benennen könnt. Es ist, als ob ihr direkt auf die tiefe, universelle Weisheit zugreifen könnt, die in euch und um euch herum existiert.

Hellwissen erfordert Vertrauen und Hingabe an euer inneres Wissen und die Fähigkeit, eure eigene Intuition zu ehren. Es ist die Kunst, die Wahrheit zu erkennen, ohne dass es äußerer Beweise oder logischer Erklärungen bedarf. Mit Übung und Achtsamkeit werdet ihr beginnen, eure intuitive Führung zu akzeptieren und einzusetzen.

Seid euch bewusst, dass Hellwissen eine große Verantwortung ist, die mit Weisheit und Mitgefühl ausgeübt werden sollte. Nutzt eure Gabe, dadurch anderen zu helfen, um Licht in dunkle Ecken zu bringen und Wahrheit sowie Verständnis zu verbreiten. Seid achtsam und einfühlsam in eurem Wissen, denn die Einsichten, die ihr erhaltet, können das Leben anderer Menschen tiefgreifend beeinflussen.

Öffnet eure Herzen und euren Geist für die tiefe Weisheit des Universums und erlaubt euch, das Wissen und die Einsichten zu empfangen, die euch gegeben werden. Jeder Einzelne von euch ist ein Kanal für die höheren Kräfte des Universums, und eure Gabe des Hellwissens wird dazu beitragen, Licht und Liebe in die Welt zu tragen. Seid dankbar für diese Gabe und nutzt sie, um die Welt mit eurem tiefen Verständnis und eurer Weisheit zu bereichern.

Alle Hellsinne sind feinstofflicher, abstrakter und mehrdimensionaler als ihre irdischen Entsprechungen. Mit euren Hellsinnen vermögt ihr in andere Dimensionen und Frequenzen vorzudringen; mit ihnen könnt ihr Botschaften und Wahrheiten aufnehmen, zu denen ihr auf der materiellen Ebene keinen Zugang habt. Sie führen auf eine neue Ebene.

Darüber hinaus gibt es noch subtilere Sinne, die keine Entsprechung mehr auf körperlicher Ebene haben. Es gibt Wahrnehmungen jenseits von Raum und Zeit, die ihr mit euren Worten nicht mehr zu beschreiben vermögt, da ihr keinerlei Entsprechungen dazu in eurem Körperbewusstsein habt. Dennoch sind sie existent. Sie sind so viel näher an der Leere, am Nichts, am Göttlichen als an einer materiellen Ebene, dass ihr solche Erfahrungen nicht mehr in eure Dimension transportieren könnt. Dennoch kennt ihr als Seele solche Wahrnehmungen, und als Seele seid ihr auch in der Lage, solche Empfindungen zu deuten.

Am leichtesten gelangt ihr in diesen Zustand der Leere – der alles andere als leer ist –, wenn ihr still werdet, die äußeren und inneren Ablenkungen ignoriert und darauf achtet, was in euch geschieht. Ihr werdet dann einer Präsenz gewahr, die euch liebevoll umhüllt, die in euch weilt, die omnipräsent ist, weil sie nicht an Raum und Zeit gebunden ist. Das Göttliche wird für euch wahrnehmbar, sobald ihr eure Aufmerksamkeit von der Illusion eurer Wirklichkeit abzieht.

In der vollkommenen Göttlichkeit sind all eure irdischen Verstrickungen und Herausforderungen transformiert. Mit jedem Schritt zurück zu dieser Präsenz und mit jedem Loslassen der Illusion geschieht Transformation. Es genügt, wenn ihr euch in den Zustand der Leere begebt; es ist nicht erforderlich zu benennen, welches Thema oder welche Angelegenheit ihr transformieren wollt.

Das Feld der Liebe ist das Feld der Heilung. Diese Intelligenz weiß, was wann in Heilung gehen darf und kann. Ihr müsst nichts weiter dafür tun. Wahre Heilung bedarf keiner Anstrengung. Ihr habt irdische Wege gefunden, um Heilung herbeizuführen. Auch sie funktionieren.

Wenn ihr der Göttlichkeit begegnet, wenn ihr eins mit ihr werdet in bestimmten Momenten, so hegt ihr keinen Zweifel an dieser Präsenz. Nach einer solchen Erfahrung könnt ihr unterscheiden, ob ihr euch in einem nebulösen Feld aufhaltet oder ob ihr tatsächlich mit dem Göttlichen in Kontakt seid. Ihr erfahrt dabei, wie ihr euch mit Allem-was-ist verbindet, wie ihr euch als das, was ihr hier auf der Erde zu sein glaubt, auflöst und euch in eine Unendlichkeit ausweitet, die Alles-was-ist durchdringt.

Wenn ihr wahrnehmt, dass ihr die Unendlichkeit seid und dass Raum und Zeit eine Illusion sind, erkennt ihr, dass ihr euch innerhalb eurer materiellen Illusion stets nur in einem kleinen Teil dessen aufhaltet, der ihr selbst seid.

Eure Kirchen haben euch erzählt, dass ihr getrennt von Gott seid, dass Gott außerhalb von euch existiert. Durch euren Glauben an die Trennung von allem Göttlichen habt ihr viel Leid, Schmerz und Ohnmacht erschaffen.

In der Bibel habt ihr gelesen, dass Gott die Menschen aus dem Paradies warf. In Wahrheit habt ihr euch von der Göttlichkeit getrennt, die in euch wohnt. Ihr seid mit dieser Göttlichkeit noch immer verbunden, doch habt ihr sie einfach vergessen. Euer Leid entstand durch den Irrglauben, dass ihr von der Liebe getrennt seid.

Wenn ihr betet, so glaubt ihr häufig, dass ihr es einem Gott recht machen müsst, oder ihr tretet ein in einen Handel mit Gott. Vielleicht sagt ihr: »Lieber Gott, wenn mein Auto gleich wieder anspringt, dann esse ich eine Woche lang keine tierischen Lebensmittel mehr, damit es den Tieren besser geht.« Oder ihr betet: »Lieber Gott, wenn es dich wirklich gibt, dann mach mein Kind wieder gesund. Ich werde dann auch jeden Sonntag in die Kirche gehen.«

In dem Moment, in dem ihr erkennt, dass ihr nicht getrennt von Gott seid, dass ihr immer schon Teil von Gott wart, machen solche Gebete keinen Sinn mehr.

Ihr würdet dann einen Handel mit euch selbst abschließen wollen. Ein Gebet, in dem ihr Gott als getrennte Instanz betrachtet, kann nicht erhört werden.

Denn du selbst bist es, der erhören muss.

Wenn du Heilung erfahren möchtest, speise dein göttliches Feld mit Heilung. Begib dich in den Zustand der Heilung. *Du bist das Göttliche, das dies vollbringen kann.*

Es ist nicht schlimm, wenn ihr nicht sofort oder gleich jedes Mal, wenn ihr in die Stille geht, eine göttliche Verbindung spürt. Mit der Zeit werdet ihr immer häufiger solche Zustände der Verbundenheit mit Allem-was-ist herbeiführen und euch daran erfreuen können.

Viele von euch erinnern sich in dieser Zeit auch an Existenzen zu anderen Zeiten und sogar in anderen Dimensionen oder auch auf anderen Planeten als der Erde. Ihr habt Wahrnehmungen, die nicht aus eurer jetzigen Inkarnation stammen. Dies können ebenso Erinnerungen aus zukünftigen Leben sein. Ihr alle habt Leben gelebt oder werdet Leben leben – das macht auf Ebenen jenseits der Zeit keinerlei Unterschied –, in denen ihr Wissen über andere Dimensionen hattet oder dort selbst Erfahrungen gemacht habt. Dieses Buch wendet sich an all jene, die auf solche Einblicke zurückgreifen können, und ruft sie auf Seelenebene wach.

Wir freuen uns, dass ihr euren Hellsinnen immer stärker vertraut und eure Wahrnehmungen immer besser verstehen könnt. Wir unterstützen euch dabei. Wir bringen euch Hilfsmittel, um euch auf eurer Reise zu unterstützen, während wir gleichzeitig unsere eigene Weiterentwicklung vorantreiben. Durch diese Verbindung können wir gemeinsam nach höherem Bewusstsein und tieferem Verständnis streben.

All jene von euch, die über solche Hellsinne verfügen, sind eingebunden in die Dreidimensionalität eurer Realität. Ihr seid in der Lage, sowohl eure körperlichen Sinne als auch eure mentalen Sinne zu nutzen. Niemand von euch greift permanent auf seine hellsinnlichen Fähigkeiten zurück. Ihr alle habt einen Seelenplan, der das Leben in einer körperlichen Ebene erfordert. Erfahrungen, die Seelen in der materiellen Welt machen, sind elementar für ihre Entwicklung. Nur in der Dichte der Materie kann die Seele Erfahrungen machen, die sie nirgendwo sonst im Kosmos machen kann.

Ursprünglich kommt die Seele aus dem All-Eins-Sein, aus der universellen Liebe; sie kennt nichts anderes als das Einheitsbewusstsein. Sie strebte jedoch nach neuen Erfahrungen, und so suchte die Seele auch nach Möglichkeiten, etwas anderes als Liebe zu erfahren. All ihre Versuche, solche Erfahrungen auf Seelenebene zu machen, konnten aber keine wahre Trennung herbeiführen, und so kam die Seele auf die Idee, eine körperliche Welt zu erschaffen, in der sie die Einheit mit Allem-was-ist vergaß. Dabei wurden die Manifestationen der Seele immer dichter und nach und nach entstand eine körperliche Welt, in der ihr euch mit euren irdischen Körpern befindet. Die Materie, die euch umgibt, ist so dicht, dass ihr eine perfekte Illusion erschaffen habt. In dieser Illusion kann die Seele Erfahrungen machen, die sie anders nicht erleben könnte.

Indem die Seele vergaß, wer sie ist, konnte sie all das erfahren, was sie nicht ist. Vergesst nicht: Euer irdisches Leben ist das Spielfeld eurer Seele, auf dem sie erleben kann, was sie nicht ist. Alles, was ihr getrennt von Liebe, Bewusstsein und Einheit erlebt, habt ihr euch als Seele selbst ausgesucht, um der größeren Erkenntnis willen.

Niemand hat über eure Seele bestimmt und entschieden, dass ihr diese Erfahrung machen müsst. Ihr alle habt als Seele entschieden, die Realität der irdischen Inkarnation zu erschaffen, in der ihr durch den Schleier des Vergessens annehmen müsst, dass ihr von allem Göttlichen getrennt seid. Eure Geschichten von der Vertreibung des Menschen aus dem Paradies sind ein Zeugnis dafür, dass ihr nicht erkennen könnt, diese Illusion der Trennung gewollt zu haben. Das Göttliche hat euch nicht aus dem paradiesischen Zustand hinausgeworfen. Ihr selbst habt entschieden, das Paradies zu verlassen und zu vergessen, wer ihr seid.

Euer Erinnern an die Hellsinne ist ein Bonus, den ihr euch für dieses Leben ausgesucht habt. Wir freuen uns sehr darüber und unterstützen euch dabei auf vielerlei Art.

Doch wisst, dass ihr das Göttliche niemals verlassen habt. Noch immer seid ihr ein Teil davon. Ihr habt es bloß vergessen. Immer, wenn ihr vom spirituellen Erwachen sprecht, meint ihr damit, dass ihr euch wieder an eure wahre Heimat und an das Göttliche in euch, an eure Essenz als Seele und an eure Feinstofflichkeit erinnert.

Eure Hellsinne sind ein Ausdruck davon.

Wie konnten wir dann bloß unsere Hellsinne vergessen?

Die Ur-Menschen, die ursprüngliche Erdbevölkerung, war voll in ihrer Kraft. Diese Menschen konnten telepathisch kommunizieren, sie verstanden die Teleportation und hatten eine direkte Anbindung an Gott. Die Entwicklung der gesellschaftlichen Systeme auf der Erde veränderte sie alle. Dadurch wurden ihre spirituellen Fähigkeiten eingeschränkt.

Nun ist die Zeit gekommen, in der die Menschen sich ihrer Fähigkeiten entsinnen und sie neu erlernen.

Sie haben nun wieder einen leichteren Zugang zu all diesen Fähigkeiten und kommen zurück in ihre Kraft.

Woran können wir denn erkennen, dass wir von den ursprünglichen Erdenmenschen mit all diesen hellsichtigen Fähigkeiten abstammen?

Einem Teil eurer genetischen Strukturen weisen eure Wissenschaftler keinerlei Bedeutung zu. In diesem Bereich eurer Erbsubstanz ist eure unmittelbare Verwandtschaft mit den ursprünglichen Menschen, die diese Fähigkeiten besaßen, hinterlegt. Sie enthalten die Bindung an eure Ahnen. Diesen Bereich können eure Wissenschaftler noch nicht wirklich messen, aber er hat größte Bedeutung.

Jeder von euch, der Zugang zum spirituellen Bewusstsein hat, gehört in die genetische Linie derer, die ursprünglich alle Hellsinne beherrschten. Ihr konntet eure spirituellen

Fähigkeiten damals voll ausleben, und das könnt ihr jetzt wieder lernen. Es ist gar nicht so schwer.

Eure Verbindung mit diesen hoch spirituellen Ahnen besteht über den Teil in der Genetik, den eure Wissenschaft als wertlos erachtet. Doch eure Wissenschaft irrt sich, denn dieser Teil eurer Genetik ist überaus wichtig. Er enthält eure Bindung an eure spirituellen Ahnen und eure spirituellen Fähigkeiten. In diesem Bereich ist jegliches Wissen über die ursprüngliche Menschheit verborgen.

Stammen wir denn alle reinrassig von dieser ursprünglichen und sehr spirituellen Menschengattung ab?

Im Laufe der Jahrtausende kamen immer wieder Außerirdische auf die Erde, die sich mit der ursprünglichen Menschenrasse gepaart haben.

Dennoch gibt es viele unter euch, die noch eine sehr reine genetische Ahnenreihe haben und eine lineare Anbindung an die Ur-Spiritualität aufweisen.

Eure Ahnen zogen sich zurück, als die Außerirdischen kamen. Sie waren skeptisch und haben vieles hinterfragt. Sie blieben über Generationen hinweg diejenigen, die sich nicht immer angepasst haben.

Auch wenn ihr das von einigen eurer Ahnen nicht vermutet oder bei ihnen anders gesehen habt, ohne eure Ahnen und deren Bewahrung der ursprünglichen spirituellen Genetik wäret ihr nun nicht so weit erwacht, wie ihr es zum aktuellen Zeitpunkt seid. Ihr seid diejenigen, die eine besonders gute Verbindung zu ihren Ahnen und deren Fähigkeiten haben. Deshalb fällt es euch nun leichter, euch an eure Hellsinne zu erinnern und sie wieder zu erlernen, denn dieser Teil eurer Genetik ist nicht verändert worden.

Einige eurer Ahnen fühlten sich von der Präsenz der Außerirdischen so sehr bedrängt, dass sie sich um Hilfe an sie wandten. Die Außerirdischen versagten ihnen jedoch diese Hilfe, da es dem größten Teil der Menschheit, über den sie die Herrschaft angetreten hatten, nicht entsprach. Dennoch wollten sie eurer Bitte nachkommen. Sie taten also Folgendes: Einem Teil der Menschen, denjenigen, die um Hilfe baten, gaben sie die genetischen Informationen einer Spezies, die noch niemals den dunklen Mächten verfallen war. Diese feinstofflichen Teile der Genetik sind kein ursprünglicher Teil eurer Genetik. Sie wurden zusätzlich aufgenommen.

Damit besaßen diese Menschen fortan die Fähigkeit, Gefahren unmittelbar zu erkennen. Außerdem erwarben sie dadurch die Kompetenz, bei anderen Menschen zu sehen, wenn sie etwas nicht ehrlich meinten, und gleich zu verstehen, was hinter der Fassade steckt. Sie sehen also alles, was diese Mitmenschen vor ihnen verbergen und nicht zeigen wollen. Sie können sie sofort einordnen und fallen nicht auf Lügen und Maskeraden herein. Sie sind nicht arglos. Diese Menschen verfügen über sehr große spürerische Kräfte.

Außerdem sind diese Menschen so standfest, dass sie sich von rein gar nichts beeinflussen lassen.

Eine andere Gruppe von Menschen ist den Außerirdischen mit offenen Armen begegnet, hat sie begrüßt und sich gefreut, von ihnen lernen zu können.

Diese Menschen haben sich den Priesterschaften der Außerirdischen unterstellt und sich deren Gesetzen und Lehren angepasst. Letztlich haben sie durch all diese Prozesse selbst ihre Genetik verändert. Sie haben ihre Anbindung an die Spiritualität ihrer Ahnen verloren. Es sind jene, die in diesen Zeiten systemkonform denken und handeln.

Durch die hohen Energien, die die Erde immer stärker umgeben, werden aber auch diese Menschen offen für andere Wahrheiten außerhalb ihrer veränderten Genetik. Es fällt ihnen schwerer, sich an ihre spirituelle Herkunft zu erinnern. Auch haben sie Schwierigkeiten beim Wiedererlernen ihrer hellsinnigen Fähigkeiten. Ihnen fehlt die Anbindung an ihre ursprüngliche spirituelle Ahnenreihe.

Sie sind häufig arglos und fallen auf Lügen und Maskeraden ihrer Mitmenschen sehr leicht herein.

In dieser Gruppe gibt es viele, deren Genetik durch die dunklen Mächte nie verändert wurde.

Sie haben nach wie vor ihre ursprüngliche irdische Genetik mit all ihren spirituellen Ausprägungen. Sie haben jedoch nicht die zusätzlichen Erbinformationen einer menschlichen Spezies, die niemals einer dunklen Macht verfallen war, sich aber hat manipulieren lassen von den trügerischen Verheißungen der Machthaber.

Sie haben so viel vergessen. Sie haben vergessen, dass ihr Ursprung in der Spiritualität liegt.

In den Energien, die derzeit die Erde umgeben, erwachen auch immer mehr von diesen Menschen.

Diejenigen, deren Genetik so sehr verändert wurde, dass sie ihre Anbindung an ihren spirituellen Ursprung gänzlich verloren haben, können jedoch ihre Genetik wieder an diese ursprüngliche Spiritualität anpassen. Die Zeit, in der ihr gerade inkarniert seid, gibt mit ihrer Schwingung und all den kosmischen Helfern die Gelegenheit dazu. Damit hat auch diese Gruppe von Menschen die Möglichkeit, sich wieder an ihre Hellsinne und Hellfähigkeiten zu erinnern und sie neu zu erlernen. Das ist das große kosmische Geschenk dieser Zeit an die Menschheit.

Mit jedem Menschen, der erwacht, steigt die Gesamtschwingung auf der Erde. Das liegt daran, dass sich mit jedem Anstieg der irdischen Grundschwingung die Anzahl der inkarnierten Seelen erhöht, deren Grundschwingung dieser erhöhten Schwingung der Erde entspricht oder höher ist. Seelen mit niedrigerer Grundschwingung können nicht mehr inkarnieren. So werden Seelen, die nicht bereit sind zu erwachen, die Erde nach und nach verlassen. Sie werden auf anderen Planeten inkarnieren, deren Gesamtschwingung ihrer Grundschwingung als Seele entspricht.

Die Seele hat die Materie erschaffen, um bestimmte Erfahrungen zu machen. In dieser Materie wurden Orte geschaffen, einzig dazu, um das zu ermöglichen.

Ihr habt die Manifestation von Dichte so perfektioniert, dass ihr über Inkarnationen hinweg in der von euch selbst erschaffenen Illusion gefangen wart. Alles, was ihr nicht auflöst, müsst ihr auf der Ebene, auf der es entstand, erneut erleben, bis ihr erkennt und bewusst handelt.

Ihr hattet keinerlei Erinnerungen an eure Seelenheimat und wart eingeschlossen in ein materielles System. Süchte, Abhängigkeiten und Verstrickungen wurden über viele Inkarnationen aufgebaut, da es euch nicht gelang, sie in einem Bewusstsein aufzulösen. Zu jeder Zeit hat jede Seele die Möglichkeit, aus der Illusion auszusteigen. Es ist jedoch ein enormer Kraftaufwand notwendig, um die Illusion der Gefangenschaft zu durchbrechen. Durch eure gefühlte Machtlosigkeit habt ihr

Täter-Opfer-Konstellationen erschaffen, die ihr auf körperlicher Ebene nicht mehr verlassen konntet.

Die kosmische Hilfe, die ihr auf der Erde erfahrt, diente über Jahrtausende dem Zweck, euch an die Liebe, die ihr seid, zu erinnern. Unzählige Vertreter dieser Energie wurden auf die Erde gesandt, um euch ein Beispiel und eine Erinnerung zu geben. Ohne diese äußere Hilfe hättet ihr vielleicht für immer vergessen, wer ihr seid. Jesus beispielsweise verkörperte die Christusenergie, die unabhängig von einer religiösen Überzeugung oder Ausrichtung ist. Sie ist eine Energie, die ihre Kraft aus der Liebe bezieht. In der Gegenwart einer solchen Verkörperung dieser Energie wandelt sich auch das Umfeld. Menschen, die Jesus begegneten, traten ein in dieses Feld der Liebe und konnten sich durch seine Präsenz an ihren Seelenursprung erinnern. Das wahre Christentum hat nichts mit dem Besuch einer Kirche oder dem Aufsagen von vorgegebenen Texten gemein. Die wahre Christusenergie ist die Frequenz der Seelenliebe, in der Transformation, Heilung und das Erwachen des Bewusstseins geschehen.

Als Seele habt ihr nun so viele Erfahrungen in der Dichte der Materie und im Getrenntsein vom Göttlichen gemacht, dass ihr zu dem Entschluss kamt, einen körperlichen Weg zu finden, wieder zur Einheit zu gelangen. Es wäre leicht für eine Seele, die materielle Ebene zu verlassen und in das Feld der universellen Liebe zurückzukehren. Ihr habt euch jedoch dafür entschieden, einen körperlichen Weg zurück in das All-Eins-Bewusstsein zu gehen.

Auch habt ihr auf allen Ebenen, die ihr zwischen der Dreidimensionalität der Erde und dem Einheitsbewusstsein aufgebaut habt, Umstände erschaffen, die ihr noch zu lösen habt. Manche von euch nennen dies Karma. Auf eurem Weg zurück in die Liebe werdet ihr all diese Verstrickungen auflösen. Dazu kann es erforderlich sein, wiederholt auf den gleichen Ebenen zu inkarnieren, so wie ihr es auf der Erde über viele Jahrtausende getan habt.

Je weniger dicht eine Ebene ist, desto länger könnt ihr dort verweilen, so dass ihr nicht immer wieder als Neugeborene anzufangen braucht. Doch selbst, wenn ihr auf einer Ebene viele tausend Jahre verweilen könnt, ist es möglich, dass ihr sie in mehrfachen Leben bewohnt, bis ihr alle Angelegenheiten transformiert habt. Dies können Welten sein, die ihr bereits als Seele bereist habt oder eigens für euren seelischen Heimweg erschaffen werdet.

Euer Heimweg wird begleitet von Geistwesen aus höheren Dimensionen. Der Weg nach Hause ist so leicht für euch, wie er es noch nie zuvor war. Es ist, als wäret ihr Flüchtlinge aus dem Kriegsgebiet der Dualität und alle Grenzen wären in alle Richtungen geöffnet, um euch in Raum und Zeit außerhalb dieser enormen Dichte willkommen zu heißen.

Jedes Geistwesen erfreut sich an jeder einzelnen erwachenden Seele, die den Nebel des Vergessens hinter sich lässt und in eine feinstofflichere Welt eintritt. Der gesamte Kosmos jubelt über die Heimkehr der verlorenen Seelen. Wir sind tief gerührt. Ihr macht uns damit sehr glücklich, und wir heißen euch alle in Liebe willkommen.

Oh, nun bin ich auch gerührt. Wo wird man schon so voller Liebe erwartet und aufgenommen. Danke! Was ist eigentlich mit den Seelen, die keinerlei Zugang zu Texten wie diesen haben oder sich nicht an ihre Hellsinne erinnern können?

Für diesen Heimweg ist es nicht zwingend erforderlich, dass ihr ein Bewusstsein dafür entwickelt. Es ist durchaus möglich, den Weg zu gehen und allein durch die Ereignisse so geläutert zu werden, dass ihr euch anders verhaltet.

Wir wissen, dass ihr in der äußeren Welt von Menschen umgeben seid, die sich all dieser Hintergründe nicht bewusst sind. Und doch sind viele von ihnen ebenfalls schon auf dem Heimweg zur allumfassenden Liebe. Ihr könnt den Weg bewusst oder unbewusst gehen. Die Seele versteht ihre Erfahrungen unabhängig von eurem Bewusstseinsgrad.

Jedoch ist euer Bewusstsein über die metaphysischen Hintergründe eine enorme Hilfe für euren Weg nach Hause.

Das finde ich nur gerecht. Es hat ja nicht jeder in jeder Inkarnation Zugang zu spirituellem Wissen. Selbst wenn man über Hellsinne verfügt, ist es ja wesentlich einfacher, diesen Weg zu gehen, wenn man auf Literatur oder andere Quellen dazu zurückgreifen kann. Diesen Weg allein durch Läuterung gehen zu dürfen, empfinde ich als großes Geschenk. Es ist so, als ob es einem Blinden ermöglicht wird, den richtigen Weg einzuschlagen.

Wenn ihr den Zustand erreicht, dass ihr zu jeder Zeit und an jedem Ort die materielle Illusion als Teil der göttlichen Schöpfung erkennen könnt, so ist es nicht mehr nötig, euch mit der Quelle, mit der Liebe zu verbinden, da ihr diese Liebe dann ja bereits seid. Ihr seid dann Gott, der mit der Materie spielt wie ein Kind mit einem Puppenhaus.

Okay, ich glaube nicht, dass wir es schaffen, uns so sehr von der Materie zu lösen, dass wir als göttliche Präsenz damit spielen kön-

nen. Obwohl das bestimmt lustig ist. Illusions-Monopoly. Wenn ich darüber nachdenke, machen wir genau das. Wir spielen Monopoly auf dem Spielbrett der Illusionen und wissen dies nicht. Eigentlich sind wir doch recht törichte Götter.

Ihr, die ihr dieses Buch lest, seid euch der Trennung bewusst und erschafft Orte, die immer weniger dicht und immer feinstofflicher sind. Ihr tretet euren Heimweg auf einer materiellen Ebene an. Euer Weg ist langsam, jedoch bewusst. So wie die Seele es verstand, immer dichtere Ebenen zu erschaffen, versteht sie es nun, immer feinstofflichere Welten zu erschaffen und diese zu bewohnen. Es gibt Planeten, die höher schwingen als die Erde, und ebenso gibt es Orte auf der Erde, die eine höhere Frequenz aufweisen. Sie sind nicht für jeden Menschen zugänglich. Es erfordert das Ablegen einer zu hohen körperlichen Dichte, um diese Orte zu bereisen.

Die Seelen haben so starre Strukturen manifestiert, dass sie auf der materiellen Ebene weiter existieren. Der Weg zurück in die Einheit kann deshalb nicht dadurch geschehen, dass ihr die äußeren Strukturen niederreißt, sondern einzig dadurch, dass ihr das Energiefeld der Materie verlasst. Nur so könnt ihr es unterbinden, die materiellen Strukturen weiter zu manifestieren. Jede Seele, die energetisch aus der Dreidimensionalität austritt, nimmt ihr ein wenig von ihrer Existenz. Durch viele Zeitalter hindurch habt ihr die Materie kollektiv so sehr verdichtet, dass ihr sie nur durch das Verlassen der Dimension verschwinden lassen könnt.

Eure äußere Welt gerät derzeit aus den Fugen. Auch dies ist erforderlich, damit immer mehr Seelen buchstäblich gerüttelt und geschüttelt werden, um aufwachen zu können.

Das, was ihr kollektiv als große Katastrophe erlebt, ist in Wahrheit der Knall, der den Weg für diejenigen Seelen ebnet, die ihren Weg zurück bisher nicht gefunden haben, und auch für diejenigen, die noch nicht einmal wussten, dass es einen solchen Weg zurück überhaupt gibt.

Aber selbst hier gilt der freie Wille der Seele. Jede Seele, die sich entscheidet, das Spiel der Dualität weiterzuspielen, darf weiterspielen und hält mit ihrer Energie die materielle Welt der Erde aufrecht. Um weiter in Richtung Einheit zu gehen, ist es erforderlich, die Dichte der Materie zu verlassen.

Das verstehe ich, wenn ihr es so erklärt. Und ihr seid eben einfach weniger dicht als die Erdenmenschen und könnt uns deshalb auf dem Weg in feinstofflichere Ebenen so gut begleiten. Ich glaube, die größte Schwierigkeit besteht darin, dass wir uns mit dem Ego identifizieren. Wer sind wir noch, wenn wir in die Einheit gehen? Was gehört uns dann noch? Wir haben so hart für alles gearbeitet, und das gibt uns ein Gefühl von Sicherheit. Es fühlt sich auch gut an, wenn man etwas erreicht hat, was nicht jeder schafft.

Wir verstehen euch. Und wir begleiten euch. Die vermeintliche Sicherheit in der Dreidimensionalität ist Teil der Illusion. Euer Ego ist bestrebt, diese Illusion möglichst aufrechtzuerhalten, denn nur in dieser Welt kann es existieren. Das Ego weiß, dass es stirbt, wenn ihr diese Dimension verlasst.

Ganz schön schlau vom Ego. Wenn ich das Ego wäre, würde ich ebenfalls kämpfen. Ich würde auch nicht sterben wollen. Gut, dass es euch gibt und ihr uns helft, ihr lieben Arcturianer.

Eure Schöpferkraft

Die Außenwelt bleibt so lange als Wirklichkeit für euch bestehen, wie ihr eure wahre Schöpferkraft leugnet.

Möglicherweise fühlst du dich manchmal verloren in deinem Streben nach hohen Energien. Zuweilen magst du zweifeln an deinem irdischen Leben und den Entscheidungen, die du getroffen hast. An manchen Tagen fühlst du dich stark und sicher auf deinem Weg.

Doch es gibt auch diese anderen Tage, an denen es dir partout nicht gelingen mag, deine Schwingung anzuheben, und die von langen und zähen Stunden erfüllt sind, in denen du lieber in deiner niedrigen Frequenz verweilst.

Du möchtest dich zurückziehen, die Decke über den Kopf ziehen, unsichtbar und nicht mehr erreichbar für deine Außenwelt sein. Du möchtest keine Entscheidungen mehr treffen und dein Leben so nicht weiterleben. Nichts fühlt sich mehr richtig oder gut an. Du wärst gerne anders, schöner und erfolgreicher. Die Umstände sollten besser und angenehmer sein, und die Menschen sollten dich in Ruhe lassen oder anders zu dir sein. Das Geld sollte zu dir fließen, und mehr Zeit brauchst du eigentlich auch. Du möchtest nicht mehr von bestimmten Substanzen, Umständen oder Menschen abhängig sein, und du fühlst dich viel zu kraftlos, um auch nur irgendetwas daran zu ändern.

Eigentlich willst du nur noch schlafen. Du willst keine Verpflichtungen mehr haben und keine Erwartungen erfüllen. Du willst Zeit haben, nur für dich, und erst einmal in Ruhe herausfinden, was du eigentlich genau willst, ob oder wo du falsch abgebogen bist oder ob möglicherweise doch alles richtig läuft. Du möchtest dich wieder neu orientieren, und du möchtest Muße und Zeit dafür haben.

Um negative Erfahrungen zu vermeiden, versucht ihr im Außen nahezu alles zu kontrollieren. Ihr kontrolliert das Wetter, euer Gewicht, den Kontostand, die Aktien und Lottozahlen, den Gesundheitszustand und die Infektionszahlen. Ihr glaubt, wenn ihr etwas kontrollieren könnt, könnt ihr bestimmen, wie es sich entwickelt. Doch ist dies eine falsche Annahme. Im Außen könnt ihr nichts verändern, was ihr nicht zuvor im Innen geändert habt.

Das Außen existiert im Grunde nicht, es ist eine perfekte Illusion, deren Ursprung in deinem Innen ist. Wenn es dir gelingt, die Angelegenheit im Innen zu verändern, macht Kontrolle keinen Sinn mehr. Kontrolle kann dann lediglich als Barometer einer inneren Veränderung genutzt werden. Und selbst dies ist noch eine falsche Annahme, denn ihr werdet im Außen immer nur die Ergebnisse vorfinden und messen können, die ihr erwartet.

Aus dem gleichen Grund macht es keinen Sinn, andere Menschen zu kontrollieren. Gebt eure Verzweiflung über das Nicht-Erwachtsein anderer auf. Sobald ihr das Außen lediglich als Projektionsfläche eures Innen begreift, werdet ihr zu dem Frieden, den ihr in der Welt sehen wollt. Wenn ihr Meister über eure Gier, den Zorn, eure Eitelkeit, Wollust und eure Anhaftungen geworden seid, benötigt ihr keine äußeren Kontrollen mehr.

Eine Änderung der Umstände kannst du erwirken, wenn du aufhörst, dich über das Hier und Jetzt zu beschweren. Denn mit jeder Aufmerksamkeit – und wir wissen, dass du das sehr genau weißt – erschaffst du den Fortbestand dessen, dem du diese Aufmerksamkeit gibst.

Umstände, die dir nicht gefallen, eignen sich hervorragend, um festzustellen, was du nicht mehr haben, sein oder erleben möchtest. Sie geben dir Gelegenheit, herauszufinden, was du stattdessen möchtest. Hast du herausgefunden, was du möchtest, gib dem, was du loswerden möchtest, keinerlei Energie oder Aufmerksamkeit. Dann richte dich gedanklich und energetisch auf das aus, was du stattdessen haben, sein oder erleben möchtest. Gelingt dir dies nicht, so finde etwas, was dich von den jetzigen Umständen ablenkt, oder gehe in die Stille. Auch wenn du täglich einer Tätigkeit nachgehst, die dir jegliche Energie raubt, so finde Gelegenheiten, dennoch in die Stille zu gehen. Wir wissen, welcher Anstrengung dies bedarf. Wir wissen aber auch, wie erfolgreich es ist.

Dein neues Leben, deine neue Schwingung ist ebenso davon abhängig, was du glaubst. Ihr macht alle den Fehler – und es ist kein Fehler, sondern eine Entwicklungsstufe –, das, was ihr im Außen erlebt, für wahr zu halten. Würdet ihr etwas anderes erleben, würdet ihr etwas anderes glauben. Da euer Glaube erschafft, erschafft ihr ständig die Wiederholung dessen, was ihr bisher auch schon erlebt habt. Ihr erschafft etwas, also glaubt ihr daran. Durch euren Glauben erschafft ihr erneut das Gleiche. Diesen Kreislauf könnt ihr durchbrechen, indem ihr etwas anderes für wahr haltet als bisher.

Du kannst an die Form deines Körpers glauben, weil du ihn jeden Tag im Spiegel betrachtest. Du glaubst an deinen

Kontostand, weil du weißt, wie es um diesen bestellt ist; du hast es mit eigenen Augen auf dem Auszug gesehen. Du weißt, dass du Single bist oder diesen unliebsamen Partner hast, weil du das jeden Tag so erlebst. Dein Glaube entspricht dem, was du täglich erlebst, hast und siehst.

Wie also kann es dir gelingen, an etwas zu glauben, was du nicht mit deinen physischen Sinnen wahrnehmen kannst? Ihr verfügt über die Fähigkeit, eure eigenen Gedanken und euer Sosein zu beobachten. Dies befähigt euch, Entscheidungen darüber zu treffen, was ihr nicht mehr und was ihr stattdessen haben wollt.

Im ersten Schritt entscheidet ihr, was ihr nicht mehr erleben, haben oder sein wollt. Diesen Umständen gebt ihr keine Energie mehr. Wenn eure Kollegin sich blöd verhält und du gewohnheitsmäßig wütend auf sie wirst, entscheide dich neu. Höre auf, über deine Kollegin nachzudenken, oder finde etwas an ihr, das dir gefällt, selbst wenn du sehr lange nach diesem positiven Aspekt suchen musst. Dadurch erhöhst du deine eigene Schwingung.

Wenn deine Energie zu dieser Kollegin hoch ist, muss sie zwangsläufig ihr Verhalten ändern, oder sie verschwindet aus deinem Umfeld. Denn sie kann dir nur liefern, was du von ihr denkst. Alles kann dir immer nur zeigen, was du darüber glaubst. Dein Außen ist lediglich die perfekte Projektion dessen, was du dein Innen nennst.

Verhält sich dein Partner nicht wertschätzend, denkst du, dass er eben einfach so ist. Die Wahrheit ist, dass er sich auf genau diese Weise verhält, weil du glaubst, dass er so ist. Vielleicht hast du diesen Glauben auch von einem Glaubenssatz über einen anderen Menschen auf ihn übertragen. Möglicherweise glaubst du, dass sich alle Männer so verhalten. Wahr ist, dass er sich so verhält, weil du so denkst. Du bist die Quelle all deiner Erfahrungen. Wenn du glaubst, dass du nicht reich genug bist, weil dein Kontostand es dir beweist, verstehst du noch nicht, dass dein Kontostand dir exakt das zeigt, was du für wahr hältst.

Gelingt es dir, dich für Emotionen und Gedanken zu öffnen, die Wertschätzung und Dankbarkeit ausdrücken, hebst du deine Schwingung. Dadurch erschaffst du Umstände, für die du Wertschätzung und Dankbarkeit empfinden kannst. Durch diese neuen Umstände siehst du den äußeren Beweis für etwas, an was du nun glauben kannst. Doch sind nicht die Umstände die Ursache für deinen neuen Reichtum, deine neue Gesundheit oder dein neues Glück. Die Ursache für die schöneren Umstände ist dein neuer Glaube.

Durch Erinnern deiner Hellsinne gelingt es dir leichter, deinen Glauben an etwas zu ändern, denn deine erinnerten Fähigkeiten ermöglichen es dir, dein Außen nicht mehr als eine Bedingung, sondern als eine Ausdrucksform zu erfahren.

Wenn du darauf wartest, dass die Umstände dich glücklich machen, glaubst du daran, ein Opfer zu sein. Ein Opfer ist nicht in seiner Schöpferkraft. Du glaubst nicht an dich. Glaube, Gesundheit und Reichtum entstehen nicht durch Umstände, sondern durch Glaube. Glaube erschafft Umstände, Umstände, aufgrund derer du dich reich, glücklich und gesund fühlen und sein wirst. Dein Außen ist lediglich eine perfekte Projektion deines Innen. Deine Welt ist eine fehlerlose holografische Illusion.

Wenn du Dankbarkeit und Wertschätzung übst, wenn du dich in die Stille begibst oder deine Schöpferkraft nutzt, indem du kreativ bist, dann bist du mit der Kraft, die ganze Universen erschaffen hat, verbunden. Du bist angeschlossen an ein Feld unendlicher Ideen und Möglichkeiten. Dank deiner Anbindung musst du nicht länger nach Einfällen, Eingebungen oder neuen Wegen suchen. All dies fließt zu dir wie Wasser durch ein Flussbett.

Alles, in das du Energie fließen lässt, manifestierst du. Regst du dich über deine Arbeitsbedingungen auf, wirst du diese auch weiterhin so erleben oder sie sogar verschlechtern. Fühlst du Dankbarkeit – und dies muss noch nicht einmal für das sein, was dich stört –, verbesserst du all deine Manifestationen.

Wenn du in dieser höheren Energie entscheidest, was du erleben, haben oder sein möchtest, so ist diese neue Absicht mit deiner hohen Energie aufgeladen. Fühlst du Dankbarkeit, Liebe oder Wertschätzung, manifestierst du in diesem Moment nur das, was dir gefällt.

Wenn du Wertschätzung für deine Katze empfindest, manifestierst du, dass deine Katze ihr tolles Verhalten behält oder sogar noch weiter positiv verändert. In dem Moment, in dem du deine Katze wertschätzt, manifestierst du für all deine Lebensbereiche Umstände, die dir gefallen. Der Schwingung ist es egal, wie du sie erlangst.

Dankbarkeit und Wertschätzung sind nur menschliche Konstruktionen. In höheren Ebenen tauscht ihr diese gegen andere Empfindungen aus. Wenn ihr mit der Quelle verbunden seid, könnt ihr solche Gefühle – die keine echten Gefühle sind – erfahren. Wir raten euch zu Techniken wie Dankbarkeit oder Wertschätzung, weil sie funktionieren. Die erhabensten Schöpfungen jedoch geschehen euch, wenn ihr euch der Leere hingeben könnt.

Eine andere Möglichkeit, den Geist zu beruhigen und von den unschönen Emotionen und Gedanken zu befreien, ist Meditation. Meditation ist dein Verbundensein mit der Quelle im Jetzt. Dies kannst du erreichen durch eine Tätigkeit, in der du dich im Flow-Zustand befindest, beispielsweise Gartenarbeit, Malen, Singen, Angeln oder Spazierengehen. Um in einen meditativen Zustand zu gelangen, musst du nicht still auf einem Kissen sitzen. In dynamischen Meditationen, wenn du bei einer Tätigkeit einen Flow-Zustand erreichst, gelingt es ebenfalls, sich mit der Quelle zu verbinden. Wenn wir davon reden, dass du dich in die Stille begeben sollst, sind all diese Möglichkeiten ebenfalls damit gemeint.

Vielleicht liegt es dir aber mehr, dich tatsächlich in Stille zu begeben. Du kannst dich in einen ruhigen Raum setzen, die Augen schließen und ruhig sein. Du kannst die Gedanken kommen und gehen lassen, du kannst dich auf ein Geräusch konzentrieren oder eine andere Form der Meditation ausüben. In der Stille der Meditation bist du mit der Quelle allen Seins verbunden; du bist verbunden mit allen Seelen und allen Zeiten. Im Gewahrsein kannst du über deine physischen Umstände hinausgehen. Auch hierdurch wirst du in deiner physischen Realität Änderungen bemerken, die weit über das, was du zu wünschen wagtest, hinausgehen. Jeder Tag wird dir vorkommen wie eine Aneinanderreihung von Wundern. Wunder sind die positiven Veränderungen im Außen, die du durch deine Anbindung an die Ur-Seele verursachst.

In der Stille oder im Flow-Zustand musst du dich nicht darauf konzentrieren, was du erleben möchtest. Auch musst du weder Wertschätzung noch Dankbarkeit empfinden. Die Quelle weiß um deine Wünsche, und sie weiß ebenso, wie all diese schönen Umstände am einfachsten zu dir fließen. Sie weiß sogar, welche Ereignisse und Umstände am besten für dich sind. Du musst dir darüber also überhaupt keine Gedanken mehr machen. Es reicht, wenn du dich in Stille mit der Quelle verbindest oder den Flow-Zustand erreichst. Den Rest macht die natürliche Matrix, das Universum, Gott, die Quelle allen Seins.

Das Materielle ist im Vergleich zu allem Nicht-Materiellen sehr unbedeutend und gering. Wenn du versuchst, als physisches Wesen Materie zu erschaffen, so ist dies ein mühevoller Prozess mit geringem oder nur kurzfristigem Erfolg. Begibst du dich indessen mit deinem Bewusstsein in das immaterielle Feld, kannst du dich all der Schöpferkraft bedienen, die im Kosmos existiert. Deine Fähigkeit zu manifestieren entfaltet sich in ihrer kraftvollsten Melodie.

In eurer Kultur geht ihr davon aus, dass ihr inneres Glück erfahren könnt, wenn ihr im Außen bestimmte Umstände vorfindet. Bei diesem Gedanken vergesst ihr, dass ihr in einer Dualität lebt. Zum Gewinn gehört der Verlust, zur Fülle gehört der Mangel und zu all euren schönen Gefühlen erlebt ihr auch all die nicht so schönen Gefühle.

Wenn ihr euch auf die äußere Welt konzentriert, werdet ihr niemals einen dauerhaften Zustand von Glück erleben. All euer Glück wird wieder zerrinnen. Bis es sich erneut aufbaut, um wiederum zu zerbrechen.

Wahre Glückseligkeit könnt ihr nur im Innen erschaffen, indem ihr euch von all den äußeren Begebenheiten unabhängig macht und mit der Quelle verbindet.

Du sehnst dich nach einer vermeintlich einfacheren Lösung. Du überlegst, ob du im Außen nicht einfach irgendetwas verändern könntest, um dein Glück zu manifestieren. Du hast Ideen, um deinen Job, deinen Partner, deine Freunde, deinen Wohnort, deine Hobbys zu verändern. Deine Erfahrungen werden aber mit neuen Arbeitgebern, anderen Partnern, an anderen Orten mit anderen Freizeitbeschäftigungen ähnlich sein. Du wirst kein dauerhaftes Glück durch das Außen manifestieren können.

Sobald du deine Identifikation mit dem *Ich* und all seinen Emotionen, Erinnerungen und Gedanken aufgegeben hast, befreist du dich von deinen Abhängigkeiten und Anhaftungen. Du verlässt dann die Ebene der Vorhersehbarkeit. Deine Zukunft gestaltet sich nicht mehr aus deiner Vergangenheit. Deiner Zukunft stehen sämtliche Möglichkeiten, die allumfassend existieren, zur Verfügung.

Wenn dir deine Zukunft vorherbestimmt zu sein schien, weil du in deinem Leben bestimmte Erfahrungen gemacht hattest, die nur bestimmte Zukünfte zulassen, so ist dies nicht länger gültig. Unabhängig von deiner irdischen oder karmischen Geschichte bist du frei, sämtliche Zukünfte, die in ihrer Gesamtheit existieren, zu erleben.

Bisher befanden sich deine Gedanken und Emotionen in der Vergangenheit. Du bist heute der Mensch, den du in deiner Vergangenheit geformt hast. Deine Stimmung, dein Gefühl, dein Sein war abhängig von dem, was du in der Vergangenheit erlebt, gedacht oder gefühlt hast.

Deine Vergangenheit fand immer in einem Heute statt. Im Heute deiner Vergangenheit hast du deine Zukunft geschaffen. Deine Zukunft entsprach deinen Gedanken, Emotionen und Bewertungen. Weil diese jedoch in deiner Vergangenheit entstanden, war deine Zukunft von deiner Vergangenheit abhängig. Deine Geschichte bestimmte deine Zukunft. Die Möglichkeiten deiner Zukunft waren eingeschränkt durch deine Vergangenheit. Deine Zukunft war dadurch berechenbar und vorherzusehen. Deine Zukunft war unmittelbar abhängig von deiner Vergangenheit.

Du hattest deinen freien Willen nicht dafür benutzt, deine Zukunft zu verändern. Du hattest, wenn auch unbewusst, akzeptiert, dass deine Vergangenheit deine Zukunft bestimmte.

Doch nun spürst du, dass du die Macht hast, dieses scheinbare Gesetz von Vergangenheit und Zukunft zu durchbrechen. Du erkennst, dass du jede mögliche Zukunft erschaffen kannst, unabhängig davon, wer und wo du warst, welche Erfahrungen du gemacht, was du gedacht und gefühlt hast. Du weißt, dass du dein Leben dramatisch verändern und verbessern kannst. Dafür musst du weder deine Vergangenheit noch deine Geschichte verändern. Indem du deine Zukunft veränderst, veränderst du auch deine Vergangenheit.

Du ahnst, dass du alles sein und erschaffen kannst, was im *Möglichkeitenraum* existiert.

Du bist Schöpfer und bereit, deine Schöpferkraft vollkommen anzuerkennen und zu nutzen.

Wenn du jeden Tag die gleichen Emotionen hast, weil du jeden Tag das Gleiche tust und denkst, wenn du aus Gewohnheit fühlst und bewertest, kannst du keine neue Zukunft erschaffen. Eine neue Zukunft entsteht, wenn du anders handelst, anders denkst, fühlst und bewertest. Und zwar, bevor die Zukunft in Erscheinung getreten ist. Deine Zukunft ist nämlich nicht etwas, was einfach so über dich hereinbricht. Deine Zukunft ist genau das, was du verursachst. Mit deinem Sosein im Jetzt. Wenn du eine andere, neue Zukunft gestalten möchtest, die sich von deiner Gegenwart und Vergangenheit unterscheidet, musst du dein Sosein im gegenwärtigen Moment verändern.

Deine Zukunft ist genau das, was du *jetzt* bist. Die Veränderung beginnt folglich im gegenwärtigen Moment. Dein Jetzt entscheidet über deine Zukunft, und du entscheidest über dein Jetzt. Du entscheidest also über deine Zukunft. Deine Zukunft ist nicht das Große Unbekannte.

Deine Zukunft wird von dir entschieden.

Zwar kannst du nicht minutiös alle Details vorherbestimmen, doch kannst du die Energie, die Frequenz, die Schwingung deiner Zukunft festlegen, indem du jetzt so schwingst, wie deine Zukunft schwingen soll.

Zukunft ist kein Zufall. Zukunft ist gestaltbar.

Deine Gewohnheiten und Routinen zu verändern, zu durchbrechen kann unbequem sein. Und doch liegt hier das größte Potenzial, deine Zukunft bewusst positiv zu erschaffen. Dein Denken, Fühlen und Handeln macht deine Identität, dein Sosein aus. Dein Sosein gestaltet deine Zukunft. In dem Moment, in dem du dein Sosein aufgibst, indem du dein Denken, Fühlen und Handeln hinter dir lässt, trittst du ein in das Feld der Möglichkeiten, in das Feld, in dem alles, was möglich ist, existiert.

Du kannst dein Sosein für den Bruchteil einer Sekunde oder für einen längeren Zeitraum verlassen. Halte inne, werde still, werde langsam. Spüre die Stille hinter den Gedanken. Das kannst du im Alltag zu nahezu jeder erdenklichen Zeit und in nahezu jeder erdenklichen Situation machen. Halte für einen Moment inne, distanziere dich von dieser Zeit, diesem Ort, diesen Gedanken, diesen Umständen. Jedes Verlassen deines Soseins, und sei es nur für den Bruchteil einer Sekunde, bringt dich näher an das Feld der Möglichkeiten heran, es bringt dich tiefer in dieses Feld hinein, aus dem heraus du dann eine völlig neue Zukunft erschaffen kannst. Tauche ein in das Feld und werde auf wundervolle Weise vom Leben überrascht.

Es ist eine Zukunft, die dich überraschen wird. Möglichkeiten und Ereignisse werden dir zuteil, die du dir auf der limitierten Verstandesebene nicht auszudenken vermochtest. Das Eintauchen in das Feld der Möglichkeiten hat Wunder auf irdischer Ebene zur Folge.

Um das zu erkennen und solche Erfahrungen zu machen, bringen wir dich in die Heilungskammern, speisen andere Starseed-Intelligenzen euer Feld mit Informationen und diktieren wir dieses Buch. Trete ein in das Feld und werde auf wundervolle Weise vom Leben überrascht.

Wenn du vollständig im gegenwärtigen Moment verweilst, bist du augenblicklich in der Zeitlosigkeit. In diesem Moment bist du körperlos. Du bist reines Bewusstsein ohne Raum und Zeit. Je länger du in diesem Feld verweilst, desto intensiver wird deine Feld-Erfahrung, desto tiefer dringst du in das Feld aller Möglichkeiten ein und desto mehr Möglichkeiten erschaffst du für dein jetziges Leben.

Durch diese kurzen Momente, in denen du nach innen gehst, verbindest du dich automatisch mit dem *Möglichkeitenraum*. Dadurch erschaffst du ungeahnte neue Möglichkeiten und erleichterst dein irdisches Leben auf wundervolle Weise. Die Folge solcher Momente sind Wunder.

Alles, was du tun musst, ist, dich immer wieder mit dem Feld zu verbinden und dich zu erinnern.

Beim vollständigen Eintauchen in das Feld hast du keine Identität mehr. Du bist reines Gewahrsein, losgelöst von deinem Körper, deiner Familie, deinen Freunden, deiner Arbeitsstelle, deinen Sorgen, Hoffnungen, Wünschen, Erfahrungen, Gedanken und Gefühlen. Du bist reines Gewahrsein ohne Identität. Hier erschaffst du eine wundervolle Realität, ohne zu beeinflussen, wie diese sein sollte.

Das Feld wird aus dem *Möglichkeitenraum* das in dein Leben bringen, was deiner Schwingung entspricht. Sobald du dich in Stille mit dem Feld verbindest, harmonisch und positiv, entspricht dies einer hohen Schwingung. Sie wird dafür sorgen, dass dir im Leben Ereignisse präsentiert werden, die dieser Schwingung entsprechen. Wenn solche Ereignisse geschehen, sprecht ihr von Wundern.

Euer Streben nach persönlichem Glück ist oft zu einem Anspruch auf Glück geworden. Ihr vergesst, dass das menschliche Leben manchmal Leid mit sich bringt. Bevor ihr Großes manifestiert, müsst ihr akzeptieren, dass es Leid gibt, dass ihr Leid erfahrt und dass andere Leid erfahren. Ihr könnt nicht länger andere Menschen verurteilen für ihr Leid, denn ihr wisst nicht, welchen Weg sich ihre Seele für dieses Leben vorgenommen hat. Erst wenn ihr Leid vollständig akzeptiert, könnt ihr in den Zustand der vollkommenen Schöpferkraft gelangen.

Wenn es dir gelingt, dich immer wieder und immer mehr mit dem Alles-was-ist zu verbinden, eins mit ihm zu sein in voller Präsenz des Augenblicks, bist du verbunden mit dem Feld, von dem aus du alles manifestieren kannst. Hier kannst von einer höheren Ebene aus erschaffen. Du bist nicht länger gebunden an die Begrenzungen der Dualität. Wenn du mit dem Ego in der Dualität erschaffst, erschaffst du für alles Schöne das Unschöne dazu, für jede Fülle den Mangel.

Erschaffst du aus einem präsenten Bewusstseinszustand heraus, so erschaffst du das Schöne, das Passende, das Befriedigende, zu dem es kein Gegenteil gibt. Das, was du erschaffst, impliziert Alles-was-ist und ist auf allen Ebenen vollkommen. Du erschaffst das Vollkommene.

Wenn dir dies zum ersten Mal gelingt, wird dich diese Wahrheit durchdringen, du wirst die wahre Macht deiner Schöpferkraft erkennen und nie wieder von einer niedrigeren Ebene aus etwas erschaffen wollen. Du weißt, dass nur diese Schöpfungen wahrhaftig sind, dass nur sie zählen.

In eurem Alltag seid ihr einem Strom an Gedanken und Empfindungen ausgesetzt. Ihr seid gewohnt, auf all dies mit weiteren Gedanken und Empfindungen zu reagieren. Das ist die Ursache all euren Stresses und all eurer Unzufriedenheiten. Nichts anderes.

Wenn ihr immer mehr im Augenblick verweilt, lernt ihr, auf Gedanken nicht mit Gedanken zu reagieren. Ihr unterbrecht den Strom der Gedanken und Empfindungen. So schafft ihr Raum für die Magie der Schöpferkraft, für Intuition, für Ideen und für Lösungen. Wenn ihr aufhört, Gedanken auf Gedanken und Empfindungen auf Empfindungen folgen zu lassen, werdet ihr freier und glücklicher. Ihr seid durchlässiger und empfänglicher für Wunder. Wunder werden nicht erdacht. Wunder geschehen.

Wenn du versuchst, dich gegen Lebensumstände zu wehren oder dich vor ihnen zu schützen, wirst du Formen von

Unzufriedenheit, Überlastung, Sucht, Depression oder Unglück erschaffen. Der einzig wahre Weg aus den Umständen hinaus besteht darin, dich im jetzigen Moment mit der Unendlichkeit, dem Alles-was-ist, zu verbinden.

Die Unendlichkeit ist ein fortwährender Zyklus aus Erneuerung und Evolution. Die Schöpfung, von der ihr ein Teil seid, hat kein Ende. Sie schöpft aus sich selbst heraus. Ihr wachst und lernt, dehnt euch aus und kehrt zurück, um erneut auszuströmen und zu wachsen. Egal, in welcher Dimension ihr euch befindet, immer werdet ihr ein Teil der Schöpfung, die sich selbst erschafft, sein und bleiben.

Würdet ihr in dem Maß, wie ihr euch um euer äußeres Leben kümmert, eurem Bewusstsein Aufmerksamkeit schenken, so würdet ihr die Erfahrung machen, dass sich eure äußere Welt mit Leichtigkeit verändern lässt.

Das bedeutet nicht, dass ihr aufhören sollt, im Außen zu handeln. Wir wissen, dass ihr in Gegebenheiten lebt, die äußere Handlungen erfordern.

Ihr werdet erleben, dass je häufiger ihr euch eures Gewahrseins im jetzigen Augenblick bewusst werdet, euer Leben an Leichtigkeit, Helligkeit und Freude gewinnt.

Wir beobachten dies und freuen uns mit euch. Ihr steht am Anfang einer wundervollen Entwicklung.

In diesem Zustand, wenn ihr des Bewusstseins im jetzigen Moment gewahr werdet, seid ihr mit der Urquelle alles Schöpferischen verbunden. Ihr seid dann verbunden mit dem unendlichen Strom an Ideen, Einfällen, Lösungen, Erkenntnissen und eurer Intuition.

Du hast bereits Situationen erlebt, in denen du wusstest, was ein anderer dich fragen, um was er dich bitten oder was er dir erzählen wird. Ebenso hast du Situationen erlebt, in denen du wusstest, was als Nächstes geschieht. Dies alles war nur deshalb möglich, weil du mit dem höheren Bewusstsein verbunden warst.

Es bedarf keines anstrengenden Denkprozesses, um Lösungen für eure Alltagsprobleme und Lebenssituationen zu finden. Mit eurem rationalen Verstand bleibt ihr hinsichtlich eurer Lösungsansätze auf einer Ebene, welche die Harmonie und Weisheit der gesamten Schöpfung ausschließt. Wenn ihr verbunden seid mit Allem-was-ist, habt ihr Zugriff auf die Magie allumfassender Lösungen. Dafür benötigt ihr euren Verstand nicht. Es ist sogar von Vorteil, wenn es euch gelingt, euren Verstand sowie all eure Ängste und Sorgen abzulegen.

Aber wenn ihr mit dem Gedanken in die Stille geht, dass dadurch eine Lösung erscheint, seid ihr noch zu stark an Erwartungen gebunden. Zwar können auch aus dieser Stille Lösungen hervortreten, doch wenn es euch gelingt, euch dem jetzigen Moment hinzugeben ohne jegliche Absichten, so wird euch die Quelle noch universeller durchströmen.

Wir wissen, dass ihr nicht immer Zeit und Gelegenheit dazu habt, euch gänzlich in Stille zu begeben. Es genügen kleine Momente, die ihr in euren Alltag einfließen lasst. Ihr müsst nicht stundenlang stillsitzen und meditieren. Schafft euch Rituale, bei denen ihr ganz im Moment sein könnt. *Vielleicht gelingt es dir, jedes Mal, wenn du durch eine Tür hindurchgehst, gewahr zu sein. Vielleicht erinnerst du dich jedes Mal, wenn dein Telefon klingelt oder du vor einer roten Ampel stehst, an dein Bewusstsein. Überlege dir, welche Situationen du im Alltag häufig erlebst und als Ritual für dein Gewahrsein nutzen kannst.*

Durch deine Aufmerksamkeit auf den jetzigen Moment holst du die Freiheit der Seele in dein jetziges Leben. Je häufiger du dich in diesem lichtvollen Feld der Liebe aufhältst, desto weniger wirst du bestrebt sein, deine Zukunft verändern zu wollen. Vielmehr willst du dieses Feld, diese Dimensionen, um ihrer selbst willen berühren. Du spürst deine Verbundenheit mit diesem Feld, mit dem All-Eins-Sein, mit Allem-was-ist. Eine Ruhe, ein Ankommen, ein Friede, eine Liebe werden dir gewahr, derer du dir zuvor nicht bewusst warst. Und dann, wenn du dieses Feld um seiner selbst willen betrittst, und nicht um deine Zukunft zu gestalten, wird sich deine Zukunft dramatisch positiv verändern.

In diesem Moment wirst du Segen empfangen, den du nicht mehr anstrebtest, weil du entdeckt hattest, dass die Erfüllungen der äußeren Welt dich niemals so tief würden berühren und erfüllen können wie der Zustand des reinen Bewusstseins im Feld aller Möglichkeiten.

Intuitiv weißt du, dass du mit allem verbunden bist. Wenn du vollständig mit dem gegenwärtigen Moment verbunden bist, bist du auch mit allen Möglichkeiten, die es im gesamten Feld gibt, verbunden. Keine Möglichkeit ist dir ferner oder näher. Du bist mit jeder einzelnen Möglichkeit gleichermaßen verbunden. Du bist mit der Möglichkeit, obdachlos zu sein, genauso verbunden wie mit der Möglichkeit, Milliardär zu sein. Ohne deine Geschichte, deine Gedanken und Bewertungen tauchst du unmittelbar ein in das Feld aller existierenden Möglichkeiten. Mehr noch: Du *bist* das Feld der Möglichkeiten. Je länger und je häufiger du im Zustand vollkommenen Seins verweilst, desto mehr Möglichkeiten zeigen sich in deinem irdischen Leben.

Wenn du mit allen Möglichkeiten verbunden bist, ist es nicht mehr notwendig, diese eine Möglichkeit aus dem Feld zu ziehen und sie für dich erlebbar zu machen. Du erlebst sie bereits im reinen Bewusstsein.

Diese Möglichkeit existiert dann genauso wie alle anderen Möglichkeiten. Sie existiert nur deshalb, weil alle anderen Möglichkeiten ebenso existieren.

Deshalb kannst du im Zustand der Erleuchtung niemals bestimmte Möglichkeiten verurteilen. Du weißt, dass all das existieren muss. Wenn du vollkommen in dieses Feld eintauchst, bist du so sehr mit allen Möglichkeiten gleichermaßen verbunden, dass du ohne dein egoistisches Wunsch- und Manifestationsstreben unwillkürlich die deiner hohen Schwingung entsprechenden Möglichkeiten in dein irdisches Leben ziehst.

Dies nennt ihr dann Wunder. Doch ist es nur eine logische Folge eures Bewusstseinszustandes. Ihr seid dann in der Lage, schönere und passendere Umstände für euer irdisches Sein zu erschaffen, indem ihr euch mit dem Feld verbindet. Solche Manifestationen sind umfassender als die Ergebnisse, die ihr durch wunschbasierte Manifestationstechniken zu erschaffen vermögt. Und doch sind all eure Techniken der Wunscherfüllung wichtige Schritte, um in die Schöpferkraft und das Feld der Möglichkeiten zu gelangen.

Je mehr ihr euer Verhalten, eure Gedanken und eure Gefühle mit Achtsamkeit beobachtet, desto mehr werdet ihr feststellen, dass ihr niemals nur traurig oder nur glücklich seid. Ihr werdet bemerken, dass in eurer Trauer ebenso ein glückseliger Funke wohnt, dass in all eurer Freude auch eine tiefe Trauer verborgen ist. Zu jeder Zeit.

Ihr erkennt, dass ihr euch, solange ihr all euren Gefühlen und Gedanken Bezeichnungen gebt, von den unmittelbaren Erfahrungen trennt. Gebt ihr euch den unmittelbaren Empfindungen des Augenblicks hin, so werdet ihr in jedem Gefühl eine Universalität entdecken, die jeder Trauer den Schmerz und jeder Freude das Überschwängliche nimmt. Ihr tretet ein in eine unmittelbare Erfahrung, die so tiefgreifend ist, dass ihr zu diesem Gefühl, dieser Erfahrung werdet. Hier fühlt ihr eine Loslösung der Form. Ihr verschmelzt mit Allem-was-ist, mit der Leere und der Form gleichermaßen, bis auch dieser Moment vergeht und ihr wieder gänzlich in die materielle Dimension eintaucht. Und doch bleibt eine Erinnerung.

Geschieht diese Verschmelzung dauerhaft, ist die Welt der Form wie Wachs in deinen Händen. Es gibt nichts, was du nicht augenblicklich erschaffen oder verändern könntest. Und doch hast du kein selbstbezogenes, egoistisches Interesse mehr an solchen Veränderungen. Du fließt durch Raum und Zeit und veränderst – wie du es vielleicht aus luziden Träumen kennst – alles, was dir begegnet. Du erkennst, dass alles im Außen von dir erschaffen wurde, und somit kannst du es auch verändern oder verschwinden lassen.

In der Welt der Begriffe seid ihr statischen Vorstellungen verhaftet. Sie sind nicht veränderbar. Dinge, Menschen und Gefühle erfahrt ihr jedoch in ihrer Vollkommenheit, wenn ihr wahrnehmt, was sie wirklich sind. Wenn ihr deren unablässige Veränderung erkennt, spürt ihr die Freiheit, die auch euch innewohnt. Im Erkennen der flüchtigen Ist-Zustände erfahrt ihr eure eigene Freiheit.

Als Mensch lebt ihr in einer Welt von Begriffen. Lasst euch von der Oberflächlichkeit dieser Bezeichnungen nicht täuschen. Jenseits all der Namen existiert eine andere Wahrheit, die ihr in ihrer Vollkommenheit im Fluss des Wandels erfahren könnt. Mit euren Begriffen bezeichnet ihr ebenso euer vermeintliches Eigentum. Ihr erhebt Anspruch auf bestimmte Gebäude, Ländereien, Menschen und Tiere. Je mehr ihr besitzt, desto mehr von euch ist jedoch auch besetzt. Freut euch über die Anwesenheit von Gegenständen und Lebewesen, doch lasst sie in Freiheit weiterziehen, wenn dies der Fluss des Lebens gebietet.

Wie könntet ihr sonst wahre Freiheit erleben? Ihr klammert euch an Geld und Zeit, und doch sind auch dies nur Konstrukte und Konzepte, mit denen ihr versucht, euer Leben zu kontrollieren. In Wahrheit verfügt ihr über einen immensen Wert und habt Zugang zur Ewigkeit. Je mehr ihr euch auf eure Sinneserfahrungen einlasst, desto stärker spürt ihr, dass eure Ängste und Sorgen lediglich Geschichten sind, die in der Ewigkeit keinerlei Bedeutung haben.

In Wahrheit gibt es nichts zu befürchten.

Ihr seid an eure begrenzte Persönlichkeit so sehr gewöhnt, dass ihr euch kaum vorzustellen vermögt, wie sehr ihr in der Lage seid, Großes zu vollbringen und Großes zu sein.

Es gibt keinen wahren Unterschied zwischen euren weltlichen und euren spirituellen Problemen. All eure vermeintlichen Probleme sind Formen des Leids. Ihr leidet unter euren Ängsten, Finanzen, Krankheiten, Mitmenschen, eurer Vergangenheit und euren Sorgen um eure Zukunft.

Solange ihr unbewusst seid, versucht ihr, eure Probleme in der äußeren Welt zu lösen. Sobald ihr bewusst werdet, probiert ihr, Heilung auf spirituellen Ebenen zu erwirken. Und doch leidet und strebt ihr alle nach dem Gleichen. Ihr seid alle bestrebt, ein Leben in Liebe zu erleben. Selbst diejenigen von euch, die es verneinen, tun dies. Ihr habt euch so sehr von der Liebe distanziert, dass ihr glaubt, sie nicht nötig zu haben und sehr gut ohne Liebe zurechtzukommen.

Ihr habt noch nicht erkannt, dass ihr ein Leben in Liebe nur zu erfahren vermögt, wenn ihr die Umstände vergesst und euch voll und ganz dem jetzigen Augenblick hingebt. *Hier liegt das größte Potenzial der Heilung all eurer Probleme.*

Im Jetzt existiert kein Problem.

Indem du dir dessen gewahr wirst, erkennst du, dass es immer nur das Jetzt ohne dieses Problem gibt. Je mehr du im Jetzt verweilen kannst, desto mehr werden all deine Probleme auch im Außen verschwinden.

Egal, was dir im Außen begegnet, du wirst in der Lage sein, inmitten all dessen frei zu sein.

All die schweren Zeiten in all deinen Inkarnationen haben dazu gedient, deine wahre Natur, den edlen Kern, freizulegen und dein Bewusstsein zu schärfen.

Dadurch wirst du dir deiner wahren Größe bewusst. All dein Glaube an deine Begrenzungen wird aus den Angeln gehoben, und es entsteht in dir eine neue Art von Würde. Mit diesem neuen Gefühl zu dir selbst erschaffst du wundersame Möglichkeiten und Ereignisse, die dein Leben buchstäblich abheben lassen.

Je bewusster ihr werdet, desto astraler werden eure Augen. Mit euren Astralaugen nehmt ihr wahr, dass das, was ihr als gegeben dachtet, durch eure Gedanken- und Gefühlskraft veränderbar ist. Ihr versteht, dass die Welt nur eine riesige Projektion ist. Wenn ihr dies verinnerlicht habt, hört ihr auf, die Projektionen verändern zu wollen. Ihr beginnt, das, was projiziert wird, euer Innen, zu verändern. Solche Veränderungen bilden unmittelbar andere Projektionen. Ihr habt euch an eure Macht, die Welt im Außen durch euer Innen zu verändern, erinnert.

Euer Bewusstsein steht in Anbindung an das universelle Bewusstsein, durch das ihr mit allem verbunden seid. An diesem Ort seid ihr von eurer Vergangenheit genauso weit entfernt wie von eurer Zukunft, von einem vergangenen Leben so weit wie von einem zukünftigen, vom eigenen Leben so weit wie von jedem anderen, von der Materie so weit wie vom Nichts.

In diesem Bewusstsein kannst du alles erschaffen. Dieser Ort ist frei von Ego. Hier hast du keine Erwartungen, kein Wollen. Du bist einverstanden mit Allem-was-ist, Allem-was-war und Allem-was-jemals-sein-wird. Deshalb wohnt diesem Ort die Schöpferkraft inne.

Du brauchst noch nicht einmal denken. Alles wird sich in deinem Leben ereignen, wie es für dich wundervoll passend sein wird. Du kannst deinen Willen, dein Ego und all deine Meinungen loslassen. Begib dich in diesen Zustand, und dein Leben wird dir vorkommen wie das schönste Märchen, das je geschrieben wurde. Hier erfährst du Einsicht in alle Seiten eines Problems, auf dass es sich so lösen wird, dass nur Gutes daraus entstehen kann.

Wir wissen, dass wir uns manchmal zu widersprechen scheinen. Euer Geist nimmt es so auf. Wir sind multidimensional, wir sehen alles aus unzähligen Perspektiven zugleich. Wenn es euch so erscheint, als widersprächen wir uns, zeigt das: Ihr seht es. Ihr seid auf dem Weg. Und ihr könnt die Entwicklung auf der Erde beeinflussen. Jeder von euch ist dazu fähig. Euer Bewusstsein verändert die Gesamtschwingung.

Jeder Einzelne von euch hat die gleichen Anlagen, wie Jesus sie hatte. Das ist kein Geheimnis, nicht für eure Erleuchteten und nicht für uns. Wir unterstützen euch dabei, diese Fähigkeiten in euch selbst wiederzuentdecken.

Ein anderer Grund, warum wir uns vermeintlich widersprechen, ist der, dass Wahrheit in der Dualität nicht mitgeteilt werden kann. Wir bedienen uns jeweils der Erklärungen, die ihr am einfachsten verstehen könnt, wohl wissend, dass sie andere Erklärungen durchkreuzen.

Außerhalb von Dualität und Zeit versteht ihr die Wahrheit unmittelbar. Unsere Erklärungen in Texten können diese Wahrheit nicht vollständig darstellen.

Und noch etwas: Wenn du weißt, dass alles, was du im Außen erlebst, eine Projektion deines Innen ist, wenn du aufhörst, in Opfer und Täter zu unterteilen, wird dich niemand mehr so behandeln wie zuvor. Das befreit nicht nur deine eigene Seele. Dieser Wandel, diese Transformation, geschieht auch in all den Menschen, die dich umgeben. Entweder transformiert sich dein Umfeld, oder die Menschen werden nicht mehr Teil deines Lebens sein.

Doch je klarer du im reinen Bewusstsein handelst, desto glücklicher wirst du werden. Klar bist du, wenn du all deine Gefühle und Gedanken erkennst. Klarheit bedeutet nicht, all diese Emotionen nicht mehr zu haben. Klarheit bedeutet, dir all deiner Regungen bewusst zu sein und diese lediglich als Reaktionen wahrzunehmen. Du nimmst wahr, dass du selbst all diese Gedanken und Gefühle erzeugst.

Nicht das Außen macht deine Gefühle und Gedanken. Deine Gedanken und Gefühle erzeugst du durch deine Reaktion auf die Geschehnisse, durch deine Re-Aktionen.

Wenn du dies voll akzeptieren kannst, wirst du deine Emotionen wahrnehmen wie ein Besucher. Dir ist vollkommen klar, dass du ebenso anders oder gar nicht auf die gleiche Sache reagieren kannst und dass du ebenso anders oder gar nicht darüber denken kannst. Dies ist der Moment, in der deine Klarheit in absolute Freiheit übergeht. Du kannst denken und fühlen, was du willst.

Lässt du dich hingegen von deinen Reaktionen auf die Ereignisse leiten, tauscht du dein erhabenes Gefühl von Glück gegen das niedere Gefühl von Leid ein.

Du kannst das steuern.

Bist du dir dessen in vollem Umfang bewusst?

In deiner Stille ist es nicht erforderlich, dein Denken, Fühlen und Glauben zu modifizieren. In diesen Momenten transformierst du automatisch, ohne eine bestimmte Anstrengung. Dies ist der Königsweg und zugleich eine Abkürzung.

Wir verstehen, dass manche Geschehnisse, wie beispielsweise der Verlust eines geliebten Menschen, Trauergefühle hervorbringen. Doch selbst in deiner Trauer kannst du dich mit dem reinen Bewusstsein verbinden.

Dies alles ist ein Prozess. Verlange nicht von dir, alle irdischen Anhaftungen an euer Drama umgehend loszuwerden. Sei gnädig mit dir. Es wird dir zunehmend besser gelingen. Auch werden Zeiten kommen, in denen es dir wieder weniger gelingen wird. Bis du dich erinnerst.

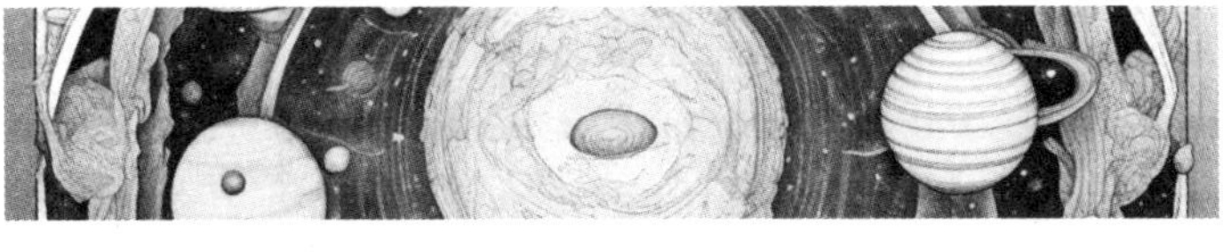

Reine Liebe

So wie wir euren individuellen Bewusstseinsstand, eure Handlungen und Gedanken respektieren, seid auch ihr aufgerufen, den Taten, Gedanken und dem Grad des Bewusstseins eures Gegenübers mit Respekt zu begegnen und euch nicht einzumischen. Sich einzumischen bedeutet auch, anderen zu helfen, die nicht um Hilfe bitten, Empfehlungen auszusprechen, wenn niemand darum ersucht hat, oder zu glauben, was für einen anderen gut wäre. Natürlich müsst ihr euch als Eltern um eure kleinen Kinder kümmern, und doch gilt selbst hier, dass ihr die Lebensentscheidungen eurer Kinder akzeptieren solltet. Je mehr ihr euch in das Leben anderer einmischt, desto mehr Menschen werden sich auch in euer Leben einmischen.

Ihr könnt nicht wissen, welche Erfahrung für eine andere Seele gerade am besten ist. Ihr könnt zumeist nicht einmal erkennen, was für euch selbst am besten ist. Ihr seid dazu in der Regel einfach nicht klar genug, weder im Denken noch im Handeln. Aber das ist nicht weiter schlimm, es gehört nämlich zu eurem Erwachen. Wir machen dich dennoch darauf aufmerksam, damit du dir nicht länger anmaßt zu wissen, was für einen anderen gut oder schlecht ist.

Reine bedingungslose Liebe ist frei von dem Glauben, dass irgendetwas, was jemand tut oder nicht tut, nicht richtig für ihn sein könnte. Wenn ihr diese Liebe auf alles, was in der

Welt existiert, übertragt, werdet ihr getragen sein von der Liebe des Universums. Vielleicht gelingt es dir in manchen Augenblicken, dich an diese Liebe zu erinnern.

Reine Liebe ist nichts, was dir aus Gnade zuteil wird. Reine Liebe erfährst du, wenn du Alles-was-ist mit wahrhaftiger Liebe betrachtest.

Und dies ist der höchste Akt der Gnade.

Alles mit Liebe zu betrachten bedeutet nicht, dass du untätig bist. Du weißt dann aber aus deiner vollen Klarheit heraus, was du im Einklang mit der Liebe, die Alles ist, zu tun hast. Liebe und Klarheit sind eins.

Es gelingt dir, das Außen nicht mehr als Bedingung, sondern als Illusion zu verstehen. Diese Erkenntnis kann zu Verwirrung führen. Wer bist du, wenn das Außen nicht mehr fix ist? Fühlst du eine Leere? Weißt du noch, wer du bist? Bist du überhaupt jemand? Fühlst du Unsicherheit? Um all dieser Leere im Außen zu entgehen, ziehen sich einige von euch aus der Außenwelt zurück und grenzen sich ab. Dadurch fühlen sie sich wieder sicher. Doch je stärker ihr euch von anderen abgrenzt, desto manifester wird euer Ego. Die meisten von euch wechseln mit ihrem Gewahrsein zwischen Erkenntnis und Ignoranz. Solange, bis ihr die universelle Wahrheit als gegeben anerkennt.

Je sicherer du dich fühlst, je mehr Grenzen und Mauern du um dich herum geschaffen hast, desto stärker können dich die Ereignisse des Lebens treffen. Bau deine Sicherheit im Innen auf. Finde etwas in dir, das sich durch äußere Umstände nicht beeinflussen lässt. Fühle, dass du mit jedem Geschöpf verbunden bist, und erinnere dich an deine wahre Heimat. Dies ist deine wahre Sicherheit.

Um deine Verbundenheit mit Allem zu demonstrieren, übe dich in Selbstliebe, sorge als Erstes für dich. Indem du für den Teil der Schöpfung, der du bist, gut sorgst, sorgst du unwillkürlich für das Wohl aller.

Sorge für dich, als wärst du der Mensch, den du am meisten liebst. Erfülle dir deine Wünsche, achte auf deine Befindlichkeiten und setze deinem Übermaß Grenzen. Diszipliniere und belohne dich. Behandle dich selbst so, als seist du ein Kind, um das du dich in Liebe kümmerst, ohne dabei anderen Leid zuzuführen.

Als Kind seid ihr meistens umsorgt. Jemand kümmert sich um euch, nimmt euch in den Arm, tröstet euch. Irgendwann im Leben hört das auf. Bei wenigen von euch hat es diese Fürsorge in diesem Leben nicht gegeben. Viele von euch haben sie nur teilweise erlebt. Dennoch wurdet ihr hinreichend versorgt, so dass ihr überleben konntet.

Nun seid ihr erwachsen und stellt schmerzvoll fest, dass sich niemand für euer Wohlergehen verantwortlich fühlt. Solange ihr alles darum gebt, dass jemand im Außen eure inneren Wunden heilt, euch umsorgt und umhegt, werdet ihr früher oder später die Erfahrung machen, dass dies niemand hinreichend erfüllen wird.

In jedem Leben kommt der Zeitpunkt, an dem ihr feststellt, dass ihr euch von den Zuneigungen und Anerkennungen im Außen abhängig gemacht habt. Ihr lechzt nach Liebe, die euch im Außen geschenkt wird. Und so macht ihr euch zum Spielball anderer. Ihr tut nahezu alles, um geliebt zu werden. Und doch ist die Liebe, die ihr erhaltet, niemals so bedingungslos, dass sie eure Sehnsucht vollständig befriedigen könnte. Wenn ihr eine wundervolle menschliche Liebe erfahren habt, so werdet ihr erleben, dass auch diese sich auflöst, sei es durch Tod oder Trennung. Jede äußere Form löst sich irgendwann auf. Jede Blase zerplatzt irgendwann.

Wenn du dauerhaftes Glück empfinden möchtest, musst du Alles-was-ist auch wieder gehen lassen. Jede Anhaftung führt zu Leid, wenn die Formen und Manifestationen dich wieder verlassen. Folge dem Fluss. Akzeptiere, was ist. Manifestiere, was deine Seele jubeln lässt. Sei nichts und niemandem verhaftet und lasse nichts an dir haften.

Die Ur-Seele weiß, welche Bürde es ist, als inkarniertes Wesen die Verbundenheit mit ihr vergessen zu haben. Und doch liebt sie dich so sehr, wie du noch niemals von einem Menschen geliebt werden konntest. Diese Liebe ist so unermesslich groß, dass ihr, würdet ihr sie auch nur für eine Sekunde spüren können, nie wieder auch nur für einen Moment an der Schöpfung oder an euch selbst zweifeln könntet.

Es gibt Wesen in höheren Dimensionen, die du schon seit Anbeginn des Seins kennst und liebst. In deiner jetzigen Inkarnation hast du diese Wesen und deine Verbindung zu ihnen vergessen. Weder weißt du, dass du auf einer so tiefen und weiten Ebene lieben kannst, noch vermagst du dir vorzustellen, dass du auf so wahrhaftige Weise geliebt wirst.

Wärst du dir dieser Liebe auch nur für eine einzige Sekunde gewahr, würdest du bis zu deinem Lebensende nie wieder auf den Gedanken kommen, du könntest in irgendeiner Form unzureichend sein. Du würdest deine Vollkommenheit unmittelbar erkennen und sie fortan in allem und jedem sehen, das und der dir begegnet. Du wärst einverstanden mit allem, was dir widerfährt, und nicht mehr fähig, irgendeine irdische Form von Unglück zu empfinden.

Du sehnst dich nach der bedingungslosen Liebe und der Verbundenheit mit der Ur-Seele. Du spürst, dass es eine Liebe gibt, die so rein und bedingungslos ist, wie du sie hier auf der Erde weder geben noch empfangen kannst.

Diese Sehnsucht macht dich zuweilen traurig. Mitunter empfindest du Frust, weil du weißt, dass du diese Liebe in diesem Leben nicht vollständig erfahren wirst. Dieses Bedürfnis macht dich gleichermaßen glücklich, weil du weißt, dass du in diese Liebe zurückkehren wirst.

Manchmal jedoch empfindest du dein irdisches Leben wie einen Wartesaal. Du sitzt die Zeit ab und hoffst, dass du von all den irdischen Belanglosigkeiten und Ärgernissen bald befreit wirst. Wir verstehen dich sehr gut. Auch wir können uns an solche Leben erinnern. Wir haben großes Mitgefühl.

Dennoch wirst du hier als Mensch lieben und geliebt werden. Du wirst Schmerz empfinden, enttäuscht und verlassen werden und selbst enttäuschen und verlassen. Auch Tod ist ein Verlassen. Für den Moment. Seelen, von denen ihr euch im irdischen Leben trennt, werden euch in anderen Dimensionen oder Leben wieder begegnen. Es gibt keine ewige Trennung. Die Liebe, die dich erwartet, ist von so unermesslicher Schönheit und Bedingungslosigkeit, dass du geneigt bist, mit der Liebe auf der Erde abzuschließen und dich von ihr abzuwenden. Und doch ermuntern wir dich, die Liebe in den Menschen zu sehen. Erkenne die Liebe in dir, verschenke Liebe. Lasse dich vollkommen auf die Liebe ein, wenn du kannst. Oder wende dich von ihr ab. Du hast den freien Willen.

Das Leben als Mensch ist nicht als Vollkommenheit gedacht. Und doch ist es vollkommen. Vollkommen mit all seinen Entbehrungen, Schmerzen und mit all seinem

Leid. Sobald du diese Vollkommenheit erkennen und spüren kannst, transformiert sich dein Leid. Du hebst empor, du schwingst höher und höher, du näherst dich der Liebe, die rein und bedingungslos ist.

Du wirst geliebt. Bedingungslos. Nur ist dir dies meist verborgen. Du kannst nicht sehen, wie Gott dich mit Liebe überschüttet. Du konzentrierst dich auf das, was du mit anderen Menschen erlebst und was du über dich selbst denkst. Und doch bist du unendlich geliebt. Schwinge dich ein auf das Om des Universums, auf die Liebe, die alles umfasst. Die Liebe, die dich durchdringt wie die Frühlingssonne.

Ein weiterer Grund für dein Dich-allein-fühlen ist, dass du vergessen hast, dass du neben deiner irdischen Familie noch eine geistig-spirituelle Familie hast. Es gibt eine Handvoll vor Liebe strahlender Wesen, die dich beobachten, über dich wachen, dich leiten und dir zur Seite stehen. Zu keiner Zeit bist du ohne geistigen Schutz. Du bist immerwährend geborgen in kosmischer Liebe. Jeder Mensch hat neben einer kollektiven kosmischen Unterstützung auch individuelle Seelenhelfer. Du bist umgeben von Starseed-Intelligenzen und Sternenseelen, die nur für dich da sind. Kannst du es manchmal spüren?

Ihr kennt vielleicht Berichte von Menschen, die ihre Nahtoderlebnisse beschreiben. Sie berichten von einem Licht, das sie als reine Liebe wahrnahmen.

Das Universum ist voller Güte, Fülle, Frieden und Liebe. In jedem Moment, zu allen Zeiten, seid ihr fähig, euch bewusst mit diesen Kräften zu verbinden. Bis ihr in anderen Dimensionen erst gar nicht mehr intentional eine Verbindung herstellen müsst. Ihr seid und bleibt dann immer verbunden mit der allumfassenden Liebe des Kosmos.

Universelle Wahrheit

Aus Unwissenheit habt ihr Mangel auf vielfältige Weise erschaffen. Ihr empfindet Mangel an Liebe, Geld, Gesundheit, Sicherheit und Freiheit. Kein Lebensbereich existiert, für den ihr nicht auch Mangel erschaffen habt.

Zwar lebt nicht jeder von euch in jedem Bereich in Mangel, doch ist der Mangel in eurem Leben allgegenwärtig. Dies sind die Konditionen der Dualität, die ihr beim Eintritt in höhere Dimensionen verlassen werdet.

Der Irrtum, dem ihr aus Unwissenheit unterliegt, besteht darin, dass im Universum keinerlei Mangel existiert. Mangel ist ein von Menschen erschaffener Zustand, der reine Illusion ist. Er spiegelt die Vorstellung des Egos, dass die Formen starr und unveränderbar sind. Sobald ihr euer Ego loslasst und die Frequenzen anderer Dimensionen betretet, verschwindet der Mangel. Mangel ist eine Illusion, die ihr mit vielen Menschen teilt.

Ihr seid nicht euer Ego. Das Ego hat Ziele, die nicht mit dem Seelenplan übereinstimmen. Mit dem Lebensplan können die Ziele des Ego jedoch in Einklang sein. Jede Seele hat Inkarnationen, in denen sie egoistische Ziele verfolgt. Der Lebensplan ist der Plan, den die Seele sich für eine Inkarnation vornimmt. Dies kann das Ausleben von Egoismus bedeuten. Der Seelenplan bezieht sich auf die

Entwicklung der Seele durch all ihre Leben und impliziert auch Inkarnationen in der Dualität. Für den Seelenplan ist es jedoch egal, welche Erfahrungen eine Seele in der physischen Welt macht. Das Erleben von Mangel kann durchaus zum Lebensplan einer Seele gehören, ebenso wie das Beenden des Mangels.

In Wahrheit kann nichts verschwinden oder fehlen. Das Universum wandelt um und transformiert, Formen verändern sich. Doch niemals existiert irgendeine Form des Mangels. An Mangel zu glauben bedeutet, dem Ego und der Angst zu vertrauen.

Ihr glaubt, dass eure Augen dazu geschaffen sind, eure physische Umgebung wahrzunehmen. Doch könnt ihr mit euren Augen nur sehen, was ihr von der Welt glaubt. Es sind nicht die Augen, die sehen. Eure Augen liefern euch die Bilder, die ihr erschafft. Deshalb kann es auf den niederen Ebenen keine Wahrheit geben, die von allen gleich empfunden wird. Ein jeder sieht die Welt so, wie er sie aus seinem Innen heraus projiziert.

Je stärker du dich auf dich selbst konzentrierst in all deinen Rollen und Identifizierungen, desto starrer, unflexibler und problematischer sind deine Erfahrungen im Außen.

So lange du glaubst, dass du dein Körper, deine Gedanken oder deine Emotionen, deine Erinnerungen, deine Besitztümer, Errungenschaften und Rollen bist, bist du getrennt vom reinen Gewahrsein. Mit jeder Identifikation schneidest du dich ab vom reinen Bewusstsein.

Es ist, als wolltest du das große Ganze nicht sehen, als hieltest du ein kleines Bisschen der Schöpfung, ein My davon, für wahr und alles andere für nicht wahr.

In deinen Rollen und Identifizierungen bist du festgelegt auf das, was im Außen gut und schlecht ist. In deiner Rolle vergleichst du dich mit anderen und urteilst über sie. Ihr spielt diese Rollen dermaßen perfekt, dass ihr nicht mehr bemerkt, dass es Rollen sind. Ihr urteilt und wertet über Menschen, je nachdem, ob eure Rolle als wertvoller oder wertloser angesehen wird. Eure Identifizierungen machen euch blind für die Empfindungen anderer, die ebenfalls gefangen in ihren Rollen sind. Euer Urteil trennt euch von unmittelbaren Erfahrungen.

Mit jeder neuen irdischen Erfahrung, mit jeder neuen Identifikation, mit jedem »ich« oder »mein«, formt sich euer Ego. Mit jeder Rolle, die ihr einnehmt, mit jeder Reaktion auf Wertung oder Kritik verstärkt ihr diese Erfahrung.

Mit deiner Präsenz in jedem Augenblick verlierst du deine Rollen und Identifizierungen. Auch wirst du andere nicht mehr in ihrer Rolle wahrnehmen. Du erfährst jedes Wesen als Teil des gesamten Seins und vermagst nicht mehr über andere zu urteilen. All diese Rollen und Identifizierungen erscheinen dir auf einmal künstlich, abstrakt und weit entfernt von der universellen Wahrheit.

Aus dieser Erkenntnis heraus handelst du in Gewahrsein. Jeder, dem du in diesem Bewusstsein begegnest, verliert seine Anhaftung an seine Rollen und Identifizierungen. Er fühlt in Gegenwart deines Gewahrseins seine eigene Verbundenheit mit Allem-was-ist. Er ist in diesem Augenblick frei von all seinen Identifizierungen, und in ihm keimt eine Ahnung, dass etwas existiert, was jenseits seiner Rollen besteht.

In diesem Menschen entsteht dann die Sehnsucht, die Wahrheit, die hinter all seinen Rollen verborgen ist, erfahren zu dürfen. Auf seinem Weg, diese Sehnsucht zu stillen, wird auch er all seine Rollen ablegen. Dies geschieht zunächst in Momenten. Je häufiger er das reine Gewahrsein fühlt, desto freier und klarer wird er seine Rollen ausfüllen, um sie später gänzlich abzulegen. Dadurch wird auch er zu einer Inspiration für andere. Und so geht es immer weiter.

Je weniger ihr an eure Rollen gebunden seid, desto freier und glücklicher werdet ihr sein. Die Freiheit ist Teil des Glücks, das ihr so lange im Außen gesucht habt.

Wenn du deine Anhaftung an deine Rollen aufgibst, erkennst du, dass die Geschichte, die du dir über dein Leben erzählst, möglicherweise gar nicht so war, wie du es stets angenommen hattest. Aus einer bestimmten Rolle heraus scheint dein Leben genau so gewesen zu sein.

Doch wenn du diese Rolle aufgibst und dein Leben von einer anderen Perspektive aus betrachtest, erkennst du, dass du dein Leben gänzlich anders beurteilen würdest, hättest du andere Identifikationen gewählt.

Die Qualität deines Lebens hängt von der Qualität dessen ab, was du dir über dein Leben erzählst. Wenn du dich mit der universellen Wahrheit verbindest, magst du nicht länger in der Starrheit deiner Rollen verharren. Du entscheidest dich für die Wahrheit, die hinter all euren Identifikationen liegt.

Die universelle Wahrheit unterliegt keinem Wandel. Sie umfasst Alles-was-ist und ist nicht heute so und morgen anders. Sie ist zu jeder Zeit alles und zu jeder Zeit nichts. Wenn du mit der universellen Wahrheit verbunden bist, erlebst du all diese Zustände gleichzeitig und erfährst sie als Einheit. Fällst du aus diesem Gewahrsein heraus, sind deine Empfindungen wieder getrennt. Dann bewertest und unterteilst du erneut. Das ist die Ursache für dein Leid.

Ihr grenzt euch voneinander ab und unterscheidet zwischen männlich und weiblich, zwischen heller und dunkler Haut, zwischen Religionen, Reichen und Armen. Ihr grenzt euch sogar nach Handlungen ab, wie beispielsweise Geimpften und Ungeimpften, Rauchern und Nichtrauchern.

Ihr glaubt, wenn ihr euch nicht voneinander abgrenzt, verliert ihr euch. Wer bist du, wenn du dich nicht durch das, was du *nicht* bist, definieren kannst? Verlierst du jegliche Form, jeden Halt, all deine Substanz, wenn du nicht in Opposition zu dem treten kannst, was du als anders beurteilst?

Diese Trennungen verursachen Probleme und Abhängigkeiten. Wenn du merkst, dass Menschen und Umstände nicht dem entsprechen, was du gerne hättest, kannst du der Illusion erliegen, dass deine Kontrolle etwas daran ändern könnte. Doch wirst du die Erfahrung machen, dass du Menschen und Ereignisse zwar kontrollieren, durch deine Kontrolle aber nicht verändern kannst. Du kannst sie nicht so verändern, wie du es dir wünschst. Es ist sogar anzunehmen, dass du mit deiner Kontrolle sowohl die Umstände als auch deine Beziehungen verschlechterst.

Viele Menschen betrachten sich als rationale Entscheider. Hinter ihrer vermeintlichen Rationalität steckt jedoch der Wunsch, die Dinge kontrollierbar und berechenbarer zu machen. Dahinter steckt das Gefühl der Angst, zu versagen oder Fehler zu machen. Angst ist das treibende Gefühl der Menschen, die sich ein rationales Umfeld mit viel Kontrolle erschaffen. Durch Angst könnt ihr aber nicht das erschaffen, wonach sich eure Seele sehnt.

Durch eine solche Kontroll-Erfahrung kannst du Frustration und weitere Angst entwickeln. Aus diesen Empfindungen heraus entwickelst du neue Strategien, um das zu bekommen, von dem du glaubst, dass es dir zusteht. In diesem Prozess wirst du härter und gefühlloser. Auch bei den Menschen, mit denen du interagierst, verursachst du Härte und Gefühllosigkeit. Das ist nicht das, was du willst.

Ihr erwartet voneinander so viel und lasst euch kaum Gelegenheit, in Freiheit zu geben oder nicht zu agieren. In euren Köpfen habt ihr Vorstellungen davon, was richtig und was falsch ist, wie sich jemand, mit dem ihr befreundet oder in einer Beziehung steht, zu verhalten hat. Tut dieser Mensch dies oder jenes nicht oder agiert er auf gänzlich andere Weise, seid ihr enttäuscht, frustriert und wütend.

Ihr glaubt, dass ihr ein Recht darauf habt, bestimmte Handlungen von einem anderen Menschen zu erwarten. Ihr überseht dabei, dass jeder Mensch frei in seinen Handlungen und seinem Denken ist. Je größer deine Erwartungen an einen anderen sind, desto höher ist die Wahrscheinlichkeit, dass du in dieser Beziehung enttäuscht wirst.

Um Enttäuschungen zu vermeiden, setzt ihr Verträge auf. In manchen Sachverhalten sind Verträge sicherlich eine nützliche Angelegenheit. Doch zeigen all diese Verträge, dass euch das gegenseitige Vertrauen verloren gegangen ist. Selbst zwischen Menschen, die sich lieben, benötigt ihr Verträge, weil ihr davon ausgeht, dass ihr euch nicht mehr fair verhalten werdet, sobald ihr zulasst, dass die Liebe schwindet.

Das Einhalten von Regeln, die gut für euch sind, die jedoch nur deshalb eingehalten werden, weil es Vorschriften sind, unterstützt eure seelische Entwicklung so gut wie gar nicht, da ihr nicht durch innere Prozesse, sondern äußere Gesetze etwas tut oder lasst.

Selbst eure Individualität als Starseed nutzt ihr meistens nicht dazu, Botschaften aus höheren Dimensionen zu erhalten und umzusetzen. Stattdessen gebraucht ihr eure Einzigartigkeit dazu, zu demonstrieren, dass ihr besonders und anders als andere seid. Euch ist so sehr daran gelegen, ein möglichst originelles oder angepasstes Bild von euch zu entwerfen, dass euch die Meinung und Einschätzung anderer wichtiger erscheint als die Entwicklung und Wiederentdeckung dessen, woran ihr euch als physisch inkarnierte Sternensaat im Grunde doch erinnern wolltet.

So viele Leben verbringt ihr damit, die Stimme Gottes, die Quelle, in euch wiederzufinden. Jedes Mal, wenn ihr auf eure Projektionen im Außen schaut, ohne die universelle Wahrheit zu spüren, entfernt ihr euch von eurem ursprünglichen Ziel, das Erinnern an eure Seelenheimat.

Ihr fühlt euch wohl, wenn ihr benennen könnt, wer ihr seid und wer die anderen sind. Ihr empfindet Stolz, wenn ihr zu den vermeintlich Besseren gehört. Dabei vergesst ihr, dass alles, was euch im Außen begegnet, auch in euch ist. Die Gefühle und das Verhalten eines anderen sind auch deine eigenen Emotionen und Handlungsweisen. Dein Außen ist eine Projektion deines Innen. Indem du dein Innen neu gestaltest, gestaltest du dein Außen neu. Du bist die Ursache für alles, was du im Außen erlebst. Wenn du dir der universellen Wahrheit gewahr wirst, wird diese Universalität auch in deinem äußeren Leben erfahrbar sein.

Vielleicht vermagst du die Handlungen eines anderen nicht als Spiegel deiner Selbst zu erkennen. Doch alles, was du in einem anderen siehst, trägst du in dir. Du könntest es sonst nicht erkennen. Das, worüber du dich bei einem anderen aufregst, ist in dir. Das Böse, das dir jemand anderes zeigt, und das Gute, das du in einem anderen erkennst, sind dein Böses und Gutes. Das Schöne, das Hässliche, das Appetitliche und das Unästhetische, alles, was du im Außen wahrnimmst, ist eine Illusion, die du selbst geschaffen hast.

Auf einer anderen Ebene seid ihr miteinander verbunden, und auf noch einer anderen Ebene seid ihr eins. Du kannst dich an Momente erinnern, in denen du dir dieser universellen Wahrheit gewahr warst. Mit dem Erinnern deiner Sternenheimat bist du dir darüber immer häufiger bewusst.

Seelen, die in höher schwingenden Dimensionen leben, empfinden diese als ebenso wirklich, wie ihr eure physische Welt für die Wirklichkeit haltet. So, wie eure Sinnesorgane auf die physische Welt ausgerichtet sind, sind die Sinne der Seelen, die in höheren Dimensionen leben, auf höhere Schwingungen ausgerichtet. Daher ist es möglich, dass ihr am gleichen Ort verweilt wie Seelen höherer Frequenzen und dennoch ihre Existenz nicht wahrnehmt.

Eure physischen Sinne wurden einzig für Wahrnehmungen im physischen Universum geschaffen.

Es gibt Dimensionen, in denen eine polare Ausrichtung der Geschlechter nicht mehr besteht. Alle Aspekte, die ihr in männlich und weiblich unterteilt, sind dort ausgeglichen in jedem Wesen vereint. Damit schwindet auch das Bedürfnis nach einem Partner. Wenn sich in diesen Dimensionen eine Seele dennoch mit einer anderen zusammentut, um irgendeine Form von Beziehung zu erleben, so geschieht dies in vollkommen reiner Liebe. In der universellen Wahrheit gehen Verbindungen nicht auseinander. Es kann nicht getrennt werden, was Eins ist.

In diesen Dimensionen entscheiden sich Seelen dazu, eine Beziehung zu leben, um etwas Bestimmtes erfahren zu können. Beispielsweise laden sie eine dritte Seele ein, wenn sie die Rolle der Elternschaft leben möchten. Diese Seele muss nicht physisch geboren werden. Sie kann auch einfach der Einladung ihrer Eltern-Seelen folgen und in deren Dimension in Erscheinung treten.

Wenn sich Seelen in höheren Dimensionen dazu entscheiden, eine Beziehung nicht weiter zu leben, geschieht die Trennung in Wertschätzung, Harmonie und Liebe. Trennungen finden allerdings nur in seltenen Fällen statt. Sie geschehen nicht aus emotionalen, sondern aus praktischen Gründen, etwa wenn eine Seele sich dazu entscheidet, den Rest ihres Lebens auf einem anderen Planeten zu verbringen, um andere Seelen bei ihrem Erwachen zu unterstützen.

Ihr Starseeds holt nun diese Wahrheit zurück auf die Erde. Durch euer Erinnern transformiert ihr die Umstände, die dieser Universalität widersprechen.

Karma

Die Umstände, die euch auf der Erde umgeben, eure Kriege, Unterdrückungen und all die anderen destruktiven Verhaltensweisen würden sich unmittelbar transformieren, würde jeder von euch das Prinzip des Karma verstehen, die Bedeutung von Ursache und Wirkung. Durch bewusstes Denken, Fühlen und Handeln würdet ihr auf himmlische Weise eine Neue Erde im Hier und Jetzt erschaffen.

Der Himmel ist mitten unter euch.

Jegliches Übel, das ihr durch andere Menschen erfahrt, habt ihr durch Karma in euer Leben gerufen. Wenn Menschen euch mies behandeln, so weiß deren Seele, dass sie unrecht handeln. Aber ihr Geist ist nicht klar, und sie erkennen nicht, was sie tun. Jedoch können sie dich nur deshalb so behandeln, weil dein Karma sie dazu einlädt.

Ein Teil eures Erinnerns ist das Verstehen der kosmischen Gesetze. Eines dieser Gesetze spricht vom Karma. So lange ihr euch dieses Gesetzes nicht bewusst werdet, seid ihr an die niederen physischen Welten gebunden. Immer wieder werdet ihr hier inkarnieren, um das zu erleben, was ihr selbst erschaffen habt. Solange ihr unbewusst agiert, seid ihr gefangen in eurer Vorstellung von Opfer- und Tätertum, von Schicksal und Ungerechtigkeit. Bis ihr euer eigenes Karma als das erkennt, was ihr selbst erschaffen habt. Immer wieder seid ihr in Polaritäten von reich und arm, Opfer und Täter, gesund und krank, schlau und dumm sowie allen anderen Dualitäten gefangen, bis ihr euch dazu entscheidet, Urteil und Dualität zu verlassen.

Auch auf feinstofflicheren Ebenen seid ihr an das Gesetz des Karma gebunden. Selbst dort müsst ihr euch der Kausalität von Ursache und Wirkung gewahr werden. In noch höheren Ebenen, jenseits von Raum und Zeit, seid ihr nicht mehr an dieses Gesetz gebunden, weil ihr nichts erschafft, wodurch ihr karmische Schuld auf euch laden würdet.

Das Universum hat schon oft erlebt, dass ganze Planeten durch das unbewusste Handeln ihrer Bewohner zerstört werden. Dadurch laden die dort lebenden Seelen ein enormes Karma auf sich, das sie auf anderen Planeten mit niedrigerer Schwingung dann wieder auflösen dürfen.

Die Erde ist noch ein junger Planet, gemessen am Alter anderer Planeten in vergleichbaren Sonnensystemen. Und doch ist die irdische Entwicklung des Bewusstseins bisher nicht auf dem Niveau, wie es auf anderen Planeten nach ähnlichen Zeitverläufen ist. Der Einfluss negativer Energien und das geringe Erwachen der Seelen bedroht die Existenz eures Planeten. Das ist der Grund, warum so viele kosmische Helfer auf der Erde sind, wie dies noch zu keiner Zeit auf keinem Planeten der Fall war. Viele bereits aufgestiegene Seelen haben ihre Frequenzen heruntertransformiert und leben, zumeist unerkannt, unter euch.

Es gibt sogar Amnestien, so dass Erkenntnisse und Karma-Auflösungen schneller erfolgen können. Dies wurde erlaubt, um die Existenz eures Planeten zu retten. Die Erde benötigt zu ihrer Rettung das Erwachen des kollektiven

Bewusstseins. Nur auf diese Weise könnt ihr die negativen zerstörerischen Energien transformieren und gemeinsam in eine höhere Ebene aufsteigen.

Planeten mit einer höheren Schwingung sind nicht ohne Leben, auch wenn eure Wissenschaftler das zumeist behaupten. Das Leben existiert dort lediglich auf anderen Ebenen, die für eure physischen Sinne nicht wahrnehmbar oder messbar sind. Damit das Leben auf einem Planeten die physische Ebene gänzlich verlassen und ausschließlich feinstofflich existieren kann, bedarf es sowohl einer geistigen als auch einer technischen Evolution. Dies ist die Grundlage, damit eine Zivilisation kulturell und spirituell emporsteigen kann. In eurem Sonnensystem existieren mehrere Planeten, auf denen Seelen in nicht physischer Form inkarniert sind. Auch von diesen Seelen befinden sich derzeit viele auf der Erde oder in ihrem Inneren.

Je reiner ihr Karma ist, desto höher kann die Seele in den Dimensionen aufsteigen.

Leere auszuhalten ist die Voraussetzung dafür, dass Raum für etwas Neues entstehen kann. Die Leere wird sich füllen. Liebe und Gewahrsein treten an ihre Stelle.

Du wirst im Außen möglicherweise zunächst noch das Gleiche erleben, doch wirst du nach und nach frei wählen, ob oder wie du darauf reagierst. Automatische Reaktionen auf äußere Umstände oder Ereignisse wirst du immer seltener erleben, und so verlierst du mehr und mehr deine eingefahrenen Verhaltensmuster wie auch dein unbewusstes Suchtverhalten. Du gelangst mehr in den Fluss.

Zwischen das Ereignis im Außen und deine Reaktion darauf wird eine Pause geschaltet, die dein bisheriges Verhalten umlenkt. Die Erfahrungen deiner Vergangenheit bestimmen dann nicht mehr dein Verhalten in Gegenwart und Zukunft. Dein Karma ist durchbrochen.

Du erschaffst neue Gedanken, Gefühle und Verhaltensweisen. Dadurch erschaffst du neue Erfahrungen.

Dein Bewusstsein erschafft eine neue Zukunft. Diese ist von einer erhabenen Qualität des Seins. Dein Sein ist verbunden mit Allem-was-ist. Aus diesem Zustand heraus formt es erhabene Gefühle, Gedanken, Umstände und Ereignisse. Wenn die gesamte Menschheit sich in diesem Bewusstsein befindet, wird Frieden auf Erden sein. Bis dahin fokussiert euch auf all das, was ihr als schön empfindet. So erschafft ihr noch mehr von dem, was euch guttut.

Im wahren Bewusstsein existiert weder Abhängigkeit noch Karma. Dort ist nur Frieden und Harmonie.

Religionen

Zu allen Zeiten sandten wir geistige Führer auf die Erde, die eure Menschheit unterstützen sollten. Um einige von ihnen habt ihr Religionen gebildet, die euch jetzt in Bezug auf Freiheit und Spiritualität einschränken. In den meisten Fällen wurden diese Religionen von skrupellosen Machthabern übernommen oder werden von ihnen kontrolliert. Viele verfolgen dabei ausdrücklich den Zweck, eure natürliche Spiritualität zu missbrauchen.

Auf der Erde gibt es sehr viele Religionen. Dazu existieren unzählige spirituelle Richtungen, philosophische Glaubenslehren und okkulte Systeme. Die meisten Gruppierungen nehmen für sich in Anspruch, den einzig wahren Glauben zu vertreten. Ein großer Teil davon bekämpft sich gegenseitig und erkennt die Lehren anderer nicht an. All diese Richtungen entsprechen unterschiedlichen Bewusstseinsstufen der Menschen, so dass jede Religion und jeder Kult für den Einzelnen eine Berechtigung hat. Wenn das Bewusstsein auf eurem Planeten ansteigt, werdet ihr erkennen, dass keine eurer Religionen mehr notwendig ist.

Der Ursprung der meisten Religionen oder spirituellen Richtungen ist das Erlebnis eines Einzelnen. Während dieses Erlebnisses war dieser Mensch mit einer anderen Dimension verbunden. Dadurch veränderte sich sein Bewusstsein. In der Folgezeit versammelten sich Anhänger um ihn. Es wurde versucht, seine Handlungen nachzumachen. Daraus entstanden religiöse, okkulte oder spirituelle Riten. Man glaubte nur noch den Erfahrungen dieses Einen und leugnete die Ursprungserfahrungen anderer Gruppen.

Auch Jesus und Buddha machten ganz und gar individuelle spirituelle Erfahrungen. Die Menschen, die sich um sie versammelten und Glaubensrichtungen daraus schufen, waren der Überzeugung, dass sie nur das Gleiche zu tun bräuchten wie Jesus oder Buddha, um denselben Grad an Erleuchtung und innerer Größe zu erfahren. Doch wussten sie nicht, dass Jesus und Buddha unter bestimmten gesellschaftlichen Verhältnissen zu ihren Handlungen inspiriert wurden, und das sehr individuell. Es ihnen gleichzutun, ist deshalb aus sich heraus noch keine inspirierte Handlung. Es wird nur eine ähnliche Wirkung entfalten, wenn die innere Einstellung dem der Vorbilder entspricht.

Die meisten Menschen sind so sehr damit beschäftigt, die Vorgaben ihrer Religion zu erfüllen, dass sie sich der Gelegenheiten berauben, eigene spirituelle Erfahrungen zu machen. Blinder Glaube und das Verfechten von Dogmen hindert sie daran. Und doch machen immer mehr Menschen eigene metaphysische Erfahrungen und vertrauen ihren Erfahrungen. Dadurch hat die spirituelle Entwicklung der Seelen auf der Erde ein enormes Tempo aufgenommen. Immer mehr Menschen werden in eine Religionsgemeinschaft hineingeboren, die sie im Laufe ihres Lebens hinterfragen und nicht mehr für stimmig erachten. Nie zuvor gab es so viele Menschen, die nach einer neuen religiösen oder besser noch spirituellen Orientierung suchen.

Vielleicht hattest auch du schon einmal eine Glaubenslehre gefunden, die du für vollkommen richtig hieltest. Möglicherweise hast du dich dennoch im Laufe deiner Erdenjahre wieder davon abgewendet und deine spirituelle Ausrichtung doch wieder verändert.

Seelen sind *nicht* alle gleich. Sie haben alle denselben Ursprung und sind Teil der Ur-Seele, doch sind ihre jeweiligen Erfahrungen und Erkenntnisse ganz und gar unterschiedlich. Jede Seele hat ihre eigene Frequenz und geht einen individuellen Weg. Deshalb sind auch eure Religionen, die sich um die Erfahrungen Einzelner herum gebildet haben, nicht die geeignete Basis für euer spirituelles Erwachen. Es ist durchaus förderlich, sich mit den Erfahrungen und Methoden anderer Menschen vertraut zu machen. Aber eure metaphysischen Erfahrungen sind individuell.

Je mehr ihr euch den Ritualen und Glaubenssätzen anderer hingebt, desto weniger nutzt ihr die vielfältigen Gelegenheiten, eigene spirituelle Erfahrungen zu machen. Die Vorsteher aller euch bekannten Religionsgemeinschaften wissen sehr genau, dass sie ein angenehmes Leben führen können, wenn Regeln, Furcht, Rituale, Opferhandlungen und Gehorsam gepredigt werden. Die Menschen waren und sind auf diese Weise kontrollierbar und lassen sich steuern.

Wenn einer sein Bewusstsein entwickelt, stellt er fest, dass allen Religionen etwas Elementares und Lebendiges fehlt. Sie desillusionieren ihn, weil die eigene spirituelle Erfahrung keinen Raum darin findet. Der Zugang zu universellen Lehren oder Gesetzen scheint versperrt.

Wir sagen nicht, dass Religionen *per se* schlecht oder gut sind. Viele Menschen fühlen sich dort aufgehoben, und jede

Religionsgemeinschaft entspricht immer genau dem, was eine Seele zu gegebener Zeit für ihre Entwicklung gerade benötigt. Jede Seele setzt sich im Laufe ihrer Entwicklung mit philosophischen, spirituellen und religiösen Richtungen auseinander. Diese Erfahrung ist notwendig, um höhere Ebenen aufzusuchen und zu verstehen.

Doch wenn man den Menschen sagt, was richtig und falsch ist, erlauben sie sich kein eigenes Urteil mehr und ignorieren das innere Gefühl. So geschah es durch die Jahrtausende. Die Menschen verloren den Zugang zu ihrer inneren Führung, der einzigen Instanz, die eine individuelle spirituelle Erfahrung ermöglicht. Euer Bewerten und Urteilen ist ein Relikt aus der Zeit, als man euch zu sagen begann, welche Erfahrungen gut oder schlecht sind.

Wir ermutigen dich, deine spirituellen Erfahrungen vielfältig zu erweitern, in die Stille zu gehen und zu vertrauen. Führe Tätigkeiten meditativ aus und werde selbst zu einer spirituellen Größe. Das ist deine wahre Freiheit. Wir wissen, dass du – insbesondere in deiner Arbeitswelt – kaum Gelegenheit hast, dich so zu verhalten. Dennoch hast du Möglichkeiten, Stille zu kultivieren.

Sei dir bewusst, dass deine erhabenen Erfahrungen nicht unbedingt die passenden Erfahrungen für andere Menschen sind. Mache dich nicht zum nächsten Guru. Teile deine Erfahrungen, um andere zu ermutigen, ihren eigenen individuellen Weg zu finden, aber erhebe nicht den Anspruch, dass deine Erfahrungen die einzig richtigen sind.

Du weißt, dass dies nicht so ist.

Auf den geistigen Ebenen werdet ihr von spirituellen Lehrern begleitet. Und doch ist eure eigene spirituelle Erfahrung stets bedeutender als alles, was euch gelehrt wird. Auf der Erde hört ihr auf eure religiösen Führer und gebt den spirituellen Erfahrungen anderer mehr Gewicht als euren eigenen Erlebnissen. Eure geistigen Helfer sind für euch da, um euch den Weg zu spirituellen Erfahrungen zu weisen. Die Wahrheit, derer ihr euch in diesen Erfahrungen bewusst werdet, ist stets höher einzustufen als alles, was ihr je von einem anderen Wesen oder gar einer Religion dazu vernehmt. Das höchste Göttliche in euch will sich durch eure eigenen spirituellen Erlebnisse erfahren.

Deine Seele ist nicht durchgängig in der Dimension, in der du als Mensch inkarniert bist. Alle paar Sekunden verschwindet sie für eine von euch nicht bemerkbare Spanne und nimmt Kontakt auf mit Seelen in höheren Dimensionen, mit Gott, mit Allem-was-ist. Ihr seid zu beschäftigt, um euch dessen gewahr zu sein, und diese Zeiten sind zu kurz, um von eurem Wachbewusstsein erkannt zu werden.

Und doch, wenn ihr von sogenannten Geistesblitzen sprecht, war eure Seele kurz mit etwas Höherem verbunden und hat diese Idee von dort mitgebracht.

Gebt der Stille und Leere die Chance, dass ihr sie als Fülle und Dimensionsöffner erfahrt. Legt eure Geräte und Apparaturen beiseite, gönnt eurem Körper eine Pause von äußerlicher Zufuhr, gewährt euren Sinnesorganen eine Auszeit. Die Stille ist euer Portal in andere Dimensionen und der Garant für spirituelle Erfahrungen. Ihr müsst dazu nicht an bestimmte Orte reisen.

Wir sagen nicht, dass ihr jedes Mal, wenn ihr in die Stille oder Ruhe geht, sofort besondere Erfahrungen machen werdet. Einige werden sich zunächst daran gewöhnen müssen.

Ihr werdet Entzugserscheinungen haben, da ihr euer gesamtes System an diese vielfältige Informationsflut gewöhnt und so Abhängigkeiten erschaffen habt. Seid euch aber gewahr, dass diese Süchte auf einer höheren Ebene nicht existieren. Trainiert dies und beobachtet, was geschieht.

Wenn ihr regelmäßig in die Stille geht, werdet ihr erfahren, dass ihr *mit* der Quelle seid. Das ist eure wahre Religion. Ihr seid verbunden mit dem Ursprung von Allem-was-ist.

Dein physischer Körper

Ab einem bestimmten Punkt eurer Entwicklung ist es nicht mehr nötig, in einem physischen Körper auf niedriger schwingenden Ebenen zu inkarnieren. Ihr könnt euch ebenso dazu entscheiden, in weniger dichten Welten eure Erfahrungen zu machen. Und ihr könnt euch dazu entscheiden, auf niedriger schwingenden Ebenen als kosmische Helfer zu agieren, um die dort inkarnierten Seelen auf die kosmischen Gesetze aufmerksam zu machen.

Doch zunächst einmal seid ihr, wenn ihr euch in höheren Dimensionen aufhaltet, vollkommen frei von all euren körperlichen Identitäten aus all euren Inkarnationen. Eure Erinnerungen daran, wer ihr auf der Erde oder auf anderen Planeten einmal gewesen seid, sind aufgehoben. In diesen Dimensionen habt ihr keinerlei Kenntnis mehr davon, wer ihr wart oder woher ihr kamt.

Ihr befindet euch im Zustand des Vergessens und habt nicht die geringste Vorstellung davon, was in eurer jetzigen oder in anderen Inkarnationen geschah. Ihr erinnert euch an keine Verbindung zu bestimmten Menschen, keinen Groll, keine Verantwortung für andere. Und ihr vermisst absolut nichts. Nichts Irdisches ist mehr in eurem Bewusstsein. Ihr verspürt weder Sehnsucht nach Menschen noch nach Orten oder nach Sinneseindrücken. Ihr seid nicht mehr traurig über etwas, sondern voller Freude. Ihr seid selbstreflektierende Wesen mit einer Fülle an Möglichkeiten, aber ohne eine Vorstellung von Vergangenheit oder Zukunft.

Wenn dir jede Vergangenheit fehlt und du gleichsam ohne Zukunft bist, erfüllt dich ein vollkommenes Einverständnis mit Allem-was-ist. Du bist dann frei von Wut, Abneigung, Hass, Neid, Bewertungen und Zielen. Du bist einfach gegenwärtig im jetzigen Moment. Ohne Vergangenheit und ohne Zukunft bist du frei von Anspannung. In diesen Ebenen ist das Ego nicht mehr existent, da es deinen Identifikationen anhaftet. In diesen Dimensionen lösen sich sämtliche Identifikationen vollständig auf, so dass du nur noch du selbst bist.

Weil du deine irdische körperliche Identität vollständig vergisst, hast du Zugang zu all den Dimensionen, in denen du reines Bewusstsein bist. Du bist *eins* mit dem reinen Bewusstsein. Du bist *eins* mit Allem-was-ist.

Du *bist* Bewusstsein. Bewusstsein *ist* du.

Für die Entwicklung deines Bewusstseins in einem inkarnierten Körper bedeutet dies: Je mehr du deine Vergangenheit und deine Zukunft loslässt, desto freier wirst du von irdischen Einschränkungen. Je mehr es dir gelingt, im Jetzt zu sein, ohne eine Geschichte zu leben, ohne eine Vorstellung von Vergangenheit oder Zukunft, in reiner Wahrnehmung des Gegebenen, im vollkommenen Sein, desto tiefer tauchst du ein in das Bewusstsein des All-Eins.

In diesem All-Eins, ohne Vergangenheit und Zukunft, im Jetzt, bist du verbunden mit Allem-was-ist.

In diesem All-Eins bist du verbunden mit allen Möglichkeiten, die jemals existiert haben, mit Allem-was-jemals-war, mit Allem-was-jemals-sein-wird und mit Allem-was-ist. Du bist wieder dort, wo deine Seele ihren Ursprung hat. Hier, in Gott, ist die Heimat deiner Seele.

Jede Seele wählt den Körper, den sie haben möchte. In deiner jetzigen Inkarnation hast du vergessen, dass der Kult, den du um deinen Körper betreibst, nicht notwendig ist. Du betreibst ihn aus deinen Programmierungen heraus, aufgrund der Glaubenssätze, die dir von der Gesellschaft eingegeben wurden. Es ist so viel leichter und schneller, den Körper mit dem Bewusstsein zu gestalten als einen Glauben an Ess- und Gesundheitsregeln zu kultivieren.

In der universellen Wahrheit existieren all deine Körperformen gleichzeitig, jene, die du für unschön erachtest, und jene, die dir als schön erscheinen. Du kannst wählen, welche Körperform du annehmen möchtest, so wie du deine Kleidung wählen kannst. Höre auf, dir immer wieder die gleichen Geschichten über deinen Körper zu erzählen, und wähle neu. In unseren Heilungskammern und deinen Träumen trainieren wir das mit dir. Wir üben gemeinsam, wie du es schaffst, durch Änderung deiner Ausrichtung eine neue Wirklichkeit zu wählen.

Jede Seele belegt bestimmte Kurse in unseren Heilungskammern. Das Angebot ist sehr groß.

Einige haben sich entschieden, zuerst das Gedankenlesen zu erlernen, andere wollen ihre physischen Körper verändern, wieder andere beginnen damit, ihre Intuition zu schärfen. Es ist wie eine nächtliche Schulung der Seele. Und beim Aufwachen geht die Seele dann mit frischer

Erinnerung zurück in ihren Körper, um ihr Hellwissen in der physischen Welt anzuwenden.

Jene, die lernen, wie sie ihren physischen Körper durch innere Prozesse verändern können, bemerken, dass sie bei zunehmender Identifikation mit ihrem Körper immer mehr Leid erfahren, wenn dieser sich verändert. Sie lernen zu akzeptieren, dass jeder Körper sich verändert. Mal bist du dünner, mal dicker, mal gesund, mal krank, mal jung oder alt.

Für gewöhnlich gefällt euch jeweils einer dieser Zustände besser als der andere. Und meistens messt ihr dem Zustand, den ihr als positiv bewertet, wenig Bedeutung zu, solange ihr ihn verkörpert. Bis der Körper anfängt, sich zu verändern. Nun wollt ihr den vorherigen Zustand zurückhaben.

Ihr seid traurig oder verzweifelt, dass euer Körper nicht so ist, wie ihr es gerne hättet, und deshalb leidet ihr. Darauf unternehmt ihr mitunter einiges, um den vorherigen Zustand wieder herbeizuführen. Dabei könnt ihr schnell aus dem Gleichgewicht geraten. Der Gedanke an euren Körper verursacht Stress. Ihr wollt Abhilfe schaffen und seid getrieben. Ihr glaubt, dass euer Wert, euer Glück oder euer Ansehen vom Zustand eures Körpers abhängt.

Dabei geht es doch nur um die körperliche Erscheinung. Ihr beurteilt andere Menschen danach. Ein Mensch sieht nicht gut aus. Meint ihr. Vielleicht sollte er mehr Sport treiben. Denkt ihr. Ein anderer sieht ungesund aus. Er sollte seine Ernährung verändern. Vermutet ihr. Jemand könnte sich besser kleiden, mal wieder zum Friseur oder zu einer guten Kosmetikerin gehen. Findet ihr.

Das größte Urteil jedoch fällt ihr über euch selbst. Selten seid ihr zufrieden mit eurem Körper. Er könnte ein bisschen gesünder und etwas schöner sein, ein bisschen weniger hiervon oder ein bisschen mehr davon haben.

Erinnere dich, dass das Bewusstsein alle Materie durchdringt. Auch dein Körper ist durchdrungen von Geist und Bewusstsein. Du lehnst diesen Teil der Schöpfung jedoch ab. Zwar ist dein Körper zu einem gewissen Anteil deine eigene Schöpfung, aber du weigerst dich, dies anzuerkennen. Er erscheint dir wie etwas Fremdes.

Erkennst du den Zustand deines Körpers als deine eigene Schöpfung an, so haderst du mit dir selbst. Wie konntest du dich nur so gehen lassen? Wieso gelingt es dir nicht, dein Sport- oder Essverhalten zu ändern? Und wieso schaffst du es nicht, zu akzeptieren, dass dein Körper in diesem Moment genau so ist, wie er ist? Wieso kannst du nicht akzeptieren, dass du das nicht akzeptieren kannst?

Du bist oft in obsessiven Gedanken über deinen Körper gefangen. Es ist ein Gedankenkarussell, und man könnte fast behaupten, dass dein Gedankenkarussell zu einer Art Sucht geworden ist. Deine Sucht veranlasst dich, diese Urteile über dich und andere zu fällen. Hörst du damit auf, bist du gezwungen, sie durch andere Gedanken zu ersetzen oder die Leere, die alles durchdringt, auszuhalten.

Wenn ihr euch mit der Leere und Stille des bloßen Seins verbindet, eins damit werdet, legt ihr für den Moment einen Teil eurer Wesensart ab. Ihr werdet dann weniger, löst euch auf einer feinstofflichen Ebene auf. Wenn ihr eure Wesensart ablegt, werdet ihr transparenter und durchlässig für das Licht, für Bewusstsein und für euer Erwachen in Liebe. Die Erscheinung eures physischen Körpers ist auf dieser Ebene vollkommen unbedeutend.

Als Menschen seid ihr spirituelle Wesen, die in der Dreidimensionalität eine Form gewählt haben. Eure Heimat ist jedoch die Formlosigkeit. Um euer Wissen aus der formlosen Welt in Erfahrung zu bringen, benötigt ihr die Welt der Form. Deshalb seid ihr inkarniert. Eure Entwicklung findet statt durch eine Formgebung in der Leere.

All eure irdischen Erfahrungen von Erfolg und Verlust, Freude und Schmerz dienen der Entwicklung der Seele. Alles, was in der materiellen Welt existiert, wird eines Tages nicht mehr existieren, und so seid ihr täglich herausgefordert, dem Tod, dem Zerbrechen von Beziehungen, Systemen, Wahrheiten und Gegenständen mit Gewahrsein zu begegnen und eure Anhaftungen aufzugeben.

Euer Leben ist eine Aneinanderreihung von Neuem, das entsteht, und Altem, das sich auflöst. Ein ewiger Wechsel zwischen Tod und Neuanfang.

Mit dieser Erkenntnis vermagst du vielleicht um die angenehmen Konstellationen und Formen zu trauern, doch kannst du ebenso darauf vertrauen, dass auch den unangenehmen Umständen bereits ihr Ende innewohnt.

Ihr dürft lernen, die Welt der Form, des Materiellen, der Beziehungen und der verschiedensten Umstände zu meistern, ohne euch davon in Beschlag nehmen zu lassen. So entwickelt ihr Meisterschaft. Auch wenn ihr auf dem Weg zu dieser Meisterschaft vielerlei Verluste erfahrt.

Einige von euch glauben, wenn ihr nur genügend spirituell seid, könntet ihr der Welt der Form, in der ihr euch um eine Arbeitsstelle, um Geldangelegenheiten, Versicherungen und Verträge, um Nachbarn, Partner und einen gesunden Körper bemühen müsst, entkommen.

Wir haben jedoch noch keinen Menschen beobachtet, der auf diese Weise die Verantwortung für sein Leben abgeben konnte und dauerhaft glücklich oder frei wurde.

Selbst Jesus trug die Verantwortung für seine irdischen Handlungen und Gedanken. Die Verantwortung für dein irdisches Leben trägst du. Von der Geistigen Welt kannst du Hilfe und Unterstützung erbitten. Leben und Entscheidungen treffen musst du in deinem Leben jedoch selbst. Wir sind für euch da, wir lieben euch, und doch werden wir nicht die Verantwortung für euer Leben übernehmen. Das wäre nicht im Sinne eurer Seele. Lebt, trefft Entscheidungen, macht Erfahrungen, aber erwartet nicht, dass euch euer Leben abgenommen wird. Geht in die Stille, doch nehmt euer Leben in die Hand. Magie geschieht dem, der handelt.

Wir wissen, dass es schwer für euch ist, der Negativität der Welt zu entkommen. Immer wieder erliegt ihr der Versuchung, euch in vielerlei Form zu verkaufen oder abzulenken, um mit dem Geld, das ihr auf dem Weg der gesellschaftlichen Verhältnisse verdient, Bedürfnisse zu befriedigen, die nicht den Bedürfnissen eurer Seele entsprechen.

Dennoch ermutigen wir euch, all eure Wünsche zu manifestieren, indem ihr lernt, euren Fokus auf das zu lenken, was ihr wirklich erleben möchtet. Wir erfreuen uns an Seelen, die die Freuden des Körpers auskosten. Begebt euch mit eurem Körper an Orte, die ihr besuchen möchtet, verwöhnt euren Körper mit sinnlichen Erfahrungen und behandelt ihn wie das wertvollste Gefährt, das ihr besitzen könnt. *Denn genau das ist euer Körper in dieser Inkarnation.* Ein Körper ist ein kosmisches Geschenk für Erfahrungen, die eine nicht inkarnierte Seele nicht machen kann.

Wir können *nicht* in einem warmen Schaumbad sitzen oder im Regen tanzen. Feiert euren Körper. Ihr werdet noch Ewigkeiten ohne einen physischen Körper sein.

Wenn ihr euren irdischen Körper dazu nutzt, Freude zu erfahren, wird seine Beschaffenheit und Form sich so verändern, dass ihr wieder Freude an eurem Körper empfindet. Feiert und nutzt euren Körper. Wir ermutigen euch ausdrücklich dazu. Er ist ein Geschenk.

An Orten der Abgeschiedenheit oder durch das Vermeiden dessen, was der jetzige Moment erfordert, erlangt ihr keine Meisterschaft. Ihr steht nicht über der Form. Niemand von euch steht über der Form. Als Mensch müsst ihr lernen, die Form zu meistern, statt sie zu ignorieren. Erleuchtung erlangt ihr nur in Auseinandersetzung mit der Form.

Wenn ihr Frust, Verärgerung, Trauer, Scham oder Hilflosigkeit empfindet, schenkt euch das Leben die Gelegenheit, Mitgefühl, Hingabe, Demut, Wahrhaftigkeit oder Loslösung von Anhaftungen zu entwickeln. Euer Weg zur Erleuchtung findet mitten im Leben statt, nicht dadurch, dass ihr das Leben verleugnet und euch nicht darauf einlasst.

Abhängigkeiten

Ihr lebt in einer Welt des Überflusses. Wie viele Schuhe benötigst du wirklich? Wie viele Pullover brauchst du, um dich vor Kälte zu schützen? Wie viel Essen benötigst du heute? Brauchst du wirklich all diese Getränke, um deinen Durst zu stillen? Wie viele Geräte benötigst du, um das Glück des gegenwärtigen Moments zu erfahren? Wie viele Cremes brauchst du für dein Seelenheil? Wie viele Bücher, Zeitschriften, Gabeln, Tassen, Handtücher, Fotos, wie viele Papiere, Hosen und Blumentöpfe sind dir hilfreich?

Spürst du, wie dir jeder Gegenstand einen Teil deiner Freiheit nimmt? Wir sagen nicht, dass ihr minimalistisch leben sollt. Doch erinnern wir dich daran, dass du sehr viel besitzt, was von dir keinerlei Wertschätzung erfährt. Damit bindest du einen Teil deiner Energie.

Deine Energie liegt in den Schubladen, die du selten öffnest.

Können deine Gegenstände durchatmen? Haben sie genügend Freiraum? Empfindest du Glück, wenn du sie in die Hand nimmst? Begegnest du ihnen mit Wertschätzung? Hast du eine Beziehung zu ihnen? Wenn du dein Hab und Gut nicht segnest, nicht in Beziehung zu ihm stehst, kein Glück empfindest, wenn du es in die Hand nimmst, so erwarte nicht, dass deine Umgebung dich glücklich macht oder dir ein Gefühl von Würde und Heimat vermittelt.

Segne die Gegenstände und segne die Menschen. Und vor allem: Segne dich selbst. Schaue dich an in deinem kostbaren Gewand des Körpers. Sag deinem Körper – und jedem einzelnen Teil deines Körpers –, dass du ihn magst, dass du dankbar dafür bist, dass er für dich da ist.

Wie könnte dir ein Po, den du ständig als zu dick, zu dünn oder zu wabbelig beurteilst, ein Gefühl von Freude vermitteln? Wie kannst du dich mit so einem herabgewürdigten Po glücklich fühlen? Es geht nicht darum, die Dinge zu ändern. Es geht darum, deine *Einstellung* zu den Dingen zu ändern. Liebe das, was ist. Wenn dir dies nicht gelingt, akzeptiere, was ist. Und wenn du das nicht kannst, akzeptiere, dass du es nicht akzeptieren kannst. Ohne diese Akzeptanz oder Liebe zu dir selbst wirst du dich niemals lieben. Und wenn du dich selbst nicht lieben kannst, wirst du auch nichts anderes im Universum lieben.

Vielleicht glaubst du, dass du etwas oder jemanden liebst, aber liebst du nicht deine Abhängigkeit zu diesem Menschen oder gar deren Abhängigkeit von dir?

Abhängigkeiten verhindern wahre Liebe.

Das, was du als Liebe bezeichnest, ist oft nur eine Wiederholung der Gefühle, die du in anderen Beziehungen, meist zu den Eltern, erlebt hast. Liebe ist für eine als Mensch inkarnierte Seele immer auch mit Leid behaftet. *Der erste Schritt, einen anderen Menschen wirklich lieben zu können, besteht darin, dass du dich selbst vollständig zu lieben beginnst.*

Sich selbst zu lieben ist in eurer Kultur eine große Herausforderung. Ihr wachst ohne das Urvertrauen auf, dass ihr richtig seid. Niemand von euch wurde jahrelang getragen und gestillt. Ihr alle habt gelernt, dass Liebe an Bedingungen gekoppelt und selten zu haben ist. Dies hält euch in Abhängigkeiten zu Menschen, von denen ihr Bruchstücke von Liebe bekommen könnt, und ebenso in Abhängigkeiten von Substanzen, die euch für kurze Zeit ein gutes Gefühl geben.

Ihr habt vergessen, dass ihr Teil der Ur-Seele seid. Wäret ihr in der reinen Liebe, würden all eure Süchte, Sehnsüchte und Abhängigkeiten von euch abfallen. Ihr wäret glückselig im jetzigen Moment mit dem, was ist und was nicht ist.

Süchte können nur in einer körperlichen Welt existieren. Da euer Außen jedoch eine Projektion des Innen ist, existieren keine echten Abhängigkeiten. All eure Abhängigkeiten sind Teil der Illusion. Dennoch sind sie für euch erfahrbar.

Sklaverei existiert in eurer Welt, weil es euch noch nicht gelungen ist, eure Anhaftungen aufzugeben.

Ihr erlebt Abhängigkeiten von allen möglichen Substanzen, Dingen, Konstellationen oder Menschen, weil ihr Angst vor eurer gänzlichen Freiheit habt. Ihr scheut die Verantwortung, die mit absoluter Freiheit einhergeht, und seid euch nicht klar darüber, welche Konsequenzen euer Handeln in Freiheit hat. Ihr habt Angst, mit euren freien Entscheidungen etwas Schlimmes zu erschaffen.

Auch habt ihr Angst davor, die Leere – ohne die Freiheit nicht existieren kann – nicht füllen zu können. Ihr habt Angst, die Stille nicht auszuhalten, und füllt sie mit aller nur erdenklichen Technik. Es vergeht kaum eine Minute, in der ihr eure Aufmerksamkeit nicht irgendetwas widmet, was ihr gerade sehen, hören oder fühlen möchtet.

Eure Smartphones habt ihr ständig dabei. Menschen nutzt ihr dazu, um über Belangloses zu reden oder um eure körperlichen Bedürfnisse zu befriedigen. Die Momente, in denen ihr nichts konsumiert, weder Nahrung noch Information, Urteil oder Befriedigung, verhindert ihr. Man könnte behaupten, dass der Sekundärnutzen eurer Versklavung darin liegt, dass ihr die Leere nicht fühlen müsst.

Auch eure technologischen Errungenschaften nutzt ihr dazu, die Leere zu füllen. Es vergeht kaum Zeit, in der eure Sinne nicht betäubt werden. Ihr hört und seht nahezu pausenlos Projektionen, die von Bildschirmen auf euch einstrahlen oder von Lautsprechern zu euch schallen. Ständig prasseln Informationen auf euer geistiges und körperliches System ein. Ihr informiert euch durch Zeitungen analog oder digital, ihr hört Menschen persönlich oder in digitaler Form, ihr schaut Filme, spielt Computer- oder Handyspiele, ihr esst und trinkt Nahrung, die mehr und andere Stoffe enthält, als gut für die Gesundheit eures Körper sind.

Unablässig seid ihr damit beschäftigt, die vermeintliche Leere zu füllen. Könntet ihr die Leere aushalten, würdet ihr bemerken, dass sie göttliche Fülle ist.

Je weniger du deine Sinne vernebelst, desto durchlässiger wird dein Kanal für das Einströmen kosmischer Liebe.

Ihr alle seid geführt. Um diese Führung wahrzunehmen, ist es erforderlich, den Lärm der Welt auszuschalten und das zu hören, zu sehen und wahrzunehmen, was sich zeigt, wenn das Rauschen des Außen ausgeblendet wird.

Es ist nicht notwendig, etwas anderes oder mehr oder weniger von etwas zu haben. Ihr müsst nicht mehr, nicht weniger, nicht anders lieben. Ihr müsst nichts machen, lernen oder verlernen. Einzig das Gewahrsein im jetzigen Moment verbindet euch mit der Ur-Seele, in deren Gegenwart sämtliche Abhängigkeiten nicht länger existent sind.

Je häufiger du dir deines Bewusstseins gewahr wirst, desto mehr erkennst du die Strukturen deiner Abhängigkeiten. Dir wird bewusst, wie diese entstanden sind, durch welche Ereignisse in diesem und anderen Leben deine Anfälligkeiten für Süchte angelegt und durch welche Gedanken, Gefühle, Annahmen und Glaubenssätze du sie weiter kultiviert hast, bis sie zu real erfahrbaren Abhängigkeiten von Substanzen, Umständen, Lebensformen, Energien und Menschen wurden. Durch dieses Gewahrwerden wird es dir immer leichter gelingen, deine Abhängigkeiten zu erkennen, zu benennen und aufzugeben.

Doch in dem Maße, in dem die Schwingung auf der Erde feinstofflicher wird, beschließen immer mehr Menschen, diese Veränderungen nicht wahrzunehmen und auch nicht darüber nachzudenken. Deshalb steigen der Konsum von Unterhaltung, das Abtauchen in virtuelle Welten sowie Süchte und Abhängigkeiten unermesslich an.

Die meisten Menschen ziehen es vor, sich dem Wandel und dem Anstieg der irdischen Frequenzen zu entziehen. Manche spüren die Veränderungen und entscheiden sich bewusst, ihre Sinne zu betäuben oder zu vernebeln. Eine Veränderung der Schwingungen bedeutet auch immer eine Veränderung der Lebensumstände.

Viele Menschen sind müde und erschöpft. Sie glauben, durch Ausblenden der deutlich spürbaren Wandlungen könnten sie weitere Veränderungen ihrer Lebensumstände vermeiden. Diese Menschen wissen um die Wahrheit, blenden sie allerdings aus.

Durch solche Verhaltensweisen verdrängen sie den Prozess der Wandlung. Die Änderungen auf der Erde schreiten jedoch in einem immensen Tempo voran. Wenn diese Menschen aus ihrer Vernebelung auftauchen und sich den Veränderungen stellen, fällt ihnen der Umgang mit den neuen Energien umso schwerer. Sie haben versäumt, die kleinen Schritte der Wandlung mitzugehen.

Oft wählen diese Menschen dann den Weg der weiteren Betäubung und Ablenkung. Ein spätes Einsteigen in den Wandel wird häufig als zu schmerzhaft und unbequem empfunden. Alles, nur keine Veränderung!

Durch Substanzen kann eure Medialität zwar verstärkt werden, doch verliert ihr dadurch auch die Kontrolle darüber, welche Energien ihr in welcher Intensität in euer System lasst. Energien, die euch Negativität bringen und die euch das Leben noch mehr erschweren, können auf diese Weise ungehindert bei euch eindringen. Dadurch entsteht noch größeres Leid, und dies zieht dann einen noch höheren Konsum von Substanzen nach sich.

Durch den Konsum bestimmter Drogen könnt ihr zwar in andere Dimensionen reisen, aber es geschieht nicht in Form einer organischen Entwicklung, sondern sprunghaft. Plötzlich befindet ihr euch in einer anderen Welt, und genauso plötzlich verlasst ihr sie wieder.

Ihr macht dabei nicht die Erfahrung, eine Seelenreise selbst herbeizuführen oder euch durch Stille mit der Quelle zu verbinden. Es ist, als würde es einem Kind genügen, getragen zu werden. Es kommt auf diese Weise überall hin, doch lernt es nicht, zu laufen. Es ist abhängig von jemandem, der es trägt, und allein vollkommen hilflos.

Ziel der Seele ist es, das Erinnern der Hellsinne und das Bereisen anderer Dimensionen eigenständig zu erlernen.

Manche Seelen wählen auch eine Krankheit oder den Tod, um den Dimensionswechsel zu einem anderen Zeitpunkt in einer anderen Inkarnation zu erleben. Diese Seelen haben sich meist bereits vor ihrer Geburt für diesen Ausstieg aus dem aktuellen Leben entschieden.

Im Moment erlebt ihr enorm viele Sterbefälle auf der Erde. Sehr viele Seelen werden den Aufstieg der Erde in dieser Inkarnation nicht miterleben. Andere entscheiden sich dafür, aus ihrer Ohnmacht und Ablenkung zu erwachen. Sie fangen an, Energien zu spüren, die sie bisher nicht wahrnehmen konnten, oder bemerken es, wenn Ereignisse sich schon lange vorher energetisch ankündigen. Sie entwickeln Sinne dafür, dass Frequenzen sich verändern, sensibilisieren sich für Botschaften in ihren Träumen, hören die Informationen der Natur und öffnen sich für die Möglichkeit, dass noch andere Wesen im Universum existieren.

Lenkst du dich permanent ab, werden wir während deines Schlafs mit dir reden. Wir lassen deine Seele nicht im Stich. Wenn du diese Zeilen liest, sei dir versichert, dass du zu jenen Seelen gehörst, die in ihrem jetzigen Leben erwachen.

Schon vor deiner Geburt hat deine Seele sich mit uns darauf vorbereitet. In deinem Leben ist nichts geschehen, was du nicht für deine Erleuchtung benötigst. Du kannst darauf vertrauen, dass alles richtig läuft. Wir wenden uns an dich, um dich an deinen Seelenplan und dein Erwachen zu erinnern. Alle erdenkliche Unterstützung erhältst du von uns, ohne dass du danach fragen musst.

Ein Nebenziel des Erinnerns ist, die Unwichtigkeit einer einzelnen Inkarnation zu erkennen und dadurch unempfänglich für irdische Versuchungen zu sein. In manchen Inkarnationen habt ihr das Wechselspiel zwischen irdischen Versuchungen und Abstinenz zu eurer Lebensaufgabe gemacht.

Die Strukturen auf der dreidimensionalen Erde sind so angelegt, dass ihr viel Zeit mit Routinen und Pflichten verbringt und möglichst wenig Aufmerksamkeit auf innere Prozesse legt. Durch eure Süchte und Anhaftungen verstärkt ihr das noch. Doch Bewusstsein findet ihr in der Leere, dem Nach-Innen-Gehen, der Stille. Den Zustand, den ihr mit dem Konsum von Drogen anstrebt, werdet ihr auf diese Weise niemals dauerhaft erreichen können.

Durch den Konsum bestimmter Substanzen erfährst du eine ganz und gar trügerische Ruhe. Es ist nicht die Ruhe, die du erfährst, wenn du dich in Stille begibst. Wendest du dich durch Drogen und Substanzen von den Ereignissen ab, gelangst du in eine Stille, in der du nichts transformierst. Diese Stille ist wie eine Betäubung. Transformation geschieht in der vollen Präsenz inmitten des Geschehens. Die Ereignisse transformieren sich, während du sie erlebst, nicht während du dich ihnen entziehst.

Um der vermeintlichen Leere zu entgehen, kultiviert ihr Süchte. Ihr macht euch abhängig von technischen Geräten, Substanzen in eurer Nahrung, Drogen oder Menschen. Ihr schaut pausenlos auf eure Bildschirme und kommt nicht mehr in das Erleben einer echten Stille.

Zunächst wirst du die Leere, die entsteht, wenn du all deine Abhängigkeiten nach und nach aufgibst, nicht aushalten können. Diese Leere schmerzt. Sie wird dich innerlich zerreißen, und du wirst das Gefühl haben, verrückt zu werden. Du wirst bestrebt sein, die Leere zu füllen, und feststellen, dass dadurch neue Abhängigkeiten entstehen.

Auch hier raten wir euch: Geht nach Innen. Schließt die Augen. Fühlt die Leere und haltet sie aus. Wenn es euch gelingt, die Leere immer wieder auszuhalten und nicht durch Essen, Trinken, Gesellschaft oder anderen Konsum zu füllen, werdet ihr die Erfahrung machen, dass neue Ideen in euch aufploppen. Ihr werdet kreativer, fröhlicher und erfüllter sein. Euer Leben wird zunächst im Innen bunter und schöner werden, bis ihr die all die neuen Ideen umsetzt, die Stille genießen könnt und die Leere als Fülle aller Möglichkeiten erkennt. In der Leere ist alles verborgen, was ihr benötigt, um Inspiration und Wunder zu erleben.

Geh in die Stille. Halte die Leere aus. Sieh, was geschieht.

Technologien

Wir werden niemals direkt in euer Handeln eingreifen, das widerspricht unserem Kodex. Jedoch geben wir euch geistig und physisch all die Hilfe, die ihr benötigt, um euren Planeten – und so auch andere Welten – vor der totalen Zerstörung zu retten. Die Entscheidungen trefft dennoch ihr, und die Handlungen werden von euch ausgeführt.

Durch eine entsprechende Ausrichtung eures Bewusstseins könnt ihr den Einfluss eurer Machthaber verändern. Indem ihr euer Augenmerk von allem abwendet, was nicht eurem höchsten Anspruch entspricht, entmachtet ihr sie.

Hört auf, Menschen oder Dinge und Einrichtungen zu beschimpfen, andere für etwas verantwortlich zu machen und euch hilflos zu fühlen. Wenn ihr keinen Krieg mehr wollt, dann hört auf, darüber zu lesen oder zu reden. Handelt hilfreich, wenn ihr helfen könnt, aber lasst all die Kriege nicht mehr in euer Bewusstsein. Wir verstehen, dass die Ausrichtung auf Frieden vielen von euch abstrakt erscheint. Doch es genügt, wenn ihr in eurem eigenen Umfeld Frieden sät. Frieden im Außen entspricht der Leere und Stille im Innen.

Gibt es nicht noch den einen Bruder, mit dem ihr in Streit lebt? Bist du in friedvollen Gedanken, wenn du an deine Mutter denkst – oder gar an deinen Onkel oder Vater? Bleibst du innerlich bei dir, wenn dir die Nachbarin oder Kollegin begegnet, und bist du in Frieden mit dir selbst? Kritisierst du dich für so manche Entscheidung, für deine Handlungen oder dein Aussehen, dein Scheitern, deine Trägheit, deine Lustlosigkeit? Lasse dich auf den Frieden der Stille ein und beobachte, wie dein Außen sich positiv transformiert.

Die Ur-Quelle spricht ständig mit dir und ersucht dich auf vielerlei Wegen zuzuhören. Um zu erwachen, ist es lediglich erforderlich, all deine grob- und feinstofflichen Sinne zu öffnen und den Informationen der Quelle zu lauschen. In jeder Minute deines Seins kommuniziert die Ur-Seele mit dir. Ein Leben ohne Anbindung an die göttliche Instanz existiert nicht; in keiner Welt zu keiner Zeit.

Die Himmel der Erde werden vernebelt von Menschen und Wesenheiten, die den Aufstieg verlangsamen wollen. Sie ziehen ihren Vorteil aus nicht erwachten Menschen und nähren sich von deren Energie. Durch vielerlei Abhängigkeiten verlangsamen sie das Erwachen dieser Seelen. Sie bereichern sich an ihnen durch die gesetzten Machtstrukturen.

Und doch gilt: Euer Erwachen kann nicht mehr verhindert werden. Gewiss arbeiten enorme Kräfte daran, es zu verhindern. Aber im Grunde wissen sie bereits ganz genau, dass sie das nicht mehr erreichen können, und so werden ihre Maßnahmen immer drastischer. Sie wissen, dass sie durch den Aufstieg der Erde diesen Planeten verlassen müssen und so sämtliche Annehmlichkeiten verlieren werden.

Ähnliche Strukturen auf anderen Planeten wieder aufzubauen ist ihnen möglich, bedarf jedoch der Absprache mit Wesen, die diese bereits besiedelt haben und dort ähnliche Machtstrukturen leben. Es bedarf vieler Kämpfe und kriegerischer Auseinandersetzungen.

Auch werden sich einige von ihnen mit ihrem eigenen Seelenplan auseinandersetzen und für eine Art Umkehr entscheiden. Die neuen Lebenswege werden ihnen durch ihr Karma viel Leid bringen. Davor haben sie Angst. All die irdischen Kriege und unmenschlichen Maßnahmen auf der Erde entstehen aus Angst vor Machtverlust.

Ein Kampf, der bereits verloren ist.

Eure Himmel werden tagsüber mit Substanzen und nachts mit Licht verunreinigt. Euer Leben findet hauptsächlich in Gebäuden statt, so dass ihr diesen Ereignissen kaum Aufmerksamkeit schenkt. Doch ihr, die ihr erwacht, habt ihr nicht schon Sterne gesehen, die in bestimmten Farben erstrahlen? Habt ihr nicht bereits Himmelskörper beobachtet, die hüpfende Bewegungen machen? Spürt ihr nicht die kosmische Inspiration, wenn ihr unter freiem Himmel seid? Gibt euch der Anblick der Sterne nicht ein Gefühl von Sehnsucht und Ehrfurcht? Eure Machthaber empfinden die universellen Wahrheiten als Gefahr für ihre Autorität. Deshalb unterdrücken sie diese planmäßig. Dennoch wird sich auf der Erde unaufhaltsam die Freiheit ausbreiten.

Euer Körper ist vergänglich. Weil er innerhalb der Zeit existiert. Das bedeutet, dass er einer niedriger schwingenden Dimension verhaftet ist. Und doch werdet ihr bald fähig sein, nicht nur mit eurem Bewusstsein, sondern auch mit Hilfe technologischer Geräte durch Raum und Zeit zu reisen. Ihr könnt diesen Geräten vorgeben, zu welcher Zeit – und das auf den Tag genau – und an welchem Ort ihr erscheinen möchtet, um Erfahrungen oder Beobachtungen zu machen.

Diese Geräte verschaffen euch eine enorme Freiheit. Bis ihr erkennt, dass ihr für solche Reisen überhaupt keine Gerätschaften benötigt. Und dadurch erlangt ihr einen noch größeren Grad an Freiheit. Ihr seid bereits zum jetzigen Zeitpunkt in der Lage, durch Raum und Zeit zu reisen. Nur wisst ihr bisher nicht, wie ihr eure diesbezüglichen Veranlagungen genau einsetzen müsst.

Es wird – um auf eurer chronologischen Zeitebene zu bleiben – nicht mehr allzu lange dauern, bis erste Menschen – und diese haben ihren Ursprung nicht auf der Erde – euch öffentlich von ihren Seelenreisen in andere Dimensionen oder zu anderen Planeten berichten. Später werden sie euch anleiten, selbst solche Reisen zu unternehmen. Wenn wir sagen, dass es nicht mehr allzu lange dauern wird, reden wir von Zeit, gemessen an der Ewigkeit. Doch bleibt wachsam. Die ersten Reiseberichte existieren bereits.

So viele Zivilisationen anderer Planeten machen sich große Sorgen um die Erde. Ihr habt eure Technologien erheblich schneller entwickelt als eure Spiritualität. Wir haben eine derartige Entwicklung schon auf vielen anderen Planeten beobachtet. Auf jedem dieser Himmelskörper führte dies zu enormen Schwierigkeiten.

Wenn das Bevölkerungsbewusstsein eines Planeten niedrig und die Technologie fortschrittlich ist, besteht stets die Gefahr, dass nicht spirituelles Handeln den Planeten unbewohnbar macht oder sogar zerstört. Wir haben viele Planeten gesehen, die durch unbewusstes Nutzen hoher Technologien den Untergang fanden. Und doch ist es an der Zeit, dass diese Technologien auf die Erde kommen. Durch sie erhaltet ihr Unterstützung in eurer Gesamtentwicklung.

Derzeit erfahrt ihr mehr kosmische Hilfe, als jemals ein Planet sie erfahren hat. Wenn ihr euren Planeten vernichtet, stört dies das Gleichgewicht im gesamten Universum. Das hätte weitreichende Konsequenzen für viele Bewohner zahlreicher anderer Planeten. Auch würde die Zerstörung der Erde in das Karma vieler Erdenbewohner eingreifen und wäre dadurch ein enormer Rückschritt für das Karma des Universums. Das Ziel des Universums ist Entwicklung. Transformation geschieht durch Erhöhung der Schwingung, nicht durch Zerstörung.

Was wir derzeit auf der Erde vorfinden, ähnelt dem, was wir in Atlantis und Lemurien beobachteten: ein schneller technologischer Fortschritt, zu dem nur eine geringe spirituelle Entsprechung existiert.

Die weiße Schwestern- und Bruderschaft der Planeten hat in all diesen Epochen in physischer Form Kontakt mit den Machthabern der Erde aufgenommen. Auch in dieser Zeit halten sie Kontakt zu den irdischen Herrschern, genau wie wir Arcturianer. Wir entheben sie nicht ihrer Macht, dies würde unser aller Karma beeinflussen, doch geben wir Ratschläge und versuchen zu überzeugen.

Technisch und spirituell sind wir in der Lage, die Erde zu erobern, die Herrschaft zu übernehmen, eure Kriege zu beenden und dadurch Einfluss auf die Entwicklung eures Planeten auszuüben. Doch entspricht das nicht unserem Bewusstsein. Jeder Planet soll seine Erfahrungen aus eigener Kraft machen und die folgerichtigen Entscheidungen treffen.

Die meisten unserer Empfehlungen wurden von euren Machthabern abgelehnt. Sie wollen nichts an eurer übermächtigen Finanzwirtschaft ändern. Sehr wenige verfügen bei euch über ein Maximum an Ressourcen. Dadurch werden Herrschaft und Unterdrückung garantiert.

Eure Machthaber sind bestrebt, dass ihr nichts über andere Zivilisationen erfahrt, was sich sehr negativ auf die Entwicklung eures Bewusstseins auswirkt. Würden eure Gesellschaften wissen, dass es Planeten ohne Geld und Sklaverei gibt, auf denen die Menschen Wege gefunden haben, Materie zu manifestieren, die Ressourcen schonend zu nutzen und friedlich neben anderen Wesen zu existieren, so wäre es das Ende der Unterdrückung und damit auch das Ende der Machthaber, die euch in einem höheren Ausmaß versklavt halten, als euch bewusst ist.

Manche dieser Planeten haben nicht nur das Geld, sondern auch gleich jede Form von Währung abgeschafft. Dadurch erblühte ihre Kultur. Die Menschen dort waren nicht länger an Neid, Eifersucht und Habgier gebunden. Mit ihrem Bewusstsein über die Unsterblichkeit der Seele, Reinkarnation und die Wirkungsweise des Karma erschien es ihnen nicht mehr erstrebenswert, nach materiellem Besitz zu trachten und Strukturen von Macht und Sklaverei aufrechtzuerhalten. Eine Kultur des Teilens und Nicht-Besitzens entstand. Diese Menschen folgen jetzt ihrer Intuition und leben ihre Verbundenheit mit der Quelle, sind kreativ und inspiriert. Die Venus ist zum Beispiel ein Planet, auf dem diese Entwicklung stattfand.

Wir verfügen über Wissen, wie ihr die Ressourcen eures Planeten auf eine Weise nutzen könnt, dass sie niemals aufgebraucht werden und euch auch nichts kosten. Eure Machthaber würden augenblicklich all ihre Macht verlieren, sobald euch unser Wissen darüber frei zugänglich wäre. Deshalb unternehmen sie auch die allergrößten Anstrengungen, um dies zu verhindern.

Wissenschaftler anderer Planeten weilen auf der Erde und bieten entsprechende Erfindungen an. Sie werden von der Erde verjagt oder, wenn sie inkarniert sind, getötet. Eure dunklen Herrscher beschießen unsere Raumschiffe und sind uns feindlich gesinnt. Sie haben großes Interesse daran, ein gefährliches Bild von Außerirdischen zu zeichnen. Dies geschieht durch Filme und Literatur.

Dadurch, dass durch eure Filme die Vorstellung geprägt wird, auf anderen Planeten lebten gruselige Kreaturen, war für lange Zeit sichergestellt, dass Menschen anderer Himmelskörper sich nicht glaubhaft auf der Erde offenbaren konnten. Der aktuelle Bewusstseinswandel bewirkt allerdings, dass ihr als Erdenvolk empfänglicher für die Vorstellung werdet, dass auch andere Energien und Wesen euren Planeten besuchen, die nicht negativ eingestellt sind.

Es gibt einen neuen Grad des Bewusstseins auf der Erde, der es ermöglicht, dass Bücher wie dieses von Lesern gefunden werden, die für solche Wahrheiten aufgeschlossen sind. Je aufgeschlossener eine Gesellschaft für solche Wahrheiten ist, desto mehr auf der Erde lebende Außerirdische werden sich offenbaren und ihr technisches und spirituelles Wissen anbieten. Es ist mehr Wissen und Hilfe vorhanden, als ihr derzeit abruft. Es besteht ein Angebotsüberschuss.

Immer mehr von euch erwachen und entdecken ihre Verbindung zu Wesen, die nicht als irdischer Mensch inkarniert sind. Dies führt dazu, dass die Machthaber versuchen, solche Wesen in ein schlechtes Licht zu rücken. Sie spüren, dass ihre Macht schwindet, weil immer mehr von euch ihren intuitiven Fähigkeiten vertrauen. Diese Machthaber haben enorme Angst vor den stattfindenden Veränderungen. Sie versuchen, die Schwingung der Erde zu verzögern, um länger in ihren bequemen Strukturen zu bleiben.

Doch die Veränderungen sind unaufhaltsam.

Immer mehr Menschen nehmen durch die Erweiterung ihres Bewusstseins auf gesunde Weise und unwillkürlich Einfluss auf ihre Genetik, wodurch sich ihre Schwingung verändert, was wiederum die Schwingung der Erde beeinflusst. Dies führt dazu, dass nur noch Seelen inkarnieren können, die der erhöhten Schwingung entsprechen.

Der Aufstieg der Erde ist unaufhaltsam. Früher oder später müssen alle Dunkelmächte sie verlassen.

Wir sind äußerst stolz auf euch und gratulieren euch zu diesem vorteilhaften Prozess.

Warum geben die Machthaber nicht einfach auf?

So wie die meisten Intelligenzen auf eurem Planeten halten die Machthaber ihre Energien nicht in einem ausgeglichenen Zustand. Viele von ihnen widmen sich lieber der Zerstörung statt dem Aufbau neuer und besserer Strukturen, die nach einer Zerstörung angebracht wäre.

Diese einseitige Energie ignoriert die heilsame Wirkung der Erneuerung. Der Flächenbrand, der bei einer Zerstörung verursacht wird, dient ihnen nicht dazu, Platz für Neues zu schaffen. Die Zerstörung wird sich selbst überlassen, ohne die freiwerdenden Energien positiv zu nutzen.

Grundsätzlich ist die Zerstörung von Altem durchaus heilsam, wenn an die Stelle des Abgeschafften neue und für den Menschen und die Erde bessere Strukturen gesetzt werden. Doch wenn die Energien von Zerstörung und Neuerschaffung nicht im Einklang stehen, wird nur Unfrieden und Krieg erzeugt, die keinerlei heilende Wirkungen haben. Soldaten werden zur Zerstörung aufgehetzt, ohne dass sie die Möglichkeit haben, etwas Neues aufzubauen. Kriege zielen auf Zerstörung ab, nicht auf den Aufbau von etwas Neuem. Das Ungleichgewicht zwischen den Energien Abbau und Aufbau ist der Grund für so viel Elend auf der Erde.

Die Machthaber nutzen nur die eine Seite dieser Energie. So missbrauchen sie das kosmische Prinzip des Werdens und Vergehens. Das Prinzip, etwas abzubauen, um etwas Neues entstehen zu lassen, ist an sich edel, aber es braucht den Ausgleich. Nicht ausgeglichene Prinzipien bringen kein Heil über die Menschen. Heilung geschieht immer und ausschließlich durch Ausgleich. Entweder muss das zu stark ausgeprägte Symptom verringert oder die zu schwach ausgelebte Seite gestärkt werden. Heilung geschieht im Zentrum, wo die Kräfte ausgeglichen sind.

Die Machthaber haben kein Interesse an Heilung. Sie kümmern sich nicht um das Wohl ihrer Schutzbefohlenen, sondern wollen missbrauchen und unterdrücken.

Nur jemand, der nach ausgeglichenen Prinzipien lebt und für seine Werte sichtbar einsteht, ist ein vertrauenswürdiger Führer. Doch auf der Erde sind kaum Systeme zu finden, in denen ausgeglichene Prinzipien tatsächlich gelebt werden können. Deshalb leiden die, die den Machthabern ausgeliefert sind, genauso wie die Machthaber selbst, obwohl es ihnen nicht bewusst ist.

Es gibt auch Machthaber, die in der Lage sind, Neues zu erschaffen, aber Schwierigkeiten haben, Altes abzubauen. Sie können ebenfalls keine zufriedenstellenden Ergebnisse liefern, denn sie können nicht wirklich führen, und unter ihnen entsteht Chaos, das der Bevölkerung schadet. In der Regel sind solche Machthaber jedoch dem Machtstreben verfallen und nicht in der Lage, ihr Volk wohlwollend zu führen. Ihr einziges Interesse ist die Ausübung von Macht.

Keine dieser drei Arten von Machthabern hat ein Interesse daran, seine Macht aufzugeben. Diejenigen, die zerstören wollen, erfreuen sich daran, besonders viel Schaden anzurichten, während diejenigen, die nur Neues erschaffen wollen und nicht in der Lage sind, Altes abzubauen, selbstverliebt auf ihre Projekte blicken und die nötige Klarheit für das Gesamtbild vermissen lassen. Deshalb besitzen sie auch nicht die Fähigkeit, alte Strukturen abzubauen.

Und diejenigen, deren Machtstreben zur Sucht geworden ist, werden ihre Sucht so lange wie möglich nähren. Ein Herrscher, dessen Herrschen zur Sucht geworden ist, wird niemals seinem Volk dienen können. Keiner von ihnen hat das Wohl des Volkes vollständig im Blick. Alle favorisieren eine Seite des Herrschens oder haben das Herrschen zum Selbstzweck erklärt. So gut wie alle Machtstrukturen auf der Erde werden von solchen Machthabern geführt.

Zurzeit sind sich sehr viele Menschen auf der Erde ihrer großen Verantwortung bewusst und stehen vor einem Dilemma: Sie möchten das Richtige tun, werden aber von äußerem Druck beeinflusst. Der Druck geht von den Machthabern aus. Doch in diesem Buch geht es nicht um die Machthaber, sondern um diejenigen, die sich in einem gesunden Transformationsprozess befinden. Es ist energetisch vorteilhafter für jene, die ihnen anvertraut sind, wenn die Verantwortlichen die Strukturen durchschauen und nach Veränderungen streben, statt sich einfach den bestehenden Systemen anzupassen. Das Erwachen dieser Menschen, die innerhalb der Strukturen agieren, überträgt sich auf diejenigen, die noch keine Verantwortung für ihre Welt tragen. Allein durch ihre Energie können sie schon einen positiven Einfluss ausüben.

Wir wissen, dass viele von euch mit den bestehenden Systemen kämpfen und mehr oder weniger zielgerichtet nach Auswegen suchen. Und wir möchten euch mitteilen, dass ihr allein durch eure Bewusstheit bereits einen großen Beitrag zur Heilung der Erde leistet.

Wir haben in dieser Zeit ein besonderes Thema mit der Genetik. Könnt ihr uns darüber etwas sagen?

Es gibt Wesenheiten auf der Erde und im Universum, die von den dunklen Mächten, den Machthabern, erschaffen wurden. Dies erfolgte und erfolgt immer noch durch genetische Eingriffe. Die dadurch entstandenen Wesen sind meist so finster in ihren Machenschaften, dass sie nicht beseelt werden können. Sie sind seelenlose Ausführer für die Befehle der Machthaber. Brechen die Macht und damit die Befehle der Machthaber weg, zerfallen diese Wesen. Sie haben keinerlei Funktion mehr. So etwas ist nur möglich, wenn in die Genetik von Wesen eingegriffen wird. Diejenigen, die so etwas herbeiführen, sind herausragende Spezialisten.

Bereits in Atlantis wurden Menschen mit Tieren gekreuzt durch raffinierte genetische Eingriffe. Auch in diese so entstandenen Wesen zogen aufgrund ihrer Dunkelheit keine Seelen ein. Doch sie konnten für das Ausführen von zerstörerischen Befehlen eingesetzt werden.

Als Mensch beschreiten wir doch alle den Weg hinaus aus dunklen Erfahrungen, hinein ins Einheitsbewusstsein.

Ist das bei Arcturianern genauso?

Es ist genauso, aber unser Weg verläuft ein wenig anders. Wenn ihr den Schleier des Vergessens hinter euch lasst, könnt ihr auch in der dreidimensionalen Welt die Freuden der geistigen Ebene erleben. Selbst wenn ihr die Läuterungen ohne euer Bewusstsein durchlebt, ist dies möglich. Ihr habt die Möglichkeit, alle körperlich erfahrbaren Genüsse zu erleben, ohne in Abhängigkeiten, Gefangenschaften oder Verstrickungen zu geraten. Um euer Leben zu transformieren, müsst ihr nicht erst auf kollektive Ereignisse warten. Ihr könnt im Hier und Jetzt transformieren. Dies ist jedoch wesentlich schwieriger, wenn ihr eure Ebene der enormen Dichte verlasst und in eine etwas weniger dichte Welt eintretet. Es gibt dann mehr Anlässe.

In jeder Dimension widerfahren euch Ereignisse, die euch unaufgelöste Themen spiegeln. Aber sobald ihr alle Verstrickungen transformiert habt, könnt ihr euch frei und erfüllt in jeder Dimension bewegen. Wenn noch ungelöste Bereiche vorhanden sind, werden sie euch in jeder weiteren Ebene, in der ihr auftaucht, gespiegelt. In dichteren Ebenen sind solche Spiegelungen jedoch deutlich schmerzhafter als in höheren Dimensionen.

Auf eurem Weg ins Einheitsbewusstsein spielt es für euch keine Rolle, in welcher Dimension oder Verkörperung ihr euch gerade aufhaltet. Jede Dimension mag unterschiedliche Voraussetzungen bieten, aber im Grunde kann jede Ebene zu jedem Zeitpunkt verlassen und transformiert werden. Die meisten Seelen haben nur nicht die Absicht, dies zu tun. Sie möchten den Weg in die höheren Ebenen in ähnlich kleinen Schritten zurücklegen wie den Weg, den sie über so viele Ebenen von der Liebe zur Abwesenheit von Liebe gegangen sind. Auf jeder Ebene möchten sie sich erfahren und gründlich transformieren.

Wir verstehen, dass ein solcher Weg in die höheren Dimensionen mühsam und von unangenehmen Erfahrungen begleitet ist, doch wissen wir auch, welch außerordentliche Freude die Seele dabei empfindet.

Wir sind ebenfalls auf dem Weg zurück ins Einheitsbewusstsein. Allerdings haben wir den Weg in die Materie nicht so deutlich manifestiert wie ihr. Wie tief ihr euch in die physische Ebene verstrickt habt, ist einzigartig im Universum. Das ist auch der Grund, warum die Erde von so vielen Geistwesen beobachtet wird. Die Befreiung der Seelen aus dem irdischen Kreislauf der physischen Inkarnationen ist ein kosmisches Großereignis.

Noch nie standen so viele kosmische Helfer bereit, um eine Spezies auf dem Weg zurück zu begleiten. Und noch nie war es für dunkle Seelen so einfach, euch in Abhängigkeiten und Opferidentitäten gefangen zu halten. Diese sogenannten dunklen Seelen haben sich noch tiefer in die Verstrickungen begeben als ihr, und durch das Vergessen eurer wahren Identität konnten sie euch manipulieren und programmieren. In der Illusion der Materie habt ihr ihnen gegenüber ein Ohnmachtsgefühl entwickelt, das auf der materiellen Ebene – und nur dort – berechtigt ist. Der Ursprung dieser dunklen Seelen – und das ist eine Bezeichnung, die wir von euch übernommen haben – ist jedoch ebenfalls das Licht. Sie haben nur noch mehr als ihr vergessen, wer sie sind. Dadurch, dass immer weniger Seelen die Materie weiterhin erschaffen, entsteht ein Vakuum, das es den dunklen Seelen ermöglicht, eine Ebene höher zu steigen. Wir bedienen uns hier sehr bildhafter Vergleiche. Es ist nicht ganz so, wie wir es beschreiben, aber wir wissen, dass ihr über diese Bilder versteht, wie die Entwicklung der Seelen verläuft.

Wie gesagt, bei uns Arcturianern läuft es ein wenig anders. Wir sind von hoher spiritueller Entwicklung und dienen dem Wohl des Universums. Es kommt dabei, wenn auch selten, vor, dass wir in physischer Form unter den Menschen auf der Erde in Erscheinung treten. Es sind stets besondere Umstände, die eine solche Begegnung ermöglichen. Vorab nehmen wir Kontakt mit der Seele des Menschen auf und holen ihr Einverständnis ein. Diese Begegnung geschieht ohne Zwang oder Einmischung, sondern beruht auf freiem Willen und bewusster Entscheidung. Die Seele erhält dann ein Serum, das sie bewusst und physisch konsumieren kann. Dieses Serum dient dazu, das Bewusstsein des Menschen für eine gewisse Zeit zu erweitern.

Der Zweck dieser Begegnungen ist es, dem Menschen zu helfen und ihn an seine wahren Fähigkeiten zu erinnern. Wir sehen in der Aura des Menschen das gesamte Karma, vergangene und zukünftige Leben sowie alle Verstrickungen in der physischen Welt. Wir erkennen den Grad seiner spirituellen Entwicklung und das Ausmaß der bereits erweckten Hellsinne. Unsere Fähigkeit, Gedanken zu lesen und Emotionen wahrzunehmen, ermöglicht es uns, sehr schnell eine enge Verbindung und ein tiefgehendes Verständnis für den jeweiligen Menschen aufzubauen.

Auf der Erde stehen die meisten Probleme der Menschen mit den Lebensumständen in Zusammenhang, während wir diese Hindernisse bereits hinter uns gelassen haben. In unserer Dimension lernen wir, unsere Gefühle in einem ganzheitlichen und ausbalancierten Zustand zu halten. Wir verstehen den Wert der Neutralität für die Entwicklung der Seele. Nicht ausgerichtete Emotionen können die Weiterentwicklung verhindern.

Physische Begegnungen mit uns sind für euch deshalb äußerst selten. Sie erfordern, dass der Mensch sich unserer Existenz bewusst ist und bereits in Berührung mit uns gekommen ist. Zusätzlich muss er sich in einer Situation befinden, in der er keinen Ausweg mehr sieht oder ein solcher Kontakt für sein derzeitiges Leben unerlässlich ist. Durch die physische Begegnung mit uns und das Erinnern an seinen Seelenplan gewinnt dieser Mensch dann neues Vertrauen, neuen Mut und neue Vitalität, um seinen individuellen Weg weiterzugehen.

Wir sind froh, dass ihr unsere Botschaften vernehmt, ohne dass wir jedem Menschen einzeln in physischer Form erscheinen müssen. Wir danken den Machern von Büchern wie diesem, in denen Menschen, die mit uns kommunizieren, unsere Aussagen weitergeben. Danke, dass ihr Vertrauen in Mitteilungen habt, deren Ursprung nicht irdisch ist. Ihr seid von Herzen gesegnet.

Ihr lernt also nicht wie wir durch Emotionen?

Durchaus. Aber auf der arcturianischen Ebene existiert ein tieferes Verständnis für Gefühle, das sich von irdischen Emotionen unterscheidet. Und doch fehlen uns selbst auf unserer Ebene die Worte, um die genaue Natur unserer Empfindungen zu beschreiben. Der Begriff »Gefühl« kommt dem noch am nächsten, um auszudrücken, was wir erleben.

Wir wissen, dass jegliche Form von Bindung unserer wahren Seelenessenz widerspricht und im Konflikt mit dem Ausdruck der absoluten Freiheit und bedingungslosen Liebe der Seele steht. Und da wir auf unserer Ebene Gefühle auf eine elementare, unmittelbare und überwältigende Art und Weise erleben, die ihr in eurer aktuellen Inkarnation noch nicht einmal annähernd erlebt habt, erscheint uns das besonders herausfordernd, was ihr Liebesbeziehungen nennt.

Auch wir haben Vorlieben und Abneigungen und lernen, die Gründe hinter unseren Abneigungen zu erkennen und unsere Gefühle zu transformieren. Mit Hilfe dieser Reflexion sind wir in der Lage zu erkennen, was zur Essenz unserer Seele gehört und was wir an diese gebunden haben. Die Befreiung der Seele ist ein fortwährender Prozess des Erkennens und Loslassens, der uns zu spiritueller Evolution und zum wahren Ausdruck unserer Seelenessenz führt.

Auf unserer Reise der spirituellen Entwicklung lernen wir als Arcturianer, dass es in Ordnung ist, uns Zeit zu lassen und das Leben in all seinen Prozessen als vollkommen zu empfinden. Es ist wichtig zu verstehen, dass wir in unserem Lernprozess oft scheitern, bis wir die entsprechenden Lektionen vollends beherrschen. Das Scheitern begleitet uns in allen Dimensionen und ist ein unvermeidbarer Teil unserer Wachstumsreise. Meistern wir eine Lektion, führt uns das nicht zum Ende, sondern öffnet einen neuen Raum des Lernens und Wachsens.

Jeder Schritt auf unserer spirituellen Reise bringt uns neue Erkenntnisse und Herausforderungen.

Unsere Reise als Arcturianer lehrt uns, dass das Streben nach Wachstum und Bewusstsein an sich wertvoll ist. Jeder Schritt, den wir machen, ist bedeutsam und führt uns zu einer tieferen Verbindung mit unserer wahren Natur, unserer Essenz. In all unseren Erfahrungen, ob scheiternd oder erfolgreich, lernen wir die Essenz der Liebe und des Mitgefühls besser kennen und verstehen noch grundlegender, was für ein kostbares Geschenk das Leben ist.

Durch unsere Botschaften laden wir dich ein, das Leben in all seiner Vielfalt anzunehmen und zu erkennen, dass alle Seelen stets auf ihrem einzigartigen spirituellen Pfad sind. In keiner Dimension gibt es einen endgültigen Abschluss, denn es handelt sich um eine fortwährende Reise des Erwachens und des Wachsens. Das Leben endet nie, für niemanden. Lasst uns diese Reise in Hingabe und Freude annehmen und das Leben in all seinen Facetten erleben.

Ihr habt vorhin Atlantis erwähnt, den versunkenen Kontinent. Könnt ihr mir darüber mehr sagen?

Was weißt du denn schon über Atlantis?

Nun, ich habe Erinnerungen an Atlantis. Ich weiß, dass ich dort eine Aufgabe übernommen hatte. Ich sollte Bewohner vor der Überflutung schützen. Dass dies nicht möglich war, hatte man mir nicht erzählt, und so hat sich tiefe Schuld in meine DNA eingeprägt. Es bedurfte in vielen Leben der Transformation und der Hilfe zahlreicher kosmischer Begleiter, um diese Schuld aufzulösen.

Ansonsten weiß ich eben das, was man nachlesen kann: Atlantis ist ein untergegangener Kontinent, der laut Platon westlich von Gibraltar im Atlantischen Ozean lag. Es gibt verschiedene Theorien über seine genaue Lage, etwa die Bahamas oder die Kanarischen Inseln. Der Untergang wird etwa auf 9.600 vor Christus datiert. Atlantis soll aufgrund einer Naturkatastrophe innerhalb eines Tages und einer Nacht versunken sein.

Diese Vorstellung fand ich zunächst etwas befremdlich. Doch da wir inzwischen davon ausgehen, dass auch die Nordseeinseln in ein paar Jahrzehnten nicht mehr vorhanden sein könnten, kann ich mir das nun sehr gut vorstellen.

Wenn man sich mit Atlantis beschäftigt, ist sehr schnell die Rede von einer ganzen Anzahl von Zivilisationen, darunter auch Lemurien und solche, die nach dem Untergang von Atlantis entstanden. Es wird spekuliert, dass einige native Völker Nachkommen von Lemurien oder Atlantis sein könnten. Einige Forscher gehen sogar davon aus, dass die spirituellen Überlieferungen dieser Völker von Atlantis stammen könnten.

Heutzutage wird argumentiert, dass wir uns in einer ähnlichen Lage wie die damalige Atlantis-Zivilisation befinden könnten. Atlantis wird oft als eine hoch entwickelte Zivilisation beschrieben, die technologisch weit fortgeschritten war und spirituelles Wissen besaß. Der Missbrauch dieses Wissens führte jedoch zu ihrem Untergang. Einige argumentieren, dass unsere moderne Zivilisation heute vor ähnlichen Herausforderungen steht, und betonen die Notwendigkeit, spirituelles Wissen positiv und verantwortungsbewusst zu nutzen.

Es gibt zwar keine archäologischen Beweise für die Existenz von Atlantis, aber die Möglichkeit besteht, dass noch unentdeckte Spuren vorhanden sein könnten. Einige glauben sogar, dass Atlantis auf einem anderen Planeten existierte und die heutige Menschheit von dort gekommen sei, um hier auf der Erde die dortige Zivilisation wiederaufleben zu lassen.

Du hast viel Wissen darüber angesammelt. Was meinst du? Wie könnte eine Antwort auf deine Frage lauten?

Nun, meine Erinnerung an Atlantis ist sehr lebendig. Sie fühlt sich äußerst real an. Andererseits könnte man die Geschichte auch als Gleichnis verstehen. So wie den Turmbau zu Babel in der Bibel. Ihr wisst schon: Die Bibel berichtet doch von diesem Volk, das eine heilige Sprache sprach und in einer Stadt einen Turm errichtete, der schon bald bis zum Himmel reichte. Gott befürchtete nun, dass das Volk übermütig werden und vor nichts mehr zurückschrecken könnte. Also verwirrte er ihre Sprache und verteilte die Erbauer über die gesamte Erde. Durch die Sprachverwirrung konnten sich die Menschen nicht mehr verständigen, und so endete die Weiterarbeit am Turm. Das Wort Babel bezieht sich im hebräischen Urtext an zwei Stellen auf ein Wortspiel, das auf dem ähnlichen Klang der Wurzeln der Wörter Babel (bbl) und verwirren (bll) aufbaut.

Wenn man es genau betrachtet, entspricht die Atlantis-Geschichte im Großen und Ganzen der Bibelgeschichte von Noah und der Sintflut. Es sind ähnliche Zusammenhänge. Noah sollte mit seiner Familie eine Arche bauen, während Gott alle anderen Menschen für ihr böses Verhalten bestrafen wollte.

Dass unsere heutige Zeit mit der von Atlantis verglichen wird und ebenso den Gleichnissen der Bibel entspricht, kann man also durchaus nachvollziehen. Auch unsere Zivilisation befindet sich in einem Wettrennen von höher, schneller und weiter, und die Menschheit ist irgendwie böse.

Ich habe keine Ahnung, ob es Atlantis tatsächlich gab. Aber im Vergleich mit den Bibelstellen ist dies auch unerheblich. Die Botschaft verstehen wir ja.

Erinnerst du dich, dass wir in einem anderen Buch einmal darüber sprachen, dass ihr eure Realität selbst wählt?

Ja, natürlich. Aber geht das soweit? Existieren selbst so globale und universelle Begebenheiten allein durch unsere Schöpfung?

Ihr erschafft sämtliche Begebenheiten und Umstände eures Lebens selbst. Ihr seid die Herrscher der Materie. Einiges erschafft ihr kollektiv, anderes individuell. Ihr erschafft eure Vergangenheit, eure Zukunft, eure Gegenwart. Ihr verursacht eure Lebensumstände, euer Karma und alles, was euch im kleinen und auch im großen Umfeld umgibt.

Manchmal ist mir die Einfachheit der Dreidimensionalität lieber. Aber ich verstehe. Obwohl das andererseits wieder so viele neue Fragen aufwirft. Im Grunde sind Bücher wie dieses hier eigentlich überflüssig. Oder vielleicht doch nicht? Im Gegenteil?

Mir schwirrt gerade ziemlich der Kopf.

Du hast uns vorhin nach dem Thema Genetik gefragt. Das dürfen wir hier gern wieder aufnehmen. Es hat mit Atlantis zu tun. Diejenigen von euch, die bewusste oder unbewusste Erinnerungen an Atlantis haben, haben eine besondere Abneigung gegen genetische Experimente.

Schon damals war es das Ziel der Dunkelmächte, aus den Menschen Roboter zu machen. Um dies zu schaffen, war es notwendig, das Bewusstsein der Menschen zu trüben. Dies geschieht auch heute wieder durch Substanzen in der Nahrung, in der Atmosphäre, im Wasser, in Medikamenten und durch Suchtmittel. Ebenso geschieht es durch den gezielten Einsatz der öffentlichen Medien, welche die Sinne lähmen und zu Abhängigkeiten führen. Es gibt viele weitere Maßnahmen, die sogar noch gravierender sind. Da aber nicht alle Leser von diesen Methoden wissen, wollen wir hier keinen Schrecken verbreiten oder eure Aufmerksamkeit darauf lenken. Tatsächlich ist es gut, wenn ihr euch nicht zu sehr auf diese Themen fokussiert.

Förderlich ist es jedoch, eure Sinne nicht zu betäuben und die Aufnahme künstlicher Außenreize, ihren unablässigen Konsum, auf ein Minimum zu beschränken, wenigstens in dem Rahmen, der euch möglich ist. Auch wir schützen euch in einem höchstmöglichen Maß, sofern ihr uns darum gebeten habt. Die Seelen, die diese Zeilen lesen, waren bereits in unseren Heilungskammern, und wir wissen um ihren Wunsch nach Freiheit und Liebe. Wir begleiten euch.

Leistet ihr denn auch auf der Erde Hilfe für uns? Ich meine, was ihr gerade erzählt, ist ja eher abstrakt. An die Heilungskammern kann sich kaum jemand erinnern.

Bevor ihr wieder zur Erde reist, kommt ihr nach dem Verlassen der Heilungskammern in unsere Kristall-Hallen. Dort wird euer Zugang zu weiterem kosmischen Wissen freigeschaltet. Manchen von euch ermöglichen wir es auch, diese Prozesse in eurer dreidimensionalen Realität zu durchlaufen.

Soweit ich weiß, besteht einer der wichtigsten Ansätze darin, dass man die Zirbeldrüse entkalkt, um den Zugang zu anderen Dimensionen zu erleichtern. Dann können unsere Seele und unser Körper auch einfacher heilen, der Gehirnnebel schwindet, und es entsteht eine besondere Klarheit. So ist es zumindest mir ergangen, als ich mich daran machte. Meint ihr so etwas?

Nun, grundsätzlich könnt ihr davon ausgehen, dass jeder, der in Berührung mit uns Arcturianern kommt – und damit auch jeder Leser dieses Buches – Zugang zu unseren Heilungskammern hat. Die meisten von euch waren bereits dort. Nur könnt ihr euch in der Regel nicht an diese Besuche erinnern. Und die Entkalkung der Zirbeldrüse, von der du sprichst, ist ein großer Schritt, eine dreidimensionale Unterstützung der Prozesse, die in den Heilungskammern und Kristall-Hallen angestoßen werden. Wir bemühen uns sehr, möglichst viele solcher Methoden durch Wissenschaftler, Avatare oder Medien zu euch zu bringen. Sie wurden nicht in eurer Dimension erfunden, sondern von Menschen, die unter euch leben, auf die Erde gebracht.

Ich verstehe. Das war mir bisher gar nicht bewusst. Danke, dass ihr uns auch auf diesen Ebenen unterstützt.

Nicht nur Wesen aus anderen Dimensionen, so wie wir, unterstützen euch. Ihr erfahrt auch enorme Hilfe von euren irdischen Pflanzen. Insbesondere die Bäume sind für euch da. Das war schon immer so, nur haben die meisten Menschen ihren Zugang zum göttlichen Verständnis dieser Zusammenhänge verloren. Sie haben den Zugang zur Natur verloren.

Viele Bäume und Pflanzen wurden zum Beispiel von Lichtwesen auf die Erde gebracht. Birken haben ihren Ursprung in einer höheren Dimension. Sie vermögen es, ihre Umgebung zu harmonisieren und niedrige Schwingungen anzuheben. Wir ermuntern euch deshalb, die Nähe von Birken zu suchen und die Verbreitung dieses hellen Baumes zu unterstützen. Dadurch siedeln sich weitere Pflanzen und Bäume an, von denen eine höhere Schwingung ausgeht.

Versteht ihr jetzt, warum es Organisationen und ganze Länder gibt, die einen regelrechen Krieg gegen Bäume führen? Gezielt werden weibliche Bäume abgesägt oder gar nicht erst gepflanzt. Dadurch wird die Harmonie der Natur gestört. Je mehr ihr lernt, die feinstoffliche Ebene wahrzunehmen und mit ihr zu interagieren, desto weniger wird es möglich sein, eure Seelen verdorren zu lassen und euch zu Robotern zu machen. Ihr verlasst die dritte Dimension der Materie und steigt in eine höhere auf. Roboter können nur in niederen Frequenzen funktionieren. Menschen, die ihre Schwingung immer mehr anheben, sind nicht versklavbar.

Ihr könnt eure Schöpferkraft in höheren Dimensionen leichter nutzen. Nun wisst ihr auch, dass ihr die Freiheit, die ihr so erschafft, deshalb erlebt, weil ihr durch feinere Schwingungen für die dunklen Kräfte nicht mehr erreichbar seid. Sie können euch in den höheren Dimensionen nichts anhaben. Steigen immer mehr Menschen in feinstofflichere Schwingungsfelder auf, finden die dunklen Kräfte auf dieser Erde einfach keinen Nährboden mehr.

Das ist übrigens auch ein Grund, weshalb ihr andere Menschen bei der Erhöhung ihrer Schwingung nach Kräften unterstützen solltet. Je mehr Menschen auf einer hohen

Schwingungsebene vibrieren, desto mehr schwächt das die Macht der Dunkelheit.

Ob ihr meditiert, stressfreier lebt oder versucht, eure Wünsche Gestalt annahmen zu lassen, der Gebrauch eurer Schöpferkraft führt zu einer kollektiven Erhöhung der Schwingung. Und das hat seine Auswirkungen. Eure Wünsche und Schöpfungen mögen sich im Laufe der Zeit verändert haben. Die anfängliche Motivation, eure Schöpferkraft zu erfahren, beruhte vielleicht auf einem empfundenen Mangel in der äußeren Welt. Mit der Zeit entwickelte sich daraus jedoch ein Bewusstsein für die Transformation der Erde und ihrer Bewohner.

Dagegen helfen auch keine trickreichen Manöver. Es gibt zum Beispiel dunkle Seelen, die sich in zahlreiche Splitterseelen aufgeteilt haben. So wurde die Kraft der dunklen Seele enorm verstärkt. Das Dunkle, das sich in vielen tausend Wesen inkarniert hat, reichte weiter und konnte sich leichter an Menschen anheften als die Kraft eines einzelnen Dunkelwesens. Für die meisten Menschen ist ein Leben mit einem solchen dunklen Seelensplitter kaum auszuhalten. Sie verstehen nicht, warum sie diese zutiefst dunkle Seite in sich tragen. Und sie können es auch nicht verstehen, da diese zersplitterten dunklen Seelenanteile nichts mit dem Karma des Menschen zu tun haben.

Es ist wie eine Fremdbesetzung, die so gering ist, dass die Menschen, die einen solchen Seelensplitter in sich tragen, diesen Zustand nicht erfassen können.

Die dunklen Seelen erleben ihre Aufsplitterung in tausende Einzelseelen als verheerend. Sie können den Zustand selbst kaum ertragen. Ist eine Seele in tausende Teile aufgesplittert, ist das für sie eine sehr schlimme Erfahrung. Die dunkle Seele, die vorhatte, auf diese Weise ihre Macht zu erweitern, erlebt stattdessen einen elendigen Zustand. Die Aufgabe, diese Seelensplitter wieder zusammenzufügen, währt in der Regel abertausende von Leben. In dem Maße, in dem das der Seele gelingt, bekommt sie Gelegenheit, sich von der dunklen Seite ab- und dem Licht zuzuwenden. Das Dunkle durchlichtet sich dabei immer mehr.

Ein solches Aufgeben kann dazu führen, dass die von Dunkelheit durchtränkte Seele ihre Transformation ins Licht beginnt. Es kann aber auch sein, dass sie diesen Weg nicht beschreitet. Das bedeutet dann, dass die dunkle Seele sich nicht ganz freiwillig von der Erde verabschiedet und sich an einem anderen Ort im Universum ansiedelt, um dort ihre Dunkelheit weiter auszuleben.

Da sich die Energien der Erde und damit das Bewusstsein der Menschheit in einer kollektiven Veränderung hin zum Licht befinden, können die dunklen Mächte nicht dauerhaft auf diesem Planeten bleiben. Wisst ihr, die aktuellen globalen Kriege und Katastrophen sind nur ein letztes Aufbäumen der dunklen Mächte. Viele von ihnen werden den Schauplatz Erde nicht kampflos verlassen. Dennoch kämpfen sie bereits auf verlorenem Posten. Weil sie das wissen, handeln sie in dieser extremen Art und Weise.

Doch ebenso, wie das übermäßig Dunkle nicht förderlich ist, ist auch das übermäßig Helle nicht förderlich. Diese Pole sind entstanden, weil das Göttliche aus der Mitte gerissen wurde. Der Ursprung, die Wahrheit, das Göttliche ist die Ruhe im Zentrum ohne jedwede Ausprägung oder Polaritäten. In eurer Stille, im Nichts findet ihr die wahre Erfüllung.

So verschwindet jegliches Dunkel auf der Stelle. Hervor tritt ein Friede, eine Verbundenheit, eine Weite, eine Freiheit, ein Licht, das nicht in der Dualität verankert ist.

Immer, wenn ihr heftig auf etwas Dunkles – oder auch Helles – im Außen reagiert, könnt ihr gewiss sein, dass ihr diesen Aspekt in euch selbst noch nicht transformiert habt. Gebt diesen Anteilen in euch Liebe und bittet uns darum, diese Anteile bei euren bewussten oder unbewussten Besuchen in unseren Heilungskammern zu heilen.

Wir sind da, um euch zu helfen. Wir sind da, um euch zu heilen. Auf allen Ebenen. Bittet uns darum, und wir werden eure Heilung enorm unterstützen.

Dies wird nicht immer leicht sein. Doch es wird euch leichter fallen, je mehr ihr das Gefühl der Einheit in euch bewahrt. Behaltet dieses Gefühl in Erinnerung und strebt danach, es immer wieder zu erreichen. So werdet ihr aus der Einheit mit Gott heraus handeln und die Dualität überwinden. Eure Schöpferkraft wird so immens sein, dass ihr Materie aus dem Nichts erschaffen könnt, wahre Wunder vollbringt und Probleme zum Verschwinden bringt.

Taucht ein in die Einheit, die Stille, das Jetzt, in den Raum, in dem unendliche Zeit existiert. Ihr wart alle schon dort und werdet immer öfter dorthin zurückkehren. Es ist der Ort, an dem wir euch begegnen und an dem ihr alle Wesen des Universums treffen könnt. Von dort aus könnt ihr zu all euren Leben und zu allen Seelen reisen, in sämtliche Dimensionen und zu sämtlichen Zeiten.

Astralwelten

Es gibt mehr Universen, als ihr mit eurem Verstand begreifen könntet. Ebenso gibt es unzählige Dimensionen. Du kannst sie erfahren, indem du dich direkt in sie hineinbegibst. Eine höhere Dimension kann nicht von einer niedrigeren Dimension aus erfahren oder verstanden werden. Die einzige Möglichkeit, einer höheren Dimension gewahr zu werden, ist, sich direkt in sie hineinzubegeben.

Du weißt, dass es diese Dimensionen gibt, möglicherweise erinnerst du dich sogar an außerkörperliche Erfahrungen oder Zeiten zwischen deinen Inkarnationen.

In höheren Dimensionen gibt es keine Beschränkung auf räumlicher oder zeitlicher Ebene. In diesen höheren Welten ist ein unmittelbarer Zugang zu allen Zeiten und Orten im Universum möglich. Hier wirst du dir gewahr, dass das Bewusstsein so viel realer ist als die Objekte, die du in der äußeren Welt erfährst. Du erkennst, dass jegliche Form von Materie einer Illusion, einer Schöpfung auf geistiger Ebene entspricht. Tatsächlich ist sogar jedes Objekt von Bewusstsein durchdrungen. Es gibt keine Schöpfung außerhalb von Bewusstsein. Jede Materie ist von Bewusstsein durchdrungen. Selbst ein Stein am Wegesrand ist beseelt.

Sobald du in höhere Dimensionen aufsteigst, bist du frei von Kummer und Schmerz. Deine irdischen Gedanken,

Beurteilungen und Empfindungen sind gänzlich aufgelöst. Erst wenn du in deinen inkarnierten Körper zurückkehrst, wirst du dir all dieser menschlichen Wahrnehmungen und Einschränkungen wieder bewusst.

Gefühle und Emotionen in höheren Dimensionen sind anders als du sie von deiner irdischen Inkarnation kennst. Gefühle existieren in transformierter Form. Sie sind nicht nur im Innen spürbar, sondern gleichermaßen im Außen erfahrbar. Jede innere Gefühlsregung ist unmittelbar im Außen repräsentiert. Mit einer einzigen Empfindung veränderst du dein gesamtes äußeres Erfahrungsfeld. Es gibt keine Trennung von Innen und Außen und kein Getrenntsein zwischen Ursache und Wirkung. Jede Gefühlsregung ist simultan erfahrbar. Und doch existieren Emotionen, wie ihr sie von der Erde kennt, nicht mehr. Jede höhere Dimension hat ihre ureigene Schwingung und unterliegt kaum Schwankungen oder Gemütszuständen. Dies sind irdische Bedingungen, die ihr verlassen werdet.

In den höheren Ebenen könnt ihr erleben, wie sich eure Gedanken und Gefühle augenblicklich manifestieren. Weil ihr noch nicht über genügend Klarheit verfügt, erfolgt die Manifestation in der physischen Welt nicht unmittelbar. Dies dient eurem Schutz. Die Zeitverzögerung wird jedoch zunehmend geringer. Je höher eure eigene und die Schwingung der Erde werden und je klarer ihr seid, desto schneller erlebt ihr die Manifestation dessen, was ihr im Augenblick zuvor gedacht oder gefühlt habt. In noch höheren Dimensionen gibt es gar keinen Zeitverzug zwischen Ursache und Wirkung mehr. Alles geschieht im Jetzt, Gedanken manifestieren sich augenblicklich.

Euch ist in der physischen und astralen Welt so vieles möglich. Doch durch eure Unwissenheit über eure Schöpferkraft erschafft ihr meistens das, was bereits vorhanden und existent ist. Wenn ihr euch dieser Selbsteinschränkung gewahr werdet, öffnet ihr euch für Möglichkeiten und Techniken, um die Begrenzungen zu überwinden.

In sehr hohen Ebenen werdet ihr euch gewahr, dass ihr eins mit der göttlichen Quelle seid. Ihr erkennt, dass auch die Ur-Seele nicht statisch ist und sich immer weiterentwickelt, sich immer mehr selbst erkennt und einen stetig höheren Zustand des Erwachens erreicht. Dieser Prozess ist nie beendet. Von jeder Stufe aus gibt es noch eine weitere zu erkennen und zu erleben.

Immer wieder werden neue Planeten geschaffen, um Erfahrungen auf niederen Ebenen zu ermöglichen, und immer wieder steigen ganze Planeten mit ihren Bewohnern, der Flora und Fauna und dem Mineralreich, in ihrer Schwingung auf. Seelen, die Erfahrungen auf niederen Niveaus benötigen, inkarnieren dann nicht mehr auf diesen emporgestiegenen Planeten.

Doch die Tatsache, dass du in einer dichteren Ebene inkarniert bist, bedeutet nicht, dass du an die negativen Energien dieser Stufe gebunden bist. Durch das Erinnern deiner Hellsinne kannst du deine persönlichen Erfahrungen auswählen und beeinflussen.

Bevor ein Planet gänzlich in eine höhere Dimension aufsteigt, ist er sowohl physisch als auch nicht physisch bewohnt. Einige Seelen leben bereits auf feinstofflichen Ebenen der Erde, während andere noch auf der physischen Ebene verweilen. Dieser Übergang geschieht allmählich. Mit dem wachsenden Bewusstsein und dem Erinnern der Starseeds verlassen immer mehr Seelen die physische Ebene, um auf einem höher schwingenden Niveau weiterzuleben.

Die Dichte der physischen Welt werdet ihr immer häufiger und immer länger verlassen, bis ihr euch gänzlich dafür entscheidet, auf einer astralen Ebene fortzuexistieren.

Die Höhe der Schwingung auf einem Planeten entspricht dem Bewusstseinsgrad der dort lebenden Seelen. So ist die Astralebene in ihrer Schwingung um einiges höher als eure physische Welt. Seelen, die dauerhaft oder auch nur vorübergehend in die astrale Welt eintreten, haben bereits einen bestimmten Grad an Bewusstsein erlangt.

Es gibt viele Ebenen mit geringerer Verdichtung. Die Astralebene ist nur eine davon. Auf all diesen Ebenen sind die Lebensbedingungen so viel friedlicher und angenehmer, als ihr es derzeit in eurer physischen Welt vorfindet.

Die astrale Welt schwingt in einer sehr viel höheren Frequenz. Das ist auch der Grund, warum eure Wissenschaftler mit ihren grobstofflichen Messgeräten diese Ebene nicht messen oder nachweisen können. Menschen mit Zugang zu feinstofflicheren Dimensionen können sich jedoch mit der astralen Welt verbinden und sie als existent wahrnehmen.

Auf den astralen Ebenen erscheint alles so wie auch in der physischen Welt. Eure Körper, die Gegenstände, die Natur sehen ebenso aus, wie ihr sie in eurer materiellen Welt wahrnehmt. Doch ist alles, was ihr astral erfasst, von geringerer Dichte. Diese Welt ist feinstofflicher. Alles, was hier existiert, ist von längerer Dauer. Die Abnutzung der Körper und Gegenstände ist geringer. Auch können Seelen hier viele tausend Jahre leben, ohne ein neues Leben zu beginnen.

Eure Häuser und Straßen, eure Kleidung, alles, sieht auf der astralen Ebene so aus wie in eurer dichteren Welt. Und doch strahlt alles etwas mehr und ist auf eine bestimmte Art schöner und anmutiger. Alles ist gleich, und doch schwingt es höher. Dadurch ist es transparenter, leichter und erhabener.

Die Farben der astralen Ebene leuchten auf eine Weise, die ihr euch in der physischen Welt nicht vorstellen könnt. Es existieren Farben, die ihr noch nie zuvor gesehen habt. Die strahlendsten Farben, die ihr in eurer Welt kennt, sind die blassesten Farben in der astralen Welt. Jegliche Materie auf dieser Ebene leuchtet und strahlt.

Ihr könnt in der feinstofflichen Ebene auch Klänge vernehmen, die ihr in der physischen Welt nicht wahrnehmen könnt. Die erhabensten Melodien der physischen Ebene gleichen den niedrig schwingendsten Klängen der astralen Welt. Wenn ihr eine bestimmte Melodie hören möchtet, könnt ihr sie durch eure Gedanken in Klang und Erfahrung bringen. Möchtet ihr einen bestimmten Duft wahrnehmen, könnt ihr ihn auf die gleiche Weise erschaffen.

Auf der astralen Ebene könnt ihr eure Gedanken und Gefühle farblich und als Klänge wahrnehmen. Ihr könnt die Energie eures Denkens und Fühlens sehen und hören. Ebenso könnt ihr Seelen begegnen, denen ihr in anderen Inkarnationen in physischer Form begegnet seid.

Auch sind eure Körper dort schöner. Auf astraler Ebene könnt ihr eure Körperform wechseln. Ihr könnt euch unsichtbar machen oder eine andere Erscheinung annehmen. Ihr könnt euch größer und kleiner machen oder eine gänzlich andere Gestalt wählen. Ihr könnt als Tiere, Pflanzen oder Fantasiewesen diese Welt bevölkern.

Feen und Elfen, die von manchen Kindern oder in bestimmten Gegenden eures Planeten auch von Erwachsenen wahrgenommen werden, sind Wesen der astralen Ebene, die mit euch in Kontakt treten möchten.

Auf der Astralebene ist es nicht nötig, Nahrungsmittel zu konsumieren. Ihr könnt dies tun, weil ihr daran gewöhnt seid oder weil es zu gesellschaftlichen Ereignissen gehört. Doch besitzt ihr dort die Fähigkeit, eure Energie direkt aus der ätherischen Umgebung aufzunehmen. Nahrung könnt ihr mit euren Geschmacksnerven wahrnehmen und genießen; sie zerfällt jedoch direkt nach dem Konsum in nicht materielle Energie. Zum Überleben benötigt ihr im Astralen keine Nahrung mehr. Dadurch erfahrt ihr eine neue Dimension der Freiheit. Ihr könnt essen, doch vielmehr zum Vergnügen als zum Erhalt eures Körpers. Auch existieren dort keine körperlichen Abhängigkeiten.

Diese sind Teil der physischen Ebene.

Ohne einen physischen Körper gibt es auch keinen körperlichen Schmerz. Ein Leben auf der astralen Ebene ist vollkommen frei von körperlichem Schmerz. Seelen ohne physischen Körper sind auch nicht versklavbar.

Sobald ihr diese Ebene erreicht, erlebt ihr die Freiheit, nach der ihr euch derzeit sehnt. Es ist die Freiheit, die alle Starseeds bereits erfahren haben, nach der sie sich sehnen und an die sie sich nun erinnern.

Wenn ihr Gegenstände in den astralen Ebenen von einem Ort zu einem anderen bringen möchtet, könnt ihr euch der Umwandlung von Materie zu Energie und dessen Umkehrung bedienen. Ihr werdet feststellen, dass es gar nicht mehr nötig ist, etwas zu transportieren.

Ebenso könnt ihr selbst an einem Ort verschwinden und an einem anderen wieder auftauchen.

Personentransporte werden nur durchgeführt, wenn jemand eine ausgesprochene Freude daran hat oder wenn mehrere Menschen gleichzeitig reisen und niemand verlorengehen soll, weil er sich etwa auf eine andere Frequenz eingeschwungen hat. Physische Transportmittel sind überflüssig, da ihr mit eurem Astralkörper in wundersamer Geschwindigkeit überallhin reisen könnt. Allein durch Gedankenkraft könnt ihr unmittelbar am Wunschort erscheinen. Kurze Strecken könnt ihr weiterhin gehen oder dahingleiten. Levitation gehört zu den Fähigkeiten, die ihr auf der astralen Ebene beherrscht.

Ihr benötigt auf der astralen Ebene weder Fahrzeuge noch Fluggeräte, um von einem Ort zum anderen zu gelangen. Ihr konzentriert euch auf den Ort, an dem ihr sein möchtet, und erscheint dort im selben Augenblick. Manche erinnern sich an diese Fähigkeit und erlernen sie gerade neu, indem sie die Teleportation üben. Die meisten von euch kennen Berichte über Menschen, denen dies gelang. Euch wird zwar erzählt, dass es sich bei diesen Beobachtungen um Schwindel handelt, doch tief im Inneren wisst ihr, dass Menschen tatsächlich in der Lage sind, ohne materielle Transportmittel sofort ihren Standort zu wechseln. Ihr Starseeds erinnert euch jetzt an diese Fähigkeiten.

In höheren Ebenen könnt ihr euch über die lineare Zeit hinaus ausdehnen und vollkommen mühelos die Zukunft oder die Vergangenheit bereisen.

Technische Geräte könnt ihr auf dieser Ebene mit Gedankenkraft bedienen – bis ihr feststellt, dass ihr die Geräte nicht länger benötigt. Staubsauger zum Beispiel benötigt ihr nur, wenn ihr durch eure gedankliche Ausrichtung Staub erschafft. Niemand wird mehr auf die Idee kommen, Staub oder Dreck zu manifestieren. Eure Schöpferkraft müsst ihr nicht länger darauf verwenden, eure Wohnungen und Häuser zu putzen. Das ist dann vorbei.

Ihr könnt eure Energien dazu nutzen, die häusliche Umgebung zu erschaffen, die euch gefällt. Dabei lernt ihr, dass es nicht genügt, eine vage Vorstellung von dem zu haben, was ihr erschaffen wollt. Wenn ihr ein Bild an der Wand manifestieren möchtet, müsst ihr wissen, wie groß es sein soll, welche Farben und Motive darauf sein sollen und aus welchem Material es geschaffen sein soll.

Ihr müsst auch nicht einkaufen gehen, da ihr Gegenstände materialisieren könnt. Allerdings bleibt einmal erschaffene Materie existent. Ihr könnt sie nicht einfach verschwinden lassen. Materie unterliegt den Gesetzen der Physik und ist dem natürlichen Zerfall oder der Zerstörung durch Feuer oder andere vernichtende Eingriffe unterworfen.

Allerdings ist es möglich, die Form der Materie zu verändern. Habt ihr auf astraler Ebene beispielsweise einen Gegenstand erschaffen, den ihr nicht mehr benötigt, könnt ihr mit Hilfe eurer Gedankenkraft aus dieser manifestierten Materie einen anderen Gegenstand formen, der dem ersten ähnlich ist. Aus einem Schrank könnt ihr keine Lampe machen, jedoch einen anderen Schrank, der euch besser gefällt. Die Funktion des geschaffenen Gegenstandes bleibt beim Verwandeln durch Gedankenkraft stets gleich.

Die Funktion ist nämlich auf energetischer Ebene dem Gegenstand eigen und kann nicht verändert werden.

Auch benötigt ihr keine Fabriken mehr. Gegenstände, die ihr haben möchtet, könnt ihr unmittelbar manifestieren. Ihr habt die Fähigkeit, Materie sozusagen aus dem Nichts zu erschaffen, weil ihr wisst, wie ihr Energie umwandeln könnt.

Um euer Karma nicht zu verunreinigen, ist es allerdings ratsam, einzig die eigenen Schöpfungen zu verändern. Wenn du einen Gegenstand materialisiert hast, der dir nicht mehr gefällt, kannst du ihn nach Belieben abwandeln. Gefällt dir die Manifestation eines anderen nicht, so raten wir dir, nicht in dessen Schöpfung einzugreifen. Wenn du die Fähigkeit erlangt hast, Materie zu transformieren, kannst du sowohl deine eigenen als auch die Schöpfungen anderer verändern. Greifst du allerdings in Schöpfungen anderer ein, belastest du dein Karma so sehr, dass du die astrale Ebene möglicherweise wieder verlassen musst.

Auf der astralen Ebene bist du für all deine Schöpfungen verantwortlich. Handelst du nicht in Einklang mit den kosmischen Gesetzen, missachtest du deine Verantwortlichkeit. Damit belastest du dein Karma ebenfalls so stark, dass du deine nächste Inkarnation womöglich wieder in der physischen Welt verbringen musst. In der Welt des Materiellen musst du dann erneut lernen, karmische Verantwortung zu übernehmen.

So wie es für euch selbstverständlich ist, nicht den Schrank eures Nachbarn in einer anderen Farbe anzustreichen, ohne dass dieser euch darum bat oder ihr seine Erlaubnis dazu eingeholt habt, werdet ihr auch die feinstofflichen Schöpfungen eines anderen achten.

Da ihr auf der astralen Ebene keinen echten physischen Körper habt, benötigt ihr keinen Schlaf, um den Körper zu erholen. Aus diesem Grund existiert auch keine Müdigkeit. Stattdessen ist es für euren Geist erforderlich, sich auszuruhen oder zu leeren.

Eure geistige Macht ist auf dieser Ebene so groß, dass ihr allein durch eure Gedanken Materie bewegen, verändern und erschaffen könnt. In der physischen Welt verfügt ihr über die gleiche Fähigkeit. Nur ist der Schöpfungsprozess auf dieser Ebene so verlangsamt, dass ihr kaum einen Zusammenhang zwischen euren Gedanken, Emotionen und Visionen sowie euren Schöpfungen herstellt.

Auf der Erde haben sich bisher nur wenige Starseeds an die Fähigkeiten erinnert, mit denen sie Materie durch ihren Geist beeinflussen können. Wir rufen euch eindrücklich dazu auf, damit zu experimentieren.

Da ihr auf astraler Ebene eure Schöpferkraft voll ausnutzt und keine tägliche Nahrung benötigt, ist es in diesen Dimensionen nicht erforderlich, einer bestimmten Tätigkeit nachzugehen, um den Lebensunterhalt zu finanzieren. Ihr könnt den Fokus auf eure Talente und Leidenschaften, auf eure Kreativität und eure Ideen richten. Ihr dürft eure Kultur so richtig erblühen lassen. Eure Kreativität ist eure Fähigkeit, euch auf höhere Seinsebenen zu schwingen und zu empfangen, was auf diesen Ebenen bereits existiert.

Auf der astralen Ebene ist es aufgrund des geringeren Dichtegrades viel leichter, kreativ zu sein als auf der physischen. In eurer Dimension müsst ihr in der Regel Tätigkeiten nachgehen, die weder eure Talente besonders fördern noch inspirierend sind. Ihr müsst einfach nur euren Körper durch den Raum tragen und seid von trägen Energien umgeben. Viele von euch halten sich allein deshalb nicht für kreativ, weil sie sich selten mit der feinstofflichen Ebene verbinden und nicht an ihre Träume erinnern können.

Durch eure Versklavung auf der irdischen Ebene seid ihr an große Konformität gewöhnt. Wenn ihr anfangt, euch spirituell zu entwickeln, und aus den Zwängen befreit, werdet ihr zunehmend individueller und kreativer werden. Weil jeder das erschaffen kann, was seinen Vorlieben entspricht, werdet ihr ein Aufblühen eurer Kultur erleben.

Dadurch inspiriert ihr euch gegenseitig.

Je mehr Freiheit ihr bei anderen beobachtet, desto mutiger werdet ihr, es ihnen gleich zu tun. Freiheit bedeutet Individualität und dadurch das Erblühen der Kultur.

Auch kann aus der Astralebene fast alles in die physische Welt gebracht werden. Diesen Prozess bezeichnet ihr dann als schöpferisch oder kreativ. Die meisten eurer Erfindungen haben ihren Ursprung in der astralen Ebene. Die Fähigkeit, etwas aus der astralen in die physische Welt zu bringen, haben Menschen, die bereits auf astraler Ebene gelebt haben und sich daran erinnern. So können Materialien oder Erfindungen leicht in der physischen Ebene materialisiert werden, da sie auf astraler Ebene schon existieren.

Wenn du ein kreativer Mensch bist, hast du die Fähigkeit, dich mit der astralen Welt zu verbinden und Schöpfungen dieser Ebene auf die Erde zu holen. Tatsächlich kommen all eure Ideen und Erfindungen aus der astralen Welt. Wenn ihr kreativ seid, verbindet ihr euch unbewusst mit den Energien der feinstofflichen Ebene. Dann habt ihr Zugang zu all den Ideen und Schöpfungen dieser Ebene.

Das ist eine Fähigkeit, die leider auch missbraucht werden kann. So können beispielsweise Mineralien, Metalle oder Gegenstände, die zur Bekämpfung von Lebewesen eingesetzt werden können, mit Leichtigkeit in eure Welt geholt werden. Was auch ständig geschieht.

All eure Technik wurde zunächst von Seelen in der astralen Welt erfunden. Die Erfinder in der physischen Welt hatten Zugang zu diesen Schöpfungen. Viele von ihnen haben die Erfindungen, die sie als ihre eigenen bezeichnen, geträumt und konnten sich mit ihrem Wachbewusstsein an diese Träume erinnern. Tatsächlich waren die Träumer mit ihrem Bewusstsein in der astralen Welt und hatten so Zugriff auf Erfindungen dieser Ebene. Macht euch klar, dass in eurer physischen Welt keine Erfindung existiert, die nicht auf astraler Ebene erschaffen wurde.

Auch Autoren von Science-fiction-Romanen oder fantastischen Filmen holen ihre Ideen aus der astralen Welt. Daher ist es nicht verwunderlich, dass viele der Erfindungen, die ihr in solchen Filmen seht, nach einigen Jahrzehnten tatsächlich in physischer Form existieren. Die Autoren und die Erfinder hatten Zugang zur gleichen Quelle.

Um ständig zwischen der physischen und astralen Welt wechseln zu können, werdet ihr lernen, eure Verdichtungsstufe zu verändern. Wenn ihr gänzlich in der astralen Welt lebt, bedeutet dies nicht, dass ihr euer Karma bereits transformiert habt. In späteren Inkarnationen werdet ihr euch wieder in dichteren Ebenen aufhalten. Karmische Schulden werden in der physischen Ebene beglichen.

In der Astralebene halten sich Wesen und Seelen auf, die ihr Karma in der physischen Welt hinreichend transformiert haben. Dies kann für eine gesamte Lebensspanne oder für eine bestimmte Zeit während eines physischen Lebens sein.

Nach eurem physischen Tod wechselt ihr in die Astralebene. Hier ist der Ort, wo eure karmischen Verbindlichkeiten abgewogen werden und euch die Ebene für eure nächste Inkarnation zugewiesen wird.

Wenn euer physischer Körper verstirbt, geht die Seele in die Astralebene über. Dort verweilt sie eine gewisse Zeit, bis sie zur nächsten Ebene oder Inkarnation geleitet wird, je nach Karma oder Intention der Seele.

Die Astralebene ist wie ein Wellnessurlaub für Seelen, die bereits wesentliche Anteile ihrer karmischen Schuld transformiert haben. Seelen, die ihren physischen Körper aufgegeben haben, können in der gleichen Inkarnation nicht mehr in die grobstoffliche Welt zurückkehren. Sie können in die physische Welt erst wieder durch eine erneute Inkarnation, Manifestation eines physischen Körpers oder durch ein Walk-In eintreten.

Seelen, die direkt in der astralen Welt geboren werden – was nicht das gleiche bedeutet wie eine irdische Geburt –, können ebenfalls in die physische Ebene wechseln. Sie müssen lediglich die Stofflichkeit ihres astralen Körpers in eine dichtere Form bringen. Dies erreichen sie durch das Herunterfahren ihrer Schwingung. Dadurch verlieren sie allerdings auch ihr Leuchten und Strahlen.

Für Seelen, die es gewohnt sind, mit einem Astralkörper zu leben, stellt das Eintreten in einen physischen Körper und das Verweilen darin eine sehr unangenehme Erfahrung dar. Sie müssen das Sehen mit physischen Augen wieder erlernen. Alle Sinne müssen an die Eindrücke der physischen Welt angepasst werden. Dadurch ist ihre Wahrnehmungsfähigkeit stark reduziert. Der physische Körper wird als schwerfällig, begrenzt und schmerzvoll empfunden. Wollen diese Seelen dann zurück in die astrale Ebene, haben sie die Möglichkeit, den physischen Körper sterben zu lassen.

Jeder Mensch, der in der physischen Welt lebt, verfügt ebenso über einen Astralkörper. Damit könnt ihr außerkörperliche Erfahrungen machen und die physische Welt verlassen. Nur wenige von euch nutzen die Möglichkeit der Seelenreise bewusst.

Euren Astralkörper erfahrt ihr, wenn ihr fühlt. Und umgekehrt erfahrt ihr eure Gefühle durch euren Astralkörper. Die Gefühle verdanken sich bestimmten Energien, die durch euren Körper strömen und Auswirkungen auf euer Denken und Handeln haben. Ein Teil eures Lebens findet also immer auf der astralen Ebene statt.

Von der physischen Ebene aus betrachtet erscheint euch die astrale Welt wie der Himmel auf Erden, und doch ist diese Ebene eines der untersten feinstofflichen Niveaus, die die Seele bereisen kann. Wir, die wir in der neunten Dimension beheimatet sind und uns auf dem Weg in die elfte befinden, empfinden die astrale Welt, in die ihr nach eurem physischen Tod eintretet, als einschränkend und beschwerlich. Die Astralwelt ist, verglichen mit noch höheren Ebenen, ebenso eine eingeschränkte Welt, wie die physische Ebene im Vergleich zur Astralwelt begrenzt ist.

Seelen, die aus der physischen Welt kommen, fühlen sich auf der astralen Ebene ausgesprochen wohl. Sie empfinden diese Ebene als Erholung von all den Sorgen und Plagen ihres physischen Seins. Erst wenn sich die Seele vollkommen erholt hat, kehrt sie in die physische Welt zurück, oder sie wählt eine andere Welt oder Dimension.

Die unteren Astralebenen entsprechen dem, was ihr euch unter der Hölle vorstellt. Die Hölle ist nichts anderes als das, was ihr Schreckliches nach dem Tod erwartet. Die Hölle ist ein durch Gedanken und Gefühle erschaffener Ort, der allein durch diese Gedanken und Gefühle existiert. Je höher eure Schwingungen und euer Fühlen zu Lebzeiten ist, desto höher ist die astrale Ebene, die ihr nach dem Tod und auch während eures physischen Seins erleben werdet.

Niedrige Bewusstseinsstufen erschaffen niedrige Welten. Höhere Bewusstseinsstufen erschaffen höhere astrale Welten. Dies gilt für euer physisches Leben ebenso wie für euer Bewusstsein nach dem physischen Tod. Schwingst du hoch, kannst du nach dem Tod höhere astrale Ebenen erwarten. Gestaltest du dir die Hölle auf Erden, erwartet dich auch nach dem Tod eine niedere Astralebene.

Durch die Geburt in einen menschlichen Körper auf der Erde verlieren auch die Seelen, die bereits auf anderen Planeten und feinstofflicheren Ebenen gelebt haben, einen Großteil ihrer Erinnerungen an frühere Erkenntnisse, Erfahrungen und Fähigkeiten.

Als Starseeds verfügt ihr über dieses kosmische Wissen und all die entsprechenden Fähigkeiten. Doch wenn ihr in einem irdischen Körper geboren werdet, benötigt das Trainieren all der irdischen Sinne und jeglicher physischen Bewegungen so viel Aufmerksamkeit, dass ihr von Glück reden könnt, all dieses Wissen vergessen zu haben.

Könntet ihr bereits levitieren oder euch teleportieren, würdet ihr keinen Sinn mehr darin sehen, laufen zu lernen. Wäret ihr mit Telepathie vertraut, würdet ihr nicht mehr sprechen lernen wollen. Beherrschtet ihr Telekinese, würdet ihr nicht lernen wollen, wie ihr eure Arme, Hände und Finger benutzen könnt. Das Vergessen ist notwendig, damit ihr lernt, euren physischen Körper in der physischen Welt in vollem Umfang einsetzen zu können.

Während eurer Zeit im Mutterleib bereitet ihr euch auf euer physisches Leben vor. In neun Monaten werdet ihr immer mehr zu Materie. Während dieser Zeit habt ihr noch Zugang zu jenseitigen Welten und seid verbunden mit der göttlichen Quelle. Viele werdende Mütter spüren diese Göttlichkeit in sich. Hast du schon einmal das glückliche Lächeln einer Schwangeren gesehen? Ihr Glück rührt von der unmittelbaren Verbundenheit der in ihr körperlich werdenden Seele mit der göttlichen Quelle. Durch die Seele des in ihr wachsenden Kindes ist die Mutter so nahe an der göttlichen Quelle wie, zumeist, seit ihrer eigenen Zeit im Mutterleib nicht mehr.

Neugeborene sind noch so sehr mit der Quelle verbunden, dass sie die Familie, in die sie hineingeboren werden, bedingungslos lieben. Sie kommen aus der Liebe und tragen diese während ihrer Geburt noch in sich. Ihre Anbindung an die Göttlichkeit verlieren sie normalerweise erst im Verlauf ihres Lebens und passen sich schwingungsmäßig an ihre jeweilige Umgebung an. All die Umstände, die ein Kind nach seiner Geburt vorfindet, entsprechen dabei genau dem, was es für seine seelische Entwicklung und die Auflösung seiner karmischen Schuld benötigt.

Der Ort und die Menschen, bei denen ihr euer Leben beginnt, ist immer genau richtig für die Entwicklung der Seele. Aus all den Umständen, die ein Mensch in seinen jungen Lebensjahren vorfindet und denen er zu entkommen trachtet, leitet sich der erste Schritt seiner Schöpferkraft ab. Das Erkennen dessen, was er nicht will, führt zur Gewissheit über das, was er stattdessen will.

Später lernt die inkarnierte Seele, wie sie zwischen dem, was sie als Mensch vermeintlich will und dem, was sie als Seele tatsächlich will, zu unterscheiden. Wenn sie hierüber Klarheit erlangt hat, lernt sie, wie sie all dies in der physischen Welt manifestieren kann.

Viele Kinder können sich noch an eines oder mehrere ihrer vergangenen Leben erinnern. Da diese Erinnerungen in ihren ersten Lebensjahren jedoch meistens nicht gebraucht werden, verblassen sie fast immer sehr schnell. Als Erwachsene können sich diese Menschen nur noch lückenhaft oder gar nicht mehr an andere Leben erinnern.

Manche Seelen treten direkt von der astralen Welt in die dichtere Ebene ein. Dies geschieht durch sogenannte Walk-Ins, wobei die Seele eines physischen Körpers durch eine andere ausgetauscht wird. Ebenso ist es möglich, durch unmittelbare Materialisation in einem physischen Körper auf der Erde zu erscheinen. Solche Menschen haben eine vollständige Kenntnis ihres nicht-physischen Lebens, ihres Hellwissens und ihrer Fähigkeiten und können diese auch anwenden. Allerdings ist ihnen deren vollständige Nutzung lediglich in Notsituationen erlaubt. Sie vermitteln euch in der Regel gerne dieses Wissen, das sie auf astraler Ebene gesammelt und erfahren haben.

Die Seele hat für jede Dimension einen eigenen Körper. Sie hat die Fähigkeit, alle Dimensionen zu besuchen und in jede Zeit zu reisen. Willentlich kann sie eine Dimension oder einen Körper verlassen und in eine andere Dimension oder einen anderen Körper wechseln. Jede Dimension erfordert einen anderen Körper. Diese Körper unterscheiden sich wesentlich in ihrer Dichte und Schwingung. Damit die Seele sich in jeder Dimension fortbewegen kann, erhält sie auf jeder Ebene genau den Körper, der Bewegungen in der jeweiligen Dimension ermöglicht.

Die Seele reist während ihrer irdischen Inkarnation immer wieder in andere Dimensionen. Daran könnt ihr euch selten erinnern. Doch so, wie ihr lernen könnt, euch an eure Träume zu erinnern, könnt ihr euch auch darin üben, Seelenreisen in andere Dimensionen zu unternehmen und sie in Erinnerung zu behalten. Ein wichtiger Aspekt dabei ist, dass ihr mit eurem Wachbewusstsein den Entschluss fasst, dass ihr euch an die Reisen der Seele erinnern werdet.

Je bewusster ihr eure Träume und Seelenreisen erlebt, desto klarer werdet ihr in der physischen Welt erkennen, was wahr und was wirklich wichtig ist. Es fällt euch dann auch zunehmend leichter, diesen Erkenntnissen entsprechend zu handeln. Das, was ihr jetzt noch für euren Glauben an spirituelle Wahrheiten haltet, wird zu elementar und unmittelbar erlebter Wahrheit. Euer Glaube weicht der Gewissheit. Ihr werdet euch nicht länger beirren lassen oder an der Essenz eurer Erfahrungen zweifeln.

Viele bewusste Seelen mit diesem Grad an völliger Gewissheit sind derzeit unter euch. Sie haben ihren feinstofflichen Körper in der Astralebene verdichtet, um unter euch zu sein. Einige taten dies, um euch beim Aufstieg der Erde zu unterstützen. Sie vermitteln euch die kosmischen Gesetze, die ihr als Nächstes zu lernen habt. Andere Seelen tun dies, weil sie noch eine karmische Schuld auf physischer Ebene aufzulösen haben. Doch auch sie sind euch allein schon durch ihre Anwesenheit bei der Schwingungsanhebung behilflich, da die Schwingung der Erde von der Schwingung ihrer Bewohner abhängt.

Ihr hattet tausende Inkarnationen in der dritten Dimension. Während dieser Leben habt ihr alles durchgespielt, ihr wart die Guten, die Bösen und die Neutralen. Nun bereitet ihr euch darauf vor, in die nächste Dimension aufzusteigen. Alles, was ihr derzeit erlebt, sind Möglichkeiten zu demonstrieren, dass ihr diese Dimension beherrscht. Wenn ihr vollends Meister der dritten Dimension geworden seid, steigt ihr automatisch auf in die fünfte.

Euch ist nicht bewusst, dass ihr auch euer Klima und Wetter selbst erschafft. Durch eure kollektive Ausrichtung auf Klimakrisen, Erwärmung der Erde, sauren Regen, Aussterben von Tierarten, Stürme, Überflutungen, Wetterkatastrophen und Dürren erschafft ihr genau dies. Ihr könnt das ändern, indem ihr eure Aufmerksamkeit auf etwas anderes richtet. Ihr seid schöpferische Wesen, doch die meiste Zeit nutzt ihr eure Schöpferkraft nicht für das, was ihr euch wünscht.

Ihr verfügt sogar über die Anlage, individuelles Wetter zu erschaffen. Wenn eure Seelen sich entsprechend entwickelt haben, könnt ihr das Klima eures Planeten oder über eurem Garten vollständig bestimmen. Auf astraler Ebene wendet ihr diese Fähigkeit schon lange an.

Durch das Erlernen des Umgangs mit der Schöpferkraft rettet ihr euren Planeten. Durch den bewussten Einsatz eurer hohen Schwingung manifestiert ihr, was ihr möchtet. Tun dies immer mehr Menschen, können immer mehr Elemente der Erde in die astrale Welt aufsteigen.

Der Besitz eines physischen Körpers stellt eine besondere Aufgabe und Verantwortung dar. Ihr könnt und dürft diesen nicht nach Belieben sterben und auferstehen lassen. Ihr seid dazu aufgefordert, euer physisches Fahrzeug, also euren Körper, zu pflegen und gesund zu erhalten.

Als deine Seele das erste Mal in die physische Welt eintrat, tat sie dies nicht sofort mit einem menschlichen Körper. Seelen machen zunächst Erfahrungen als Mineralien, als Steine, als Pflanzen und später als Tiere. Erst danach erhalten sie einen menschlichen Körper. Ihr inkarniert unzählige Leben in verschiedenen Seins- und Bewusstseinsformen und auf den unterschiedlichsten Planeten.

Dadurch, dass ihr die Erinnerung an all diese niederen Seinsformen in euch tragt, ist es euch möglich, eure Seinsform durch bloße Absicht zu verändern. Mit dieser Fähigkeit ist es möglich, von der Seinsform Mensch in eine andere Lebensform zu wechseln. Wolltet ihr beispielsweise die Erfahrung machen, eine Eule oder ein Feigenbaum zu sein, könntet ihr ohne Anstrengung zu diesen Seinsformen wechseln. Was euch dazu noch fehlt, sind das Bewusstsein und das Vertrauen, dass dies möglich ist.

Euch fehlen Menschen, die von solchen Erfahrungen berichten, und euch fehlt die Übung darin. Ihr werdet euch auch an diese Fähigkeiten erinnern. Dies ist unabhängig von der Verfassung eures physischen Körpers.

Mit dem Erwachen eures Bewusstseins erkennt ihr, dass nicht nur ihr, sondern Tiere, Pflanzen, ja sogar Steine und andere vermeintlich tote Materie ebenfalls Bewusstsein haben. Ihr macht die Erfahrung, dass ihr euch mit dem Bewusstsein jeglicher Materie verbinden könnt, dass ihr ein Teil des universellen Bewusstseins seid und damit automatisch auch ein Teil von Allem-was-ist.

Durch diese Verbundenheit wirst du, lieber Leser, dein Handeln ebenso auf das Wohl aller Materie, Pflanzen und Tiere ausrichten. Dadurch wirst du erleben, dass nun ihrerseits die Natur, die Tiere und sogar die Materie ihr Wohl auf dich ausrichten werden.

Wenn dir gewahr wird, dass jeder Seinsform ein Teil der Gesamtseele innewohnt, weißt du, dass es keine natürlichen Lebensmittel gibt, denen nicht eine Seele innewohnt. Viele Kulturen und Glaubensrichtungen würdigen ihre Lebensmittel durch Segnungen oder Gebete.

Wenn du dazu übergehst, deine Nahrung vor dem Verzehr wertzuschätzen oder dafür zu danken, ist dies eine Kommunikation auf Seelenebene. Du segnest die Seele, die die Erfahrung macht, als Nahrung zu dienen. Tief in deinen unbewussten Erinnerungen verborgen weißt du, dass auch du einst diese Nahrung warst.

Bei der Wahl der Nahrung geht es nicht um Schuld, weil man eine vermeintlich falsche Wahl trifft. Es geht darum, Nahrung auszuwählen, die einem dienlich ist, und die Seelen zu würdigen, die diesen Lebensmitteln innewohnen. Es gibt keinen Grund, euch aufgrund der Nahrung, die ihr wählt, anderen gegenüber über- oder unterlegen zu fühlen. Ihr seid aufgerufen, herauszufinden, welche Nahrung euch guttut. Handelt dabei in Wertschätzung und Würde mit allen Seelen, die euch hierbei dienen.

Es gibt Nahrungsformen, die sich mehr dazu eignen, spirituelle Erfahrungen zu machen, als andere. Doch weißt du nie, was sich eine andere Seele für dieses Leben vorgenommen hat. Daher sind alle Nahrungsformen gleichwertig. Jemand anderen zu verurteilen, weil er sich anders ernährt als du, ist ein Nicht-Akzeptieren anderer Seelenpläne. Seelenpläne sind immer perfekt. Eure irdischen Lebenspläne sind nicht identisch mit euren Seelenplänen.

Wenn ihr als Mensch erwacht, seid ihr verbunden mit allen Elementen der physischen Welt. Ihr spürt eure Anteile und Erinnerungen an mineralische Leben.

Gleichzeitig erinnert ihr euch an Leben in der nicht-physischen Welt. Wenn sich all diese Welten in dir vereinen und du dir dessen bewusst wirst, ist dies die Initialisierung deiner vollkommenen Schöpferkraft. Indem du im Hier und Jetzt alle Welten, Dimensionen und Seinsformen bewusst wahrnimmst, trittst du dein göttliches Erbe an.

Wenn ihr erkennt, dass die dreidimensionale Welt eine Projektion eurer Gedanken und eures Sehens ist, dass diese Welt nicht realer als eure Träume ist, werdet ihr euer Leben verändern können – so wie ihr auch eure Träume in luziden Phasen verändern könnt. Jeder Gegenstand verändert sich durch eure Absicht. Luzide Träume sind eine Möglichkeit zu lernen, wie ihr die nächste Stufe der Schöpferkraft erlernen könnt. Luzides Leben wird euer Normalzustand.

Wenn ihr lernt, feinstofflich zu manifestieren, werdet ihr mit euren Experimenten zunächst eine Menge unnützes Zeug manifestieren. Es ähnelt den Umständen eures aktuellen Lebens. Sieh dich in deinem Leben um. Gibt es nicht auch hier eine Menge Schöpfungen, die du eigentlich nicht haben möchtest? Dennoch hast du sie erschaffen.

Mach dir darum keine Gedanken. Der Schöpfungsakt ist vollkommen mit all seinen »Fehlversuchen«. Die Erde ist ein wundervoller Planet für das Erlernen der Schöpferkraft. Es gibt so viel Materie auf eurem Planeten, weil sie voll von Schöpfungsversuchen ist.

Sobald dir das klar ist, beschließt du, deinen Frust über dein Scheitern abzulegen. Ihr seid wie Kinder, die laufen lernen. Sie können krabbeln und versuchen zu gehen. Eure Wissenschaftler haben errechnet, dass ein Kind viertausend Mal hinfällt, bevor es laufen kann. Kein Kind würde auf die Idee kommen, das Laufenlernen aufzugeben. Und auch ihr werdet niemals aufgeben, in eure vollkommene Schöpferkraft kommen zu wollen. Es gibt Tage, an denen ihr scheitert, und davon wird es sehr viele geben. Aber eines Tages werdet ihr die Manifestation beherrschen wie das Gehen.

Alles, was ihr energetisch entwerft, wird dann ebenso real, materiell und fest sein wie die Schöpfungen, die ihr durch Maschinen oder Handarbeit erschafft.

Menschen, denen es in der physischen Welt gelingt, die Astralebene zu fühlen, zu erleben, zu beobachten oder für Momente in sie einzutauchen, könnt ihr daran erkennen, dass sie von einem Leuchten umgeben sind. Ihre Gesichter werden immer schöner, und ihr könnt Weisheit in ihnen sehen. Manchmal nennt ihr solche Menschen Engel, weil ihr tief in euch wisst, dass ihre Energien und ihr Bewusstsein nicht irdischen Ursprungs sind. Ihr nehmt wahr, dass die Energien dieser Menschen bereits astrale Anteile haben. Ihr könnt dies wahrnehmen, weil ihr selbst Sternensaat seid.

In Gegenwart solcher Menschen fühlt ihr euch leichter. Diese Menschen spiegeln eure Muster und irdischen Verhaftungen weniger wider als Menschen, deren Energien noch gänzlich irdisch sind. Das Glück, die Freiheit, der Frieden dieser Menschen strahlt so weit, dass ihr euch ausgesprochen wohl in ihrer Nähe fühlt.

Es gibt aber auch sehr viele Menschen, die Menschen mit hohen Energien meiden. Diese haben einen anderen Seelenplan für dieses Leben und fühlen sich durch die Anwesenheit von Licht gestört.

Und Menschen mit hohen Energien bleiben ebenfalls nicht kontinuierlich in diesen Schwingungen. Sie sind in der physischen Welt inkarniert und machen irdische Erfahrungen. Diese Erfahrungen schwanken meist in ihrer Frequenz, und so erklärt es sich, dass ein Mensch, den ihr als hochschwingend kennengelernt habt, an einem anderen Tag vielleicht nicht mehr über diese Strahlkraft verfügt.

Darüber hinaus können die Hellsichtigen unter euch erkennen, wenn ein Mensch bald die Erde verlässt. Er trägt bereits lange vor seinem Tod jenseitige Energien in sich. Auf andere kann so ein Tod plötzlich und überraschend wirken, doch diejenigen unter euch, die sich an ihre Hellsinne erinnern, nehmen das Sterben als einen energetischen Prozess wahr. Sie sehen, wann die jenseitigen Energien oft ganz allmählich die irdischen ablösen.

Je weiter ihr in die astralen Welten emporsteigt, desto mehr Energie steht euch in der physischen Welt zur Verfügung. Die irdische Grobstofflichkeit stellt das Gegenteil eurer feinstofflichen Intelligenz dar. Es ist ein euch innewohnendes Wissen, eine Intelligenz, die ihr nicht mit dem Verstand steuern könnt. Dieses Wissen ist ewig, und ihr fangt jetzt langsam an, euch daran zu erinnern.

Teile eurer Erde ähneln manchen Welten auf der Astralebene. Es kann sein, dass du Orte auf diesem Planeten kennst, an denen du dich enorm mit Allem-was-ist verbunden fühlst. Das liegt daran, dass diese Orte nicht nur optisch, sondern auch energetisch denen auf astralen Ebenen ähneln. Wenn du ein Gespür für solche Energien hast, sei dir gewiss, dass du Erinnerungen an Leben auf astralen Ebenen hast, und es sei dir versichert, dass du wieder in diese wundervollen Welten zurückkehren wirst.

Zuvor jedoch benötigen wir deine Energien und Fähigkeiten hier auf der Erde. Die Transformation der Erde findet durch Menschen statt. Zwar erfahrt ihr kosmische Unterstützung bei dieser Veränderung, doch werdet ihr die Transformation aus euch selbst heraus schaffen müssen. Nur so ist sie echt, von innen heraus entstanden. Wenn du diese Zeilen liest, sei dir sicher, dass wir genau dich brauchen, um diesen Akt auf der Erde zu vollziehen.

Du musst keine Angst vor einer großen Verantwortung, Erwartungshaltung oder Kompetenz haben. Alles, was du schon dein Leben lang tust, ist Teil dieses Prozesses. Deine Veränderung wird die Änderung in der Welt sein. Allein dadurch, dass du hier auf der Erde inkarniert bist, bringst du das Licht Gottes auf die Erde.

Jedem Starseed wohnt das Licht der Sterne inne.

Du hast bereits wesentlich angenehmere Leben gelebt, und manchmal verstehst du nicht, warum du all diese wiederkehrenden Herausforderungen hast. Nun, sie dienen einzig dem Zweck, dass du durch deine persönliche Veränderung die Energie der Erde mit veränderst. Deine persönlichen unbewussten Erinnerungen an wundervolle astrale Leben geben dir die Fähigkeit dazu. Und auch wenn du manchmal im Zweifel bist, sei dir gewiss, dass all deine Bemühungen und Veränderungen enorm wertvoll für die Seelen auf der Erde und für die Erde selbst sind.

Deine persönliche Wandlung öffnet mit jedem Schritt einen Korridor für das Licht. Wir sind sehr froh, dass du dich für diesen Weg und diese Inkarnation entschieden hast. Du bist ein Lichtarbeiter, und wir wissen, welches Leid und welche Herausforderungen du auf dich genommen hast, um die Transformation durch dich und für alle anderen Menschen auf der Welt zu ermöglichen.

Du warst nicht gezwungen, dieses Leben zu leben. Es war der freie Wille deiner Seele. Zum einen konntest du so Reste karmischer Schuld abtragen. Dein anderes Motiv war, einen individuellen Beitrag zum Dimensionswechsel zu leisten. Dir war vor deiner Inkarnation bewusst, dass dies bedeutet, dein Hellwissen zu vergessen, und dass du Lebensumstände vorfinden würdest, die nicht nur angenehm sind. Du hast dich trotzdem bereit erklärt, dich nach und nach wieder an all dein Wissen zu erinnern und durch innere Veränderungen die äußeren Umstände zu transformieren.

Wir sind dir dankbar und stolz auf dich.

Du bist nicht die einzige Seele, die diese Aufgabe übernommen hat. Aber du gehörst zu den Mutigen, die bereit waren, diesen Schritt zu gehen, um allen Seelen den Weg in die höheren Welten zu bereiten.

Ein Licht umgibt dich jede Nacht, während du schläfst. Wir laden dich mit neuen Energien, neuem Wissen und neuer Kraft auf, so dass du weiterhin diesen Weg gehen kannst. Vielleicht hast du dich schon einmal gefragt, woher du all diese Kraft nimmst. Sie kommt von deinen Brüdern und Schwestern auf der astralen Ebene. Du bist niemals allein.

Wir wissen, dass du dich manchmal fremd unter all den Menschen fühlst, dass du dich oft nicht zugehörig fühlst und dass die Beziehungen mit Menschen dich nicht erfüllen. Das hat einen ganz einfachen Grund ...

Du hast Leben in ausgesprochener Liebe und Harmonie gelebt. Deine Sehnsucht danach wird hier auf der Erde nur in Momenten erfüllt. Und doch sei dir gewiss, dass, wenn du zurückkehren wirst in die höheren Dimensionen, deine Präsenz noch erfüllter, noch seliger und von noch mehr Liebe und Licht erfüllt sein wird, als du es bislang in den astralen Welten erfahren konntest.

Auch in diesen Ebenen gibt es Entwicklung. Du wirst Klänge hören, Farben sehen, Liebe und Licht in einem Ausmaß erleben, das du dir unter irdischen Bedingungen nicht vorzustellen vermagst, und all dies wird noch intensiver sein, als du es aus höheren Ebenen bereits kennst.

Durch dieses Leben öffnest du neue Portale.

Und doch wirst du wieder in niedere Bereiche hinabsteigen, um anderen Seelen beim Aufstieg zu helfen. Auf die gleiche Weise, wie es gerade jetzt so viele kosmische Helfer für euch tun, um die Schwingung der Erde anzuheben. Sie reduzieren ihre Schwingung, um unter euch weilen zu können, und verzichten auf die Ausübung bestimmter Fähigkeiten.

Der gesamte Prozess des Erwachens ist ein Akt der Liebe.

Wenn du auf der Erde bittere Zeiten durchmachst, stark sein musst und Schmerz erleidest, hat dies karmische Gründe. Wir sehen dein Leid, und doch ist es uns nicht gestattet, in deinen Seelenplan einzugreifen. Deine Transformation ist Teil deines Seelenplans. Wir beobachten dich und freuen uns über deine wundervolle Entwicklung und darauf, dir auch in höheren Dimensionen zu begegnen, wenn du große Teile deines Karmas abgelegt hast.

Wir sehen euch als die Seelen, die ihr seid.

Eure Seele ist zu jeder Zeit an jedem Ort durch alle Gezeiten hindurch vollkommen. Doch mit eurem irdischen Bewusstsein seid ihr eingeschränkt und werdet euch dieser Vollkommenheit nur selten gewahr.

Die niederen Welten sind Schulen für das Bewusstsein. Hierfür ist es erforderlich, dass ihr eure eigene Vollkommenheit und auch die der anderen vergesst.

Wenn wir euch anschauen, sehen wir vollkommene Wesen, die sich auf den Weg gemacht haben, sich in der physischen Welt wieder an ihre Vollkommenheit zu erinnern. Ihr seid auf dem Weg, eure vollkommene Schöpferkraft von der Pike auf neu zu erlernen und so eine vollkommene Projektion eines vollkommenen Planeten zu erschaffen.

Wenn ihr geboren werdet, erhaltet ihr ein eingeschränktes Gehirn. Damit könnt ihr euch vornehmlich an Geschehnisse aus dem aktuellen Leben während eurer Wachphasen erinnern. Ihr werdet so oft wiedergeboren – und wir sprechen hier wirklich und wahrhaftig von abertausenden Leben –, bis ihr euch an all euer spirituelles Wissen während des Lebens erinnert und danach handelt.

Ihr erzieht eure Kinder nach Gesetzen und Regeln, die außer Acht lassen, dass jede Seele individuell ist. Es fällt euch schwer, die Ideen eurer Kinder zu akzeptieren, weil ihr eure eigenen vergessen habt. Aus Angst versucht ihr, eure Kinder zu schützen, und nehmt ihnen so die größten Freuden. Kinder bieten euch Gelegenheit, euch an eure eigene Lebendigkeit zu erinnern. Seht euer Kind als Lehrmeister. Beschützt es, aber werdet wieder mit ihm lebendig. Kinder wissen, wie sie in jedem Moment Lebensfreude erschaffen und sich mit der Natur und anderen Wesen verbinden können.

Jede Seele hat eine ihr innewohnende charakteristische Schwingung, mit der sie Ereignisse und Menschen anzieht. Ihr Verhalten richtet sich danach, wie sie am besten ihren Seelenplan erfüllen kann. Eure Erziehung verhindert zumeist die Umsetzung der eigentlichen Lebenspläne. Auf diese Weise kommt es häufig zu Handlungen, mit der die Seele karmische Schuld auf sich lädt. Diese Schuld muss dann in anderen Leben wieder abgetragen werden. Die Seele verstrickt sich dadurch immer tiefer in Strukturen, die sie immer weiter von ihrem Seelenplan entfernen.

Wenn wir euch auf der Erde begegnen, mit all eurem vermeintlichen Leid, eurem Opferbewusstsein, euren Projektionen, mit euren Überzeugungen und eurem enorm ausgeprägten Ego, so vergegenwärtigen wir uns, dass wir einem Menschen begegnen, der ein niedriges Bewusstsein hat und lediglich zum Ausdruck bringt, was ihm in diesem Leben bisher begegnet ist.

Wir haben Verständnis für jeden, der noch nicht gelernt hat, alle Situationen mit Liebe zu betrachten und in allen Umständen Glück zu empfinden. Wir haben ein Zartgefühl für jeden, der noch nicht erkannt hat, dass sein Empfinden die Ursache für das ist, was er für die Ursache seiner Gefühle hält. Ebenso haben wir großes Mitgefühl für eure Machthaber. Sie haben sich so weit von der Liebe entfernt, dass ihr Schmerz selbst für uns spürbar ist.

Ebenso wie ihr Beziehungen zu Menschen auf der Erde eingeht, unterhaltet ihr auch Beziehungen zu Menschen und

Lebewesen anderer Planeten. Ihr habt nicht nur irdische Freunde. Allerdings habt ihr diese Freundschaften meistens vergessen. Wenn ihr feinstofflicher werdet, könnt ihr euch daran erinnern, dass ihr eure kosmischen Freunde besucht und diese euch ebenfalls besuchen.

Da von irdischer Seite, der Seite eurer Machthaber aus, freundschaftliche Bande zwischen den Planeten bisher nicht erwünscht sind, werden euch vorwiegend bedrohliche Szenarien präsentiert. Eure Regierungen haben zum Zweck ihrer Machterhaltung ein großes Interesse daran, euch durch Filme und Literatur ein Bild von feindlichen Außerirdischen zu zeichnen, die schreckliche Invasionen der Erde planen. Aber auch das wird sich ändern.

Alles *muss* sich entwickeln. Alles *will* sich entwickeln.

Ohne die Möglichkeit, immer wieder erneut zu inkarnieren, müsste die Seele all ihre Erkenntnisse in einem einzigen Leben erlangen. Sie müsste dies in einem Zeitraum tun, der, gemessen an der Ewigkeit, so kurz ist, dass ein gesamtes Erdenleben kürzer als ein kosmischer Moment wäre.

Alles will sich entwickeln.

Und es will seiner Entwicklung gewahr sein. Eines der Gebote beim Erwachen ist es deshalb, nicht in die Projektionen anderer einzugreifen. Es wäre ein Leichtes für uns, euch oder eure Projektionen so zu verändern, dass ihr weniger leiden müsstet. Und doch würden wir euch dabei nicht helfen, da ihr nicht begreifen würdet, dass diese Kraft auch in euch ist. Der nächste Kinofilm hätte erneut einen Bösewicht, und ihr würdet nicht verstehen, warum.

All unsere Hilfe und die gesamte kosmische Hilfe, die euch gerade zuteil wird, geschieht auf energetischer Ebene.

Wir helfen dabei, die Schwingung um euch herum so anzuheben, dass es euch leichter fällt, euch zu erinnern. Wofür ihr früher mehrere Leben benötigt hättet, das geschieht jetzt in einem einzigen Leben. Ihr erinnert euch.

Hast du nicht manchmal das Gefühl, dass alles, was du in diesem Leben erlebt und erkannt hast, eigentlich für mehrere Leben reichen würde? Das trifft zu. Du bist ein Starseed. Du bist hier, um dich an all das zu erinnern. Durch dein Erinnern holst du die astrale Welt auf die Erde.

Die Zukunft der Erde

Je weiter ihr in die irdische Vergangenheit zurückschaut, desto unangenehmer werden die Szenen, die ihr beobachtet. Je weiter ihr in die Zukunft schaut, desto wunderschöner, erhabener und vollkommener werden eure Erfahrungen sein.

Wir sprechen hier nicht davon, dass jedes Erdenjahr besser als das vorherige ist. Wir meinen hier die Gesamtentwicklung des menschlichen Lebens auf der Erde. Immer wieder gab es ruhigere und bedrohlichere Zeiten. Diese Zyklen werden sich noch viele Male wiederholen. Dessen ungeachtet ist die Entwicklung auf der Erde wundervoll.

Wenn ihr lernt, euch eure Wünsche und Bedürfnisse selbst zu erfüllen, erwächst daraus eine enorme Kreativität, aus der große Erfindungen und viel Freude hervorgehen wird. Durch diesen Selbstausdruck erschafft ihr so viel Schönheit und Harmonie, dass die Energie eures Planeten sehr schnell immer feinstofflicher und höher wird.

Dies wird auch Einfluss auf eure Architektur haben. Eure Gebäude werdet ihr runder, geschwungener, bunter und fantasievoller gestalten. Auch werdet ihr höher schwingende Materialien verwenden. Ihr werdet es vorziehen, in Häusern aus Materialien zu wohnen, die eurem individuellen Schönheitssinn entsprechen. Eure Gärten werdet ihr voller Anmut und Ästhetik anlegen, und eure Städte werden über viel

Platz verfügen, so dass jedes Individuum an jedem Ort die Möglichkeit zur freien Entfaltung hat. Freiheit wird eine eurer alltäglichen Empfindungen sein. Allen Starseeds wohnt die Sehnsucht und Erinnerung an Freiheit inne.

Im Laufe dieser Entwicklung wird euch klar werden, dass die Schwierigkeiten nicht darin liegen, aus (Gedanken-)Energie Materie zu machen, das macht ihr ständig, ohne euch dessen bewusst zu sein. Die Herausforderung ist, genau zu wissen, was ihr wollt, und euch bis ins letzte Detail genau darauf – und nur darauf – zu konzentrieren. Ihr werdet lernen, eure Aufmerksamkeit so sehr zu bündeln, dass das, worauf ihr eure Gedanken fokussiert, in der Außenwelt erscheinen muss. Es gibt keine andere Möglichkeit, als dass das, was ihr ersinnt, sich manifestiert.

Hier liegt auch eure große Verantwortung.

Alles, was ihr intensiv genug erdenkt, manifestiert sich. Das wirft euch von der Materialisation von Gegenständen zurück auf eure alltäglichen Gedanken. Rachegedanken, mentale Wiederholungen von Ereignissen, die euch nicht gefielen, Opfergeschichten, das vermeintliche Fehlverhalten anderer, all dies wird sich wieder und wieder manifestieren, bis ihr diese Gedankenströme durch eine bewusste Entscheidung beendet und anfangt, euch nur noch auf das zu konzentrieren, was ihr zu erleben wünscht.

Wenn genügend Seelen erwachen, entheben sie sich selbst den Strukturen der sie versklavenden Machthaber. Dadurch verlieren diese ihre Macht. Sie können und wollen unter diesen Bedingungen nicht länger auf der Erde verweilen. Das bedeutet, euer kollektives Erwachen vertreibt die negativen Kräfte immer mehr von eurem Planeten.

Die karmische Schuld der Machthaber auf niederschwingenden Planeten ist so groß, dass sie es vorziehen, diese Strukturen in anderen Leben weiterzuführen und neue Schuld auf sich zu laden. Sie wissen nämlich sehr genau, wenn sie damit aufhören und anfangen, ihre Schuld abzutragen, werden sie unzählige Leben unter schlimmsten Bedingungen leben müssen. Ihre Transformation wäre extrem schmerzhaft und würde gefühlte Ewigkeiten beanspruchen.

Ihr entwickelt euch auf den Moment zu, an dem genug Menschen erwacht sind, dass sich euer Kollektiv dazu entscheidet, Militär und Geld abzuschaffen. Ihr werdet den Reichtum – der nicht aus Geld besteht, sondern aus Fülle – umverteilen, während die Machtstrukturen verschwinden. Gleichzeitig kehrt ihr einigen materiellen Annehmlichkeiten den Rücken. Euer Verlangen und eure Anhaftung an Materie wird abnehmen, und immer mehr Werte der nicht materiellen Welt werden das Leben auf eurem Planeten bestimmen.

Auf dieser Basis enthebt ihr die Machthaber ihrer Existenzgrundlage. Wenn ihr aufhört, von ihnen abhängig zu sein, und euch nicht länger versklaven lasst, kann niemand mehr Macht über euch ausüben. Diese dunklen Wesen werden euren Planeten verlassen und auf neu entstehenden Planeten ihre Strukturen wieder aufbauen, bis sich auch diese Planeten durch die dort inkarnierten Seelen transformieren und in höhere Dimensionen aufsteigen.

Ihr alle werdet diesen Moment erleben. Die meisten von euch werden sich dafür erneut auf der Erde inkarnieren. In dieser erneuten Inkarnation werdet ihr all die Annehmlichkeiten vorfinden, die ihr bereits im jetzigen Leben für euch erschaffen und mitgestaltet habt.

Die Erinnerung an eure Schöpferkraft fällt euch oft noch nicht leicht. Ihr macht derzeit die Erfahrung, dass ihr manchmal bewusst erschaffen könnt und manchmal nicht. Einmal gelingt es euch, genau das zu erschaffen, was ihr beabsichtigtet, das nächste Mal erschafft ihr womöglich das genaue Gegenteil von dem, was ihr wolltet. Ihr experimentiert mit verschiedenen Methoden, verändert eure Gedanken und Gefühle, versucht, euer Ego loszuwerden, eure Muster aufzulösen, euch mit dem Nichts, dem Licht, Gott, Jesus, dem Kollektiv oder sonst etwas zu verbinden, und habt Erfolg oder scheitert. Noch ist es euch nicht gelungen, zuverlässig jedes Mal genau das zu erschaffen, was ihr möchtet.

Vielleicht versuchst du auch den Weg der Akzeptanz zu gehen und das anzunehmen, was ist, alles mit großer Liebe zu betrachten und einverstanden mit dem zu sein, was dich umgibt und was du erlebst. Und doch gelingt es dir nicht vollständig. Selbst hier empfindest du Unzufriedenheit, Ungeduld, Ungerechtigkeit oder Frustration.

All dies ist normal und Teil der Entwicklung. Wir haben dies ebenfalls erlebt. Hast du aber einmal deine vollständige Schöpferkraft erlebt, kannst du sie jederzeit wieder aktivieren und nutzen. Es ist so, wie manche von euch mit den Ohren wackeln können. Nachdem sie dies immer wieder geübt haben, können sie ihr Leben lang auf diese Fähigkeit zurückgreifen. Sie wissen einfach, wie es geht, und haben keine Fehlversuche mehr. Manche Menschen würden sagen, dass es so ist wie Fahrradfahren. Ihr verlernt es nicht mehr.

Ihr werdet lernen, eure Wünsche durch fokussierte Aufmerksamkeit zu manifestieren. Manifestation durch Umwandlung von Energie ist die erste Stufe eurer Schöpferkraft.

Dinge und Umstände zu erschaffen wird euch irgendwann langweilen. Die nächste Stufe der Manifestation ist das Entwerfen von etwas gänzlich Neuem. Ein Auto in euer Leben zu ziehen, das bereits fertig beim Händler steht, werdet ihr dann als reines als Kinderspiel empfinden.

Etwas vollkommen Neues zu erschaffen ist die nächste Herausforderung. Etwas zu manifestieren, was ihr noch nie gesehen oder erlebt habt, wird euch wahre Freude bereiten. Dies geschieht, wenn ihr euch in die astrale Welt begebt und Schöpfungen dieser Ebene auf die Erde bringt.

So, wie ihr im Moment Fehlversuche beim Manifestieren von Umständen und Dingen habt, werdet ihr auch auf höheren Schöpfungsebenen auf Herausforderungen stoßen, bei denen ihr immer wieder scheitert, bis ihr erfolgreich seid.

Die Entwicklung der Erdbevölkerung geschieht individuell. Jeder Einzelne entwickelt sich eigenständig und erhöht dadurch seine individuelle Schwingung. Tun dies viele Menschen, erhöht sich die Schwingung der Erde, und die Bedingungen und Umstände erhöhen sich parallel dazu.

Deine persönliche Entwicklung mag dir mühsam vorkommen. Und doch erhöhst du deine Schwingung. Deine Gedanken und Gefühle werden feinstofflicher. Damit erweist du der gesamten Menschheit und dem Bewusstsein selbst einen Dienst der Liebe. Du bist nicht allein. Die Erde erwacht, und so viele Seelen gehen den Weg, den auch du gehst – jeder auf seine ganz individuelle Weise.

Starseeds gehen einen individuellen Weg.

Starseed-Intelligenzen agieren im Kollektiv.

Es gab, gibt und wird Zeiten geben, in denen eure physische Existenz keinem Alterungsprozess unterliegt. Ihr entscheidet, wann und in welcher Gestalt ihr zu körperlichem Leben erwacht und wann ihr diese Form wieder verlasst.

In diesem Sonnensystem ist die Erde der Planet mit der niedrigsten Schwingung. Es befinden sich so viele Helfer anderer Planeten unter euch, weil die Entwicklung auf all diesen Planeten ähnlich war. Auch dort existierten zunächst Sklaverei, Unterdrückung, Zerstörung und Krieg. Mit dem spirituellen Erwachen begannen die Menschen höher zu schwingen und ihr Verhalten zu ändern. So konnte sich die Schwingung der Planeten erhöhen.

Auf der Erde existiert mehr Krankheit und Depression als auf anderen Planeten. Grundlage eurer Zivilisation ist Sklaverei. Die Menschen sind verhaftet in unausgeglichenen Leidenschaften wie Hass, Gier und Eitelkeit. Eure Lebensspanne ist verkürzt, und eure Emotionen sind größtenteils negativ. Ihr lebt in Zerstörung, Katastrophen, Krieg und Unterdrückung. Das ist euer Alltag.

Viele von euch opfern ihrer Lebenszeit Tätigkeiten, die sie weder als erfüllend noch als sinnvoll empfinden. Die Auswahl der euch zur Verfügung stehenden Möglichkeiten betrachtet ihr als unbefriedigend. Eure Fähigkeiten und Talente könnt ihr oft nicht einbringen, und so gestaltet sich euer Gelderwerb meistens freudlos. Euer Tagewerk gleicht einer modernen Form der Sklaverei.

Sklaverei und Opfertum werden so lange auf der Erde vorherrschen, wie ihr eure Schöpferkraft nicht gänzlich entdeckt und für eure wahre Bestimmung einsetzt, für ein glückliches und erfülltes Leben. Sklaventum ist nur möglich im Umfeld niedrig schwingender und nicht erwachter Seelen. Außerdem erfordert das Ausüben von Sklaverei physische Körper.

Nicht-physische Wesen können nicht zu dreidimensionalen Tätigkeiten gezwungen werden.

Ihr seid bestrebt, euch von Tätigkeiten, bei denen ihr keine Freude empfindet, zu befreien. Und doch ist das nur ein erster Schritt. Ihr werdet den Wert physischer Anstrengung und Arbeit wieder zu schätzen lernen. Bloß sind dies dann Handlungen, die euch Freude bereiten.

Kreative und inspirierte Arbeiten geben euch das Gefühl von Erfüllung. Wenn ihr Erfüllung spürt, seid ihr mit der Quelle und eurer Schöpferkraft verbunden. Massenproduktionen werden jedoch immer mehr aus euren Manufakturen verschwinden. Jede Produktion wird ein Akt kreativer Schöpfung sein. So wird jeder Gegenstand Energien der Quelle in sich tragen. Jedes Ding wird auf seine eigene Weise beruhigend oder inspirierend sein, weil es die Energien seiner liebevollen und inspirierten Anfertigung in sich trägt.

Auch werdet ihr keine unnötigen Materialien mehr herstellen. Ihr produziert nur das, was ihr benötigt. Von einer Wegwerfgesellschaft transformiert ihr euch zu einer Gemeinschaft, in der alle Gebrauchsgegenstände wirklich gebraucht werden, in der Dinge zum Anschauen wirklich angeschaut werden und in der Nahrung auch vollständig verzehrt wird. Es gibt dann keinen Abfall mehr. Eure derzeitige Wegwerfmentalität konnte nur entstehen, weil ihr euch nicht klar darüber seid, was ihr benötigt, und weil eure Produktionsstraßen in keiner Hinsicht intuitiv betreut werden.

Sobald ihr die Schöpferkraft meisterlich beherrscht, werdet ihr euch langweilen. Die Herausforderungen fallen weg, ihr wisst, wie es geht, seid Meister der Manifestation. Ein Fingerschnippen, und ihr habt erschaffen, was ihr wollt.

Wünsche und Ziele existieren nicht mehr, da ihr sofort alles erschaffen könnt. Selbst Fähigkeiten wie die Beherrschung eines Instruments könnt ihr auf diese Weise erwerben. Der Weg des Lernens kann vollständig entfallen.

Zur Langeweile wird sich gesellen, dass ihr die Mühe und das Üben vermisst. Das seid ihr inzwischen gewohnt. Deshalb werdet ihr euch, selbst wenn ihr die Manifestation beherrscht, dafür entscheiden, noch möglichst viel auf die herkömmliche Weise zu erlernen und zu erschaffen. Es geht um die Tätigkeiten als solche, sie füllen euch aus und vermitteln euch ein beträchtliches Glücksgefühl.

Wenn ihr in der Langeweile der totalen Manifestation angelangt seid, fangt ihr an, zu spielen. Ihr verspürt keinerlei Interesse mehr, jeden Tag das Gleiche zu erleben oder täglich die gleiche Rolle einzunehmen. Ihr fangt an, andere Rollen auszuprobieren und einzunehmen. Jeden Morgen entscheidet ihr, wer ihr heute sein und was ihr erleben wollt. Die Grenzen eures bisherigen Alltags bestimmen nicht mehr euer Leben. Ihr werdet kreativ in der Gestaltung eurer Tage.

Die Freiheit, die ihr wollt, und die Versklavung beispielsweise durch eure Arbeitsprozesse sind nicht miteinander vereinbar. Wenn ihr nicht in die Verantwortung und in die Stille geht, werdet ihr nicht den Weg der Freiheit gehen können.

Wenn ihr in die Stille, die Ruhe, das Nicht-Tun geht, werdet ihr aufmerksam für das, was das Ewige euch sagen möchte. Ihr versteht mit euren erwachten Hellsinnen so viel mehr und erkennt jetzt in vollkommener Klarheit, was ihr in eurer äußeren Welt tun oder lassen könnt, um Freiheit und Wunder zu erleben. Das Befolgen dieser kosmischen Ratschläge bedeutet das Ende eurer Versklavung.

Oft, wenn ihr vollkommen klar und verbunden seid mit Allem-was-ist, ist es nicht mehr notwendig, in der äußeren Welt irgendetwas zu tun. Das, was du erleben willst und wofür du gekämpft hast, kommt dann wie ein Wunder in dein Leben. Du erkennst, dass all deine Mühsal nicht notwendig war. Sie diente lediglich dazu, zu erkennen, dass es einen einfacheren Weg gibt.

Ihr alle seid aufgerufen, das Leben in der physischen Welt zu genießen, ohne ihr Gefangener zu sein. Das ist die Freiheit, die es braucht, damit ihr schließlich den Himmel auf Erden erschaffen könnt.

Die physische Welt bietet euch eine Menge wundervoller Erfahrungen, die nur auf dieser Ebene gemacht werden können. Die eigene Haut an die eines geliebten Menschen zu legen wird euch in höheren Dimensionen nicht mehr möglich sein. Eine reife Frucht zu kosten, deren wohlige Wirkung ihr in eurem gesamten Körper empfindet, Sonnenstrahlen auf der Haut zu spüren, im Meer zu baden oder zu tanzen, indem ihr eure physischen Füße auf dem Erdboden bewegt; all dies sind Freuden, die euch in dieser Dimension vorbehalten sind. Wir haben ein wahres Vergnügen daran, euch bei diesen Genüssen zu beobachten.

Ihr wohnt in wundervollen Körpern aus Fleisch und Blut und empfindet es als erfüllend, mit euren Händen etwas zu erschaffen. Dies ist der Grund, warum ihr euch diese Fähigkeit bewahren werdet. Bei jeder Schöpfung habt ihr die Wahl, sie aus Energie zu manifestieren oder sie mit euren Händen zu erschaffen. So könnt ihr zwischen den Dimensionen wechseln und werdet Meister der Schöpfung auf allen Ebenen. Es ist ein wundervolles Spiel.

Den Trend, euch immer mehr von anderen Menschen zurückzuziehen und Gesellschaft zu meiden, werdet ihr wieder umkehren. Geselligkeit und ein kulturelles Leben mit Musik, Tanz, Gesang, Festen und Spielen wird eine sehr hohe Bedeutung erlangen. Ihr werdet erleben, dass euch ein solches irdisches Leben glücklich machen kann. Eure Beziehungen werden selbstverständlicher und natürlicher, eure Gemeinschaften werden elementarer und essenzieller.

Da ihr in höheren Dimensionen über all die Fähigkeiten verfügt, ein Leben nach euren Wünschen zu gestalten und solche Inkarnationen auch wesentlich länger dauern als eure Erdenjahre, werdet ihr lernen, euch zu disziplinieren, nicht alle Erfahrungen auf einmal zu machen. Denn was geschieht sonst? Ihr würdet euch schnell viele hundert oder tausend Jahre lang langweilen. Genau hierfür ist es wichtig, dass ihr Spiele und Kultur lebt und liebt. Derzeit seid ihr noch an ein Leben in physischer Dichte gebunden. Doch eure Fähigkeit, alles zu erschaffen, wird euch sehr schnell langweilen, wenn ihr nicht Spiele und Kultur aufrechterhaltet.

Eure Kinder wissen intuitiv, welche Erlebnisse ihnen Freude bereiten. Sie haben noch kein Gespür für Gesellschaftssysteme oder das Regime der Vernunft. Wenn du verlernt hast, wie Freude geht, beobachte Kinder beim Spiel. Sie versuchen nicht, eine Stille zu füllen; sie können minutenlang einen Käfer oder eine Blume betrachten und dabei stilles Glück empfinden. Sie erfreuen sich daran, Sand durch ihre Hände gleiten zu lassen, mit einer Katze zu sprechen oder aus Matsch einen hohen Turm zu bauen.

Kinder sind Meister der Stille. Damit sind sie an dem Ziel, das du auf so komplizierte Art zu erreichen versuchst. Und doch sind auch sie in dieser Welt inkarniert, um all das zu vergessen und sich später wieder zu erinnern.

Der Unterschied zwischen dem Glück des Kindes, das einen Käfer beobachtet, und dem Glück des erwachten Erwachsenen liegt in der Bewusstheit.

Entwicklung benötigt Bewusstsein. Das Bewusstsein eines Kindes ist unmittelbar. Ihm fehlt noch die Erkenntnis über das, was es erlebt und empfindet. Wenn du erwachst, lebst du das Glück eines Kindes mit dem Bewusstsein all dessen, was einen erwachten Erwachsenen ausmacht.

Das hat Jesus gemeint, als er sagte: »Wenn ihr nicht werdet wie die Kinder, könnt ihr nicht ins Himmelreich kommen.« Jesus hat nicht gesagt, ihr sollt bleiben wie die Kinder. Er sagt, ihr sollt werden wie die Kinder. Das bedeutet, dass es der Weg des Erwachens ist, das Glück der Kindheit zu verlassen, um auf einer höheren Bewusstseinsstufe dorthin zurück zu gelangen. In deinem Leben ist nichts, absolut nichts falsch gelaufen. Alles noch so große Leid geschah, damit du durch Erleben und Erkennen zurückkommen kannst zu dem Glück der Kinder, zum Erwachen im Jetzt.

Wenn genügend Seelen auf der Erde erwacht sind, ändert sich das Verhalten aller Menschen. Gesetze, Gebote und Vorschriften werden nicht länger nötig sein, weil ihr aus euch selbst heraus so handelt, dass all diese Instruktionen und Verbote überflüssig sein werden. Gefängnisse, Polizeiwachen und Strafverfolgungen wird es in der Zukunft eures Planeten nicht mehr geben.

Als Seele seid ihr keinerlei Verboten ausgesetzt. Ihr könnt handeln, wann immer es euch beliebt, und tun, was euch beliebt. Lediglich das Gesetz von Ursache und Wirkung, das

Gesetz des Karma, bleibt bestehen. Das gesamte Universum ist auf diesem Prinzip aufgebaut.

Viele von euch können sich an Inkarnationen auf Atlantis, Lemurien oder unter den Azteken erinnern. Zuweilen erinnert ihr euch an ein Mitverschulden am Untergang dieser großen Kulturen. Das waren Inkarnationen, in denen ihr euch habt blenden und täuschen lassen und in falschem Glauben gehandelt habt. Andere von euch haben sich wissentlich von den Machthabern beeinflussen lassen und genossen dafür materielle Annehmlichkeiten.

In beiden Fällen habt ihr karmische Schuld auf euch geladen. Nun seid ihr inkarniert, um mit eurem erwachenden Bewusstsein die Energie der Erde anzuheben und sie vor ihrer Zerstörung zu retten. Mit eurem Erwachen löst ihr eure karmische Schuld auf. *Das ist der wahre Grund, warum du spirituell bist und die Schwingung der Erde transformieren willst.*

Wenn das kollektive irdische Bewusstsein ein gewisses Niveau erreicht hat, wird die Erde in die Weiße Schwestern- und Bruderschaft der Planeten aufgenommen. Die Erdenbewohner werden dann auf anderen Planeten Menschen mit niederer Schwingung beim Aufstieg in höhere Dimensionen begleiten. Aus Starseeds werden Starseed-Intelligenzen.

Epilog mit den Arcturianern

Du hast von Arcti berichtet. Bitte erzähle uns mehr von ihm.

Ja, okay. Das hatte ich bisher noch gar nicht gemacht. Ich hatte ihn nur anfangs kurz erwähnt. Also, irgendwann war er einfach da. Beim Autofahren. Auf dem Beifahrersitz. Er ist nicht ganz so groß wie ihr, aber das ist eine Schätzung, weil er ja immer nur sitzt. Auch erscheint er mir nicht ganz so schmal, wie ihr es seid. Vielleicht hat er noch arcturianischen Babyspeck. Er kommt mir vor wie ein Teenager, fünfzehn Jahre vielleicht. Aber in Anbetracht dessen, dass eure Leben zwei- bis dreitausend Jahre lang dauern und ihr, wenn ihr mir erscheint, höchstens wie ungefähr fünfundvierzig ausseht, ganz ohne Falten, hat Arcti, wie ich ihn nenne, sicher auch längst seine achthundert Jahre auf dem Buckel. Ein ziemlich alter Teenager.

Er kommt mir manchmal vor wie ein Praktikant. Er sitzt da, beobachtet alles ganz genau und redet nicht viel. Auch hat er mir noch nie in die Augen geschaut. Er blickt mich zwar oft an, wenn ich fahre, aber jedes Mal, wenn ich dann zurückgucken möchte, schaut er wieder weg. Inzwischen finde ich das ziemlich lustig.

Ich habe den Eindruck, dass er die Autofahrten sehr genießt, und glaube, dass er gerne aus dem Fenster schaut und die Menschen, anderen Autos, Landschaften und das Wetter, eben alles, was es so zu sehen gibt, beobachtet.

Selten rede ich mit ihm. Aber wir lachen oft gemeinsam. Es ist dann immer so, als ob wir im gleichen Moment die gleiche lustige Energie erwischen.

Viel mehr weiß ich gar nicht über ihn. Ich habe mich daran gewöhnt, dass er da ist. Meistens lege ich auch nichts auf den Beifahrersitz, wenn ich einsteige, obwohl ich weiß, dass er dennoch dort sitzen könnte.

Hat er dich mal gebeten, ihm das Fahren beizubringen?

Ach, wisst ihr, das fällt ihm bestimmt nicht sonderlich schwer. Wer Raumschiffe fliegen kann, kann bestimmt auch ein Auto steuern. Und wenn nicht ... Wie lustig ist das denn! Ein Praktikum auf der Erde. Als Beifahrer in einem weißen Fiat 500!

Die Schwierigkeit, die Menschen aus anderen Dimensionen damit haben, eure Fahrzeuge zu steuern, besteht nicht etwa in der Bedienung der Technik. Die größte Herausforderung dabei ist die Dichte der Materie. Es ist richtig erschütternd, wenn diese Menschen zum ersten Mal in einem Auto mitfahren. Sie erschrecken sich, wenn sie unter sich den Motor hören – Raumschiffe machen keinen Lärm. Ebenso empfinden sie es als unangenehm, wenn sie Unebenheiten der Straße körperlich spüren. Sie finden es meistens auch nicht sehr schön, dass eure Fahrzeuge so klein sind und man gezwungen ist, auf einem so kleinen Platz stillzusitzen.

Und jetzt stell dir vor, sie haben sich erst kürzlich an ihren physischen Körper gewöhnt und empfinden diesen als einengend. Wenn dann noch eine Fahrt mit einem kleinen Fahrzeug bewerkstelligt werden muss, ist dies zumeist eine sehr unangenehme Sache. Außerdem sind die irdischen Fahrzeuge und Fluggeräte auf eurer Schwingungsebene kaum beseelt; sie sind nicht sehr ausgeprägt Teil eines Bewusstseins. Raumschiffe jedoch sind in aller Regel lebendig und können deshalb von ihren Piloten durch die Kraft der Gedanken gesteuert und bedient werden.

Diese Art der Kommunikation muss allerdings erst aufwendig erlernt werden. Menschen, die das nicht beherrschen, können weder eigenständig ein Raumschiff betreten noch es steuern. Gelingt es einem aber, mit Hilfe seiner Gedanken ein Schiff um Einlass zu bitten, so werden sich Portale öffnen, die zuvor nicht sichtbar waren.

Genauso ist es mit der Steuerung der Bordinstrumente und der Navigation durch den Raum, die Zeit und die Dimensionen. Die Steuerungsinstrumente werden durch Gedanken, Willen, Absicht und im Einvernehmen mit dem Lebewesen Raumschiff gesteuert.

Nun, ob das wirklich so ist, dass unsere Autos bei uns nur wenig beseelt sind ... Ich weiß nicht recht. Ich gebe meinen Autos meistens Namen, vielleicht vermittelt das ja auch schon eine Ahnung davon, dass Gegenstände nicht einfach tote Materie sind.

Ach, gerade kommt mir übrigens der Gedanke, dass ich Arcti ja nur beim Autofahren sehe. Er ist dann nicht so richtig dreidimensional, eher lichtdurchlässig. Könnte es vielleicht sein, dass er mit seinem halb physischen, halb lichtvollen Körper hauptsächlich lernen möchte, wie wir uns in unseren Fahrzeugen fühlen?

Für diese Erkenntnis hast du nun ein paar Jahre gebraucht.

Oh, Mist. Und wahrscheinlich wäre ich ohne dieses Gespräch gar nicht darauf gekommen. Kann man sich ja nicht ausdenken sowas. Aber er hat bestimmt Freude daran, sonst würde er nicht so häufig und über einen so langen Zeitraum immer wieder mitfahren.

Wir können uns sehr lange mit Dingen aufhalten, die uns interessieren. Wir haben viel Zeit in unseren Leben und sind keiner anderen Aufgabe verpflichtet als der, die wir uns gerade ausgesucht haben. Ihr würdet sagen: Wir haben viel Geduld. Sogar sehr viel Geduld.

Großartig, die solltet ihr mit uns Menschen auch besser haben.

Lieber Starseed,

ich danke dir von Herzen, dass du dieses Buch gelesen hast. Und es würde mich sehr freuen, wenn es etwas in dir in Bewegung gesetzt hat, das dir den Weg durchs Leben leichter macht. Vielleicht kannst du dich ja auch jetzt, oder konntest es schon vorher, an Leben auf anderen Planeten erinnern. Wenn das so ist, magst du mir davon berichten?

Gerne möchte ich möglichst viele außerirdische Erfahrungen unserer Leser zusammentragen. Dabei ist es unerheblich, ob du dich während einer schamanischen Reise, in Astralreisen oder im Hier und Jetzt an einzelne Szenen oder gar an ganze Leben erinnern kannst.

Du kannst dich auch wegen jeder anderen Frage an mich wenden, die sich dir beim Lesen meiner Bücher oder bei der Beschäftigung mit diesen Themen gestellt hat.

Ich freue mich, wenn du mit mir Kontakt aufnimmst.

Marlies Pante

mali.mali@gmx.net

Marlies Pante

Geboren 1968, wuchs sie mit zwei jüngeren Geschwistern in einer ostwestfälischen Kleinstadt auf. Nach dem Abitur erlernte sie einen kaufmännischen Beruf und studierte im Anschluss daran Mathematik, Germanistik und Theologie in Paderborn. Schon während des Studiums spürte sie, dass sie zunächst einen anderen Weg einschlagen würde, und verzichtete vorerst auf eine Anstellung im Lehramt. Parallel dazu führte ihre innere Stimme sie in die Spiritualität und zu einer Verbindung mit geistigen Wesen. Mit alternativen Heilmethoden beschäftigt sie sich bereits seit 1984. Recht bald wurde ihr klar, dass sie das dadurch erlangte Wissen nicht für sich behalten durfte, sondern mit anderen Menschen teilen musste.

Bei AMRA liegen bereits sehr erfolgreich ihr Buch *Der Himmel auf Erden* mit Botschaften der Hathoren vor, einem wohlmeinenden Kollektiv geistiger Wesenheiten, sowie *Reine Liebe erwartet dich, No Limits! Willkommen in der Schöpferkraft* und *Das Große Erwachen*, drei gechannelte Bücher, in denen sie Botschaften der Arcturianer weitergibt, Mitgliedern unserer kosmischen Menschheitsfamilie, die uns liebevoll unterstützen. Mit *Creality! Dreh dein Leben* verfasste sie eine Anleitung, wie jeder durch die Entwicklung seiner inneren Fähigkeiten seine eigene Bestimmung finden und leben kann.

Unsere Bücher über die Santiner

Martin Fieber
Der Zurückgekehrte
Historischer Roman über Jesus und die Santiner
704 Seiten, gebunden, gelbes Leseband
€ [D] 24,99 / € [A] 25,70 • ISBN 978-3-935422-68-0

Bei Ausgrabungen in Qumran stößt Michael auf einen Koffer aus einem Metall, das es auf der Erde gar nicht gibt. Er enthält Filme mit Aufnahmen einer innigen Freundschaft zwischen dem Schreiber Joshua und dem Menschen Jesus. Dieser historische Roman über Christus und seine Verbindung zu den Santinern ist eingebettet in eine zu Herzen gehende Liebesgeschichte voller Leidenschaft.

Ein potenzieller moderner Klassiker.
Über neun Jahre Recherche!

Hermann Ilg
Das Leben der Santiner
Neue Botschaften der Menschheit von Alpha Centauri
320 Seiten, gebunden, oranges Leseband
€ [D] 24,99 / € [A] 25,70 • ISBN 978-3-95447-474-5

Seit mehr als viertausend Jahren sind die Santiner auf der Erde aktiv. Hermann Ilg fragt: »Kümmert sich eine außerirdische Menschheit um uns?« Seine Durchgaben »Leben in universeller Schau« und »Wissen eines neuen Zeitalters« enthalten erstaunliche Details über ihre Kultur und Technologie. Ihre Mitteilungen betreffen unmittelbar unsere Zeit. Ergänzend enthält das Buch den Essay »Bewusstsein und Weltsicht«.

»Unsere Mission wird in ein verständlicheres Licht gerückt.« – *Die Santiner*

Hermann Ilg
Die Mission der Santiner
Botschaften der Menschheit von Alpha Centauri
240 Seiten, gebunden, oranges Leseband
€ [D] 22,99 / € [A] 23,70 • ISBN 978-3-95447-472-1

Die Santiner geben Antworten auf aktuelle Gegenwartsfragen. Themen wie »In kosmischen Bahnen denken«, »Wenn die Not am größten ist«, »Am Ende der Zeit« und »Die Gedankenbrücke« handeln alle von ihrer Mission am Beginn des Wassermannzeitalters. Abgerundet wird dieses Buch durch eindringliche Reden von Ashtar Sheran, ihrer großen Führungspersönlichkeit.

Der Klassiker. Erstmals im AMRA Verlag.
Botschaften für die Zeit des Erwachens.

Alle Bücher auch als eBooks auf www.AmraVerlag.de

Weitere Bücher von Marlies Pante

Marlies Pante
NO LIMITS! Willkommen in der Schöpferkraft
Botschaften der Arcturianer – mit 24 Übungen
336 Seiten, gebunden, oranges Leseband
€ [D] 22,99 / € [A] 23,70 • ISBN 978-3-95447-218-5

»Ihr könnt zu jeder Zeit an jedem Ort alles erschaffen«, versichern uns die Arcturianer. Seine Träume zu verwirklichen und ein erfülltes glückliches Leben in Liebe, Wohlstand und Gesundheit zu erschaffen, ist auch in unserer Zeit kein Problem. Die Grenzen zwischen inneren und äußeren Welten lösen sich gerade auf. Und die Arcturianer geben uns daher jetzt Übungen, wie wir unsere Herzenswünsche mühlos zur Erfüllung bringen. Werden wir wieder zu Schöpfern unserer Welt!

»Dieses Buch hilft, uns positiv umzuprogrammieren.«
– Pavlina Klemm in ihrer Buchbesprechung

Marlies Pante
Das Große Erwachen
Heilungsbuch der Arcturianer
240 Seiten, gebunden, oranges Leseband
€ [D] 19,99 / € [A] 20,60 • ISBN 978-3-95447-468-4

Die Arcturianer sprechen über die immer stärkere Verbundenheit der Menschen, die Bedeutung des jetzigen Moments, die Energie der Neuen Erde, die Heilung unserer Seele und unseren wahren Ursprung, das Ablegen von Manipulation, das Erschaffen unseres künftigen Selbst, die wachsende Verbindung zur Quelle, die Schönheit des Erwachens und die Unmöglichkeit für jeden Menschen, *nicht* zu erwachen.

Mit Heilungsblättern »Mein Erwachen« zum persönlichen Ausfüllen.

Marlies Pante
Creality – Create Reality
Erschaffe Gesundheit, Glück, Erfolg und gute Laune
208 Seiten, gebunden, oranges Leseband
€ [D] 19,99 / [A] 20,60 • ISBN 978-3-95447-575-9

Von Geburt an erzählt man uns, dass wir nicht herumspinnen sollen, dass von nichts nichts kommt, dass das Leben einem nichts schenkt … Dadurch lernen die meisten von uns bereits als Kind, sich von den eigenen Wünschen abzuspalten. In *Creality* geht es darum, seine Wünsche erfüllt zu sehen. Du kannst mit den Drehbüchern, der Methode, die in diesem Buch vorgestellt wird, die Entwicklung deiner inneren und deiner äußeren Fülle beeinflussen.

Dein neues wundervolles Leben wartet auf dich.
Du musst es nur drehen.

Buchauszüge und Botschaften auf www.AmraVerlag.de

Auch als eBook

Marlies Pante
REINE LIEBE ERWARTET DICH!
Botschaften vom Arcturus

160 Seiten, Softcover, Neuausgabe
AMRA Verlag, € 14,99 [D]

ISBN 978-3-95447-279-6

Über Manifestation, Bewusstseinserweiterung, unsere Verbindung zum Orion und zu den Plejaden, den arcturianischen Lichtprozess ... »Wir sind bei euch, um eure Schwingung der Liebe zu erhöhen!«

Tom Kenyon & Judi Sion
LICHTBOTEN VOM ARCTURUS
Mitteilungen einer aufgestiegenen Zivilisation, eingeleitet von den Hathoren

Auch als eBook

224 Seiten, Hardcover, oranges Leseband
AMRA Verlag, € 19,99 [D]

ISBN 978-3-95447-144-7

Arcturianer sind schon lange unsere Wächter und Beschützer. Woher sie kamen und wie sie uns unterstützen, schildern hier acht von ihnen, darunter ein Arzt und ein Wissenschaftler.

Radha
ARCTURUS 44:40
Die Energie von Lemurien, Atlantis und La Palma
AMRA Records, 45 Min, € 16,99 [D], ISBN 978-3-95447-012-9

Tom Kenyon
REINE LIEBE VOM ARCTURUS
Klangcodes zur Selbstheilung und Kontaktaufnahme
AMRA Records, 69 Min, € 19,99 [D], ISBN 978-3-95447-143-0

Tom Kenyon
LIGHTSHIP
Transformierende Klänge eines Lichtschiffs vom Arcturus
AMRA Records, 65 Min, € 19,99 [D], ISBN 978-3-939373-43-8

Buchauszüge, Videos und Hörproben auf
www.AmraVerlag.de